吕世伦法学论丛
第六卷

黑格尔
法律思想研究

The Study of
Hegel's Legal Thought

吕世伦　著

黑龙江美术出版社
Heilongjiang Fine Arts Publishing House
http://www.hljmscbs.com

图书在版编目（CIP）数据

黑格尔法律思想研究 / 吕世伦著 . —— 哈尔滨：黑龙江
美术出版社，2018.4
（吕世伦法学论丛；第六卷）
ISBN 978-7-5593-2690-4

Ⅰ . ① 黑 … Ⅱ . ① 吕 … Ⅲ . ① 黑 格 尔 (Hegel,
Georg Wehelm 1770–1831) — 法 律 — 思 想 — 研 究
Ⅳ . ① B516.35 ② D909.516

中国版本图书馆 CIP 数据核字 (2018) 第 074972 号

黑格尔法律思想研究
The Study of Hegel's Legal Thought

著　　者 / 吕世伦
出 品 人 / 金海滨
责任编辑 / 赵立明　王宏超
编辑电话 / （0451）84270530
出版发行 / 黑龙江美术出版社
地　　址 / 哈尔滨市道里区安定街 225 号
邮政编码 / 150016
发行电话 / （0451）84270514
网　　址 / www.hljmscbs.com
经　　销 / 全国新华书店
制　　版 / 黑龙江美术出版社
印　　刷 / 杭州杭新印务有限公司
开　　本 / 710mm×1000mm　1/16
印　　张 / 13
版　　次 / 2018 年 4 月第 1 版
印　　次 / 2018 年 5 月第 1 次印刷
书　　号 / ISBN 978-7-5593-2690-4
定　　价 / 85.00 元

探索理论法学之路

（总序）

《吕世伦法学论丛》出版了,此亦垂暮之年的一件快事。值此之际,几十年求法问道的点点滴滴,学术历程中的风风雨雨,不免时常浮现脑海,思之有欣慰也有嘘唏。当年如何与法学结缘而迈入法学的门槛,在浩瀚的法学领域中如何倾情于理论法学,理论法学的教学与研究中所经历的诸般坎坷与艰辛,对自己平生言说作文的敝帚自珍之情,如此等等,都时常萦绕心间。借这套书出版的契机,整理一下思绪,回首自己的学术人生,清贫守道,笔砚消磨,个中冷暖甘苦,或可絮叨一二,喟然叹曰:"著书撰文求法意,一蓑烟雨任平生。"

一、"我是中国人"的觉醒

我的法学之梦是在一种极为特殊情况下形成的。本人出生于甲午战争后被日本军国主义侵占的大连地区。少年时期读过不到两年的私塾,先是接受童蒙类的教育,继而背诵《论语》《唐诗三百首》等。稍长便开始翻看一些信手拈来的古典小说如包公、彭公、施公"三案"书,当代文学小说,"四大才子书"等。尽管很多地方似懂非懂,但读书兴趣愈发深厚,颇有贪婪的劲头。彼时追求的是知识,与政治无关。进小学不久,太平洋战争爆发,学校里不准孩子讲中国话,只许讲日语(叫"国语常用"),否则便会遭受处罚;每周除了上几堂日语会话之外,其余时间便是军训,种地,四处捡废铁、骨头和采野菜,支援"大东亚圣战"。社会上传播的声音,一方面是因不堪忍受横征暴敛、苦工奴役、饥寒交迫、恐怖虐杀而引起的怒吼,另一方面是关内尤其是隔海相望的山东不断流进八路军率领群众抗日壮举之类所引起的欢呼。大连地区迅速变成一座即将爆发的反日火山。我们中间,也与日俱增地盛传鬼子兵必败的消息,背地里玩着诅咒日本的各种游戏。对我来说,这是头脑中第一次萌发反抗外敌压迫的观念。

1945 年 8 月 15 日,我的心灵受到从未有过的巨大震撼,因而这一天成为我永生难忘的日子。那天,我亲眼看到的历史性场景是:上午,日本宪兵、警察及汉奸们还在耀武扬威,横行霸道,民众敢怒不敢言地躲避着他们;而正午 12 点,收音机特别是街心的高音喇叭突然播出"裕仁天皇"宣布日本无条件投降的颤抖声音。顷刻间,人们蜂拥而出,塞满街巷,议论着、欢呼着,脸上挂着喜悦、激动的泪花。大连 42 年被殖民地化和民众被"亡国奴"化的耻辱，一洗而净。大约半个小时之后，鼎沸的人群中响起一片"报仇的时候到了""抓狗腿子去"的喊叫声，瞬间大家三五成群地分散奔跑而去。我们几个小朋友也兴冲冲地尾随大人们四处颠簸，眼瞅着一些又一些"狗腿子""巡捕"从各个角落被揪出来示众和推打；一些更胆大的人则手持棍棒，冲进此前唯恐躲避不及的"大衙门"（警察署）和"小衙门"（派出所）拍桌子、缴枪，而这些往日肆无忌惮的豺狼们，则个个瑟瑟发抖，交出武器，蹲在屋角，乞求给一条活命。

"八一五"这天上、下午之间的巨大反差和陡然引爆的空前的中华民族大觉醒，对我有着决定性的影响，就是使我确切知道了自己是一个中国人。追想起来，几世代大连人的命运，是那样难以表达的不幸。从我懂事的时候起，总听到老人们念叨："这世道，大清国不回来就没个好！"这是由于他们所经历的是大连被沙皇俄国和日本占领，不知道有个"中华民国"，也不知道有个大人物孙中山，而一直没有忘记自己生下来就是"大清国"的子民。

行文至此，我不禁忆起1944年冬天遇上的一件事：一天下午，金州城东街一个墙角处，有位衣衫褴褛、踏着露出大脚趾的鞋子的醉汉坐在地上晒太阳。不一会儿，迎面走来个腰挂短刀的日本警察，用大皮靴狠狠地踢他，问"你是什么人？"汉子被惊醒，连忙回答："我是中国人。"那警察更凶恶地继续踢他，说："我要踢的就是中国人！"汉子赶快改口说："我是满洲国人（指伪满人）。"警察也说不对。汉子显得不知如何应答，便冒出一句："我是日本人。"警察轻蔑地反问："你够格吗?!"还告诫："记住，你是洲人。"（当时日本把大连地区叫做其所属的"关东洲"。）"洲人"，这个怪诞的称呼，包含多少令人心酸苦楚的蕴意。其时，我脑际里随即浮现一种强烈的感受：做一个中国人，做一个有尊严的中国人是多么艰难，又多么值得珍惜啊！

二、马克思主义的启迪

日本投降之后，大连地区一天之间变成无人管理的"无政府"状态。此时，出现了大多数人以前未曾说过、处于秘密状态的共产党与国民党两股力量的争夺战。街墙上贴满红红绿绿的条幅，红色的歌颂共产党、毛主席、八路军，绿色的歌颂国民党、"蒋总裁"、"中央军"。有识者解释，这叫"标语"。1945年8月22日，在居民的欢迎下，苏联红军进驻大连，社会秩序有了个支撑点。但苏军却并不怎么管事，其欠佳的纪律又造成新的秩序问题。当时，更醒目的现象是，猛烈的意识形态争夺战展开了。一方面，莫斯科国家外文出版局中文版的马列书籍大量输入，而且大都是漂亮的道林纸的精装本，堆满街道，几乎不要用钱购买。其中，我印象最深的有《马克思恩格斯选集》《列宁文选》（上、下集）、斯大林的《列宁主义问题》、《联共（布）党史简明教程》及《1936年苏联宪法》（又称"斯大林宪法"）等，还有不少马克思主义经典著作的单行本。继而是刚刚闭幕的中共"七大"文献，如毛泽东的《论联合政府》、刘少奇的《论党》、朱德的《论解放区战场》。另一方面，国民党则以"正统"自居，兜售蒋介石的《中国之命运》和一个日本人写的《伟大的蒋介石》等几本书。当时，我面对这些令人眼花缭乱的各类书籍，感到非常好奇，尽力收集，而且勤奋阅读，细心琢磨。不用说，许多东西看不懂，但慢慢也大概知道什么叫马克思主义、列宁主义、社会主义与共产主义；而毛泽东的著作通俗易懂，讲的又是中国的事，读之更觉亲切。当然，作为一种先进的博大精深的意识形态体系，不会那么容易就能把握，遑论尚处在幼稚时期的人。但我确信它是真理，内心里希望追随它。由于这个缘故，便自觉地按照中共党组织的号召行事。当时主要围绕三个主题进行宣传活动：第一，拥护党组织领导的"人民政府"；第二，中苏友谊，向苏联"老大哥"学习；第三，解放战争的胜利。我还曾参加过金洲皮革厂"职工会"的成立工作，在城墙上刷大标语，在北城郊"山神庙"的外墙壁上办黑板报。1947年进入中学之后，担任校学生会学习部部长与校通讯组组长，组织各年级喜欢写作与思想进步的同学，以消息报导、文艺小品或散文等形式，给大连地区各报刊撰稿，宣传党的政策。自己先后在《旅大人民日报》《民主青年》杂志及苏军司令部机关刊物《实话报》（即《真理报》的另一种中文译名）和《友谊》杂志等发表数十篇文章。

这一时期，由于读马列书籍引发了对理论的兴趣，我逐渐尝试写点小型评论，如对"生产力要素"的讨论、评维辛斯基联大演讲"原子弹已不再是美国专有的"，等等。使我无法忘记的是，从那时起，我已开始申请加入仍没公开的中共党组织，但因为出身家庭非工人、贫下中农而未遂愿，只能于1948年春加入"东北青年联合会"。就读高中期间，作为校党支部培养的"积极分子"，我担任"党的宣传员"，每周六下午到低年级各班讲解政治时事。我继续利用课余时间为报刊撰稿，获得过优秀作品奖。临近毕业，按照组织分配，经过简单的培训，我成为大连中学的一个教师。我讲授的是政治课，主要内容包括介绍毛主席和列宁、斯大林著作里的一些政治观点以及中国人民政治协商会议《共同纲领》。在《共同纲领》的备课与授课中，我认真比照那本一直保留着的《1936年苏联宪法》，这是平生第一次关注到法律问题，并对它产生了兴趣。后来还翻阅过新中国成立初期为数很少的几个立法文件。从此，我对政治理论方面的爱好逐渐同法学理论融汇起来，自此终身行走于这条专业道路。

三、正式迈入法学之门

1953—1957年，我在中国人民大学法律系读本科。因为学法律是当初报考的第一志愿，所以学起来很带劲。客观上，这四年恰逢国家处于完成国民经济恢复，转向全面进入社会主义经济建设的新阶段，因而猛烈的政治运动较少，大学生们能安稳地学习专业。通过一批青年老师的热心教学，学生系统掌握到苏联专家传授的苏维埃法学理论；有的老师还尽量做到联系当时中国法律的实际。除了课堂教学以外，还有较长时间到法院、检察院、律师所实习，来应用所学的东西。此间，令学生们获益匪浅的马列主义基础(《联共(布)党史》)、中共党史、哲学、政治经济学这"四大理论"课,对确立与强化未来一代法学家和法律实务家的马克思主义世界观与方法论起到重要作用。确实,离开这种世界观与方法论,很难称之为社会主义国家的法学。我热衷于理论法学的学习与研究,与此有重要联系。

本科毕业后留校任教,我选择了法理专业。十分遗憾的是,恰好从1957年起,政治运动浪潮一个又一个地滚滚而来。反右派,高举"三面红旗"(总路线、大跃进、人民公社),反右倾机会主义,"四清",社教,直至十年之久的"无产阶级文化大革命"。显而易见,这么一来,留给教师们教学与科研和学生们课业学习的时间,几乎化为乌有了。即令断断续续上一些课,皆是重复政策性的内容而且每门课彼此相差不多,即"党的领导"与"群众路线";对立面便是批判"右派"观点。这种情况同1958年中央北戴河会议有很大关系。当时,中央一位领导人说:"什么是法?党的政策就是法,党的会议就是法,《人民日报》社论就是法。法律不能解决实际问题,不能治党、治军,但党的政策就能解决问题。"另一位领导人补充说:"我们就是要人治,不是什么法治。"接着,各层级的领导干部便迅速传达和贯彻首长讲话的精神。我们教师正是以这种"人治"思想为指导,国家的宪法和为数不多的几部立法也被淡化了。

1958年开展了"大跃进"运动,法学研究也跟着"大跃进"。法理方面,撰写《论人民民主专政和人民民主法制是社会主义国家的锐利武器》(出版前,作为兼职党总支学术秘书,我建议改为《论人民民主专政和人民民主法制》);刑法方面,撰写《中华人民共和国刑法是无产阶级专政的重要工具》;刑事诉讼法方面,撰写《中华人民共和国司法是人民民主专政的锐利武器》。其中都突出"专政",而社会主义法制如何保障和发扬社会主义民主则没有得到应有的研究与阐发。至于民法和民事诉讼法,因对私有制与私有权利的恐惧,没有出版教科书,也很长时间不开课。司法中的"重刑轻民",在学校中亦有明显的反映。事实证明,用政策替代法律、以"无法无天"的群众政治运动当作治国基本方略、讲专政不讲或少讲民主、重权力轻权利、重刑事法轻民事法,把法律程序说成是"刁难群众"等,皆同人治思想密不可分。

此外,当年还曾出现过的一种情况是,反右派之后,为配合批判资产阶级观点,还搞了一段时间的"教学大检查"。即发动每个学生仔细翻看课堂笔记,查找"错误"观点,然后写大字报贴在学生宿舍楼侧的墙壁上公示。例如,一些大字报认为"人情""爱情"这类字眼是"不健康"的,把自由、平等、人权、人性等词说成是资产阶级或右倾的,甚至个别大字报上说"人民"的提法也"缺乏阶级性"。在这种出口即错、动辄受咎的情况下,教师便难于登讲台;要讲,只能念中央文件和首长讲话。至于撰写文章,更令人不安:多一事莫若少一事,与其挨批判不如落个清闲自在。在国际间法学信息交流方面,新中国成立之后,来自国外的图书资料已基本上见不到,但毕竟尚有苏联的东西可谈。比如,我们能订阅到《苏维埃司法》等杂志。1959年中苏交恶,读俄文资料的机会也失去了。之后,除需要批判右派言论、右倾机会主义、资产阶级法律思想之外,当然还需要批判苏联修正主义，法学的政治螺丝拧得更紧了。简言之，随着政治运动不断升级，尤其是十年"文革"的暴风骤雨，"知识无用"论、"资产阶级知识分子统治学校"论，以及"四人帮"倡导学生反对教师、"交白卷"等，不一而足。

我之所以回忆这些，不光是表明此二十余年间自己成长的客观环境与条件，更重要的是要总结在这样的环境与条件下自己的法学思维受到哪些影响。从积极方面说，它确实不断地强化我对党的领导、社会主义道路的信念。从消极方面说，主要是"极左"思想的影响。这些在我的讲课和撰写的文章中，都不乏明显的表现。

毛主席从来强调学习马列，在"运动"中尤其如此。学马列很投合我的喜好。在长期坚持翻读马克思主义经典著作的基础上，又加上系统的"四大理论"和国家与法权理论等课程的培养，我在法律系讲坛所授第一课便是"马列法学著作选读"，对象包括本科生和研究生班。这些法学著作有：毛泽东《新民主主义论》《论人民民主专政》，马克思、恩格斯《共产党宣言》《法兰西内战》，列宁《国家与革命》等。可以说，我备课认真，讲课严谨。如，为了讲《国家与革命》，除广泛查阅国内资料之外，还看过苏联和日本出版的相关书刊，一般都做笔记或摘要。日本共青团（左派）机关报《青年战士》登载的长篇论文《〈国家与革命〉研究》，我甚至全部译出。凑巧的是，"文革"中人民大学解散，我被分配到北京医学院宣传组，仍然负责学院和各附属医院领导干部（也包括"工宣队""军宣队"负责人）学习马列著作的讲授工作。虽然这个讲授说不清有几多效果，但我本人是负责任的，积累下一大堆资料和手稿。

在法律科学研究方面，我深知一个理论法学教师欠缺扎实的学术功底是难以胜任的。这就需要以多读书、勤思考为依托，并训练撰写论文。1958 年，我作为法律系科研秘书，不仅要定期向最高人民法院和司法部报告系内学术动态，还在《法学研究》杂志上发表相关的通讯报道。在 1959—1961 年三年经济困难期间，党组织要求师生尽量多休息，"保证身体热量"，因而"运动"也暂时中止。

新中国成立后，党中央一直强调批判资产阶级法律观。因此，平时我经常考虑，要批判就必须弄清其对象究竟是个什么情形，否则就会陷于尴尬的境地。鉴于此种想法，我便集中力量阅读或复读西方法学名著以及法律思想史类的图书，觉得心得不少，制作了许多卡片，对西方法律思想史滋生了浓厚的兴趣。1963 年 4 月，我在《人民日报》理论版发表《为帝国主义服务的自然法学》，继而在该报内部刊物发表《美国实在主义法学批判》。可以想见，在当时对发表文章存在恐惧心理的法学界，载于中央机关报上的这篇文章不免产生一些震动。自不待言，在那种"极左"大潮下，作者亦备受影响，从两篇文章的题目上就看得出来。翌年，我又在《人民日报》国际版上发表了一篇关于美国儿童状况的政治短评。"文革"前夕给《光明日报》撰写《读列宁〈国家与革命〉》论文，打过两次清样，报社方面也收到人民大学党委宣传部"同意发表"的回复。但是，"文革"凶潮突然袭来，报社编辑部也被"造反"，那篇论文亦不知所踪。此前，我还曾与孙国华教授合作，在《前线》杂志上发表《国家与革命》讲座文章。1958 年，《苏维埃司法》杂志刊载《美国人谈美国司法制度》论文,我读完后便顺手翻译出来,并在1959年春《政法译丛》上发表。同年,从苏联归来的朋友送给我一本《苏维埃刑法中的判刑(函授教程)》小册子,以为颇有新意,便翻译出来交人民大学出版社打印。在日文资料方面,除前面提到的研究列宁《国家与革命》的论文外,还翻译过《现代法学批判》一书;该书重点是对西方和日本新兴起的"计量法学"的社会法学思潮的系统评论,国内尚没有介绍过。

四、后半生的理论法学探索

终于熬过漫长的十年"文革",国人无不欢欣。1978年,十一届三中全会提出"改革开放"新政策,使社会主义中国社会、经济、文化和科学焕发勃勃生机,亦为法治建设和法学繁荣创造空前有利的条件。邓小平深刻总结新中国成立以来成功的经验与失误的教训,提出始终以经济建设为中心,实行民主的制度化、法律化,大力建设社会主义法制,提出"有法可依,有法必依,执法必严,违法必究"十六字方针;提出近期需要培养一大批法官、检察官、律师。这就为中国社会主义法学的发展开拓了坦途。我的法学生涯由此而发生巨大的转折与提升。党中央倡导解放思想与实事求是的精神,使我倍加注重独立思考,走学术创新之路,理论思维与方法亦有颇大改变。与此相应,教学与科研的热情与进取心更加高昂。

我开出的课程,先后有:本科的西方法律思想史和全校法学概论,硕士生的法理学、现代西方法哲学、黑格尔法哲学、马列法学原著选读,连续多年为法学院和全校博士生进行法学专题讲座。此外,应邀为中国政法大学前五届研究生和西北政法大学(当时称"西北政法学院")开讲"现代西方法理学"课程;为浙江大学分出来的杭州大学和安徽大学本科讲授西方法律思想史;为国内数十所高校及日本一桥大学、关东学院大学、山梨学院大学、立命馆大学等做过法学专题演讲。在吉隆坡,同马来西亚下议院副议长和前财长进行中国法学问题的交流。

近四十年来,在报刊发表法学论文300余篇。与授课情况相一致,科学研究的主题集中于三个方向,即:理论法学①、西方法律思想史与现代西方法哲学、马克思主义法律思想史。

(一)发表的主要论文

(1)理论法学的论文。第一,法的一般理论,其中除纯粹法理学②之外,还有法哲学、法社会学、法经济学、法政治学、法伦理学、法文化学、法人类学、法美学等边缘性诸

---

① 理论法学包括法的一般理论和法史学两大部分。但是,法史学内容广泛,涉及古今中外,故应把它从理论法学中分别开来,独成体系。
② 纯粹法理学指专门研究法律概念与规范的学科,也有西方学者称之为"法教义学"。

学科。在法学的这些学科领域中,发表的论文多寡不一,有的学科极少涉及。第二,在研写论文的过程中,每每重视紧密联系中国特色社会主义理论与国家建设,尤其法治建设的论文。其内容包括普法评论,党的政策与法,社会主义民主与法治,人治与法治(大辩论),法治与德治,人权问题,当代中国社会性质(社会主义社会还是契约社会),社会主义市场经济的法律精神,依法治国基本方略,根本法·市民法·公民法·社会法,以人为本的法体系,从法视角研究市民社会的思维进路,和谐社会与法,法治思维与法治方式,社会主义政治的制度化、规范化、程序化,法学的基本范畴(权利与权力、权利与义务、职权与职责),社会主义司法制度,廉政建设,国家主义与自由主义法律观评析,公平与正义,中国先贤治国理政的智慧等。

(2)有关西方法律思想史与西方法学家的论文。第一,对西方法学思潮研究的论文,涉及自然法学、人文主义法学、分析实证主义法学、社会学法学、历史法学、存在主义法学、行为主义法学、经济分析法学、功利法学、德国古典法哲学、新康德主义法学、新黑格尔主义法学、符号学法学、美国现实主义法学、斯堪的纳维亚现实主义法学、后现代法学、女权主义法学、种族批判法学等。第二,对西方著名法学家的研究论文,包括托马斯·阿奎那、孟德斯鸠、卢梭、斯密、休谟、康德、黑格尔、费希特、彼得拉任斯基、杜尔克姆、赫克、马里旦、德沃金、拉德布鲁赫、布莱克等。第三,对西方政治法律制度的评论,包括政党政治、三权分立、选举制度、司法制度及现代西方主要政治思潮。

(3)马克思主义法律思想史和马克思主义经典著作的研究论文。第一,马克思、恩格斯法律思想研究,其中包括:马克思、恩格斯法律思想史教学大纲,马克思、恩格斯法律思想的历史轨迹,马克思主义与卢梭,马克思主义法哲学论纲,《黑格尔法哲学批判》中的法律思想,《德意志意识形态》中的法律思想,《共产党宣言》中的法律思想,《资本论》及其创作中的法律思想,《路易·波拿巴的雾月十八日》中的法律思想,《反杜林论》中的法律思想,《家庭、私有制与国家的起源》中的法律思想,恩格斯晚年历史唯物主义通信中的法律思想。第二,列宁法律思想研究,其中包括:列宁法律思想史的历史分期,列宁社会主义法制建设理论与实践,《国家与革命》中的法律思想,列宁民主法治思想。第三,毛泽东、邓小平法律思想研究,其中包括:毛泽东民主、法制思想研究,毛泽东湖南农民运动时期的法律思想,邓小平中国特色社会主义法律理论解读,邓小平民主法制思想解读,邓小平民主法治思想的形成与发展。

(二)出版的法学著作

自人大复校以来,出版法学专著40余部,其中不含主编的"西方法学流派与思潮研究"丛书(23册)、"西方著名法哲学家"丛书(已出20册)。

(1)理论法学著作。包括:《法理的积淀与变迁》《法理念探索》《理论法学经纬》《社会、国家与法的当代中国语境》《当代法的精神》《法学读本》《以人为本与社会主义法治》(司法部法学理论重点项目)、《法的真善美——法美学初探》(国家社科基金项目)、《法哲学论》(教育部人文基金项目)等。

（2）马克思主义法律思想史著作。包括:《马克思恩格斯法律思想史》(初版与二版,国家第一批博士点项目)、《列宁法律思想史》(国家社科基金项目)、《毛泽东邓小平法律思想史》、《马列法学原著选读教程》等。

（3）西方法律思想史著作。包括:《西方政治法律思想史》(教程)、《西方政治法律思想史增订版》(上、下)、《西方法律思潮源流论》(初版与二版)、《西方法律思想史论》、《黑格尔法律思想研究》、《现代西方法学流派》(上、下)、《当代西方理论法学研究》等。

（三）论著的意义与创新

尽管我在学术上执拗地努力,并出版了若干本著作和发表了一批论文,但表达的多属平庸之言。然而近几年来,经常有人尤其学生,非让我谈"学术成就"。每逢这种情况,我总是闻而生畏,设法回避,但有时又不允许我闭口不说。在这里,就把我考虑过的和别人概括的看法略示如下,就算是对自身的一点安慰吧。

（1）马克思主义法律思想史"三部曲",是国内率先出版的著作①。该书的策划、研写和出版的过程,长达30余年之久。作者们埋头于马克思主义经典作家们浩瀚的书海中,竭尽全力进行探索才得以成书;每出一本著作皆需耗时数年。其中《马克思恩格斯法律思想史》(一版)在市场上销售告罄之后,又忙于出修订版(二版),也很快售完。直至近几年,仍陆续有人向出版社或主编索取该书。可以看出,它是备受欢迎的。当然,"三部曲"的主要意义并非在于其出版早的时间性,而在于能够帮助读者特别是从事法学研究的读者系统地了解马克思主义经典作家们有关法学的基本观点与其发展的历史脉络,并以之作为思考法律现象和问题的指导思想。平素间,亦可作为阅读或查阅马克思主义法学经典著作的得力的工具书。

（2）我在研究西方法律思想史的历程中,一个新的起点便是与谷春德教授一起编写的《西方政治法律思想史(上、下)》的教程。这是高等学校恢复招生之后面世的国内第一部西方政治法律思想史教程,因而产生了广泛的影响力。此后,我主持编写了关于西方法律思想源流、现代西方法学流派、现代西方理论法学和两套"丛书",以及与此相应的一批论文。这些著作与论文,有些属于论述性的,有些属于评介性的。对于读者来说,或者用于教材,或者作为理论观点的参考,或者当成资料,都有一定的意义。

在这些著作中,需要专门说一下《黑格尔法律思想研究》,它开创了国内研究黑格尔法哲学之先河。我国黑格尔研究泰斗贺麟先生在《光明日报》上发表的书评里写道,该书"熔哲学与法学于一炉,可以说填补了黑格尔研究的一个空白"。

（3）《法的真善美——法美学初探》,是我用三年时间同博士生邓少岭探讨国内外均涉足颇少的问题,遑论法美学学科。此间,我们发表多篇相关的学术论文,并在这个

---

① 喜见2014年11月公丕祥、龚廷泰二位教授主编的《马克思主义法律思想通史》四卷本已出版,该书比我们的"三部曲"更为详尽与深刻。

基础上凝结成一部专著。它获得学界的赞许，还获得司法部的奖励。

（4）《法哲学论》。参与写作者有文正邦教授及张钢成、李瑞强、吕景胜、曹茂君等博士，亦系国内头一部系统阐发法哲学的作品。全书分为本体论、法价值论和法学方法论三部分，有青年学者对此研究分类持不同意见，这是令我高兴的好事。从总体上说，该书自成一体，有独立见解，而且引用率较高。

（5）论著中的主要创新观点。

第一，关于民主、法治问题。在法治与人治的大辩论中，我与合作者发表《论"人治"与"法治"》一文，力主法治，并有说服力地解释了"人治论"和"人治法治综合论"的偏颇。《人民日报》以"不给人治留有地盘"为题，转载了论文中的基本观点。在民主问题的讨论中，我率先提出政体意义上的民主和国体意义上的民主的区别，指出前者属于形式民主或程序民主，后者属于实质民主或实体民主，该观点得到普遍的认同。

第二，从法的视角阐发社会主义社会与市民社会的关系。我在《市场经济条件下的社会是怎样的社会》《"从身份到契约"的法学思考》《市民法·公民法·社会法》《"以人为本"的法体系》①等论文中指出：在现今的我国社会，社会主义属性是本体性的，而市民社会是从属性的；社会主义社会是"有契约的社会"，而非等同于西方19世纪的"市民社会"或"契约社会"。

第三，批判国家主义与自由主义的法律观。我认为，马克思主义法律观是通过批判这两种法律观，或者说通过这两条战线的斗争而形成的。沿着这样的思考，对西方的政党政治、三权分立、选举制度进行批判性研究的同时，也对国家主义进行系统的探索，揭示了国家主义法律观的几个基本特征，即"重国家、轻社会，重权力、轻权利，重人治、轻法治，重集权、轻分权，重集体、轻个体，重实体、轻程序"。无疑，这种理论探索对我国民主与法治建设是有重要意义的。

第四，人权观点。从20世纪90年代初我国正式宣布"人权保障"伊始，便流行"主权是人权的前提和基础"的命题，而且把它当作不容争辩的真理。我在仔细考察马克思、恩格斯和列宁的人权思想之后，辩证地分析该命题。在《人权研究的新进展》论文中，我指出：从国家主权对国内人权的管辖、反对西方国家人权话语霸权和保护国家主权的独立性而言，这个命题是可取的。不过，从权力（主权）与权利（人权）二者基本关系方面来说，这个命题则是不正确的、不可取的。因为，在民主国家尤其社会主义国家奉行"人民主权"论，权力（主权）来自权利主体的人民并且是以服务人民权利为目的的，即通常所说的"人民当家作主"。所以，权利应当是权力的前提和基础。文中所讲的结论和基本论据均出自马克思主义经典作家的指教，是经过历史实践验证过的真理。这种论述尽管引起一阵"风波"，但最终还是被广泛地默认，以至于很少有人再提

---

① 后三篇论文系与任岳鹏博士合写。

起那个命题了。后来,我又发表《权利与权力关系研究》①一文,进一步强化前述观点,具有很强的说服力与启发性。

于今,我已是80岁的老迈之人。回顾过往时日,自知碌碌无功,但却没有枉费宝贵的光阴。时至今日,倍感欣慰者有二:一是,目睹一茬又一茬学士、硕士、博士学成离开,并各有所长、各有作为,在各个岗位上为中华民族伟大复兴的梦想而奉献力量。二是,眼下幸运地逢到一个机会,将自己一生在理论法学方面的重要论著(其中许多得益于合作者的启发与帮助)予以系统整理和付梓。这是对个人学术经历的一个回顾,也希望可以得到更多的批评和指教。

在此选集的策划出版过程中,史彤彪、吕景胜、冯玉军、李瑞强、任岳鹏等多位教授与博士以及北京仁人德赛律师事务所负责人李法宝律师,对拙作的出版事宜先后予以大力的支持和帮助。拙作的出版资助款来自一直关心我的学生和学友以及南京师范大学法学院、南京审计学院法学院。我的2000级学生王佩芬为拙作出版的各项繁杂工作,陆续付出一年有余的心力和辛苦。这里,对于前列的相关人士与单位,一并表示深深的感谢,并铭记于怀。

吕世伦
2018 年 5 月

---

① 与宋光明博士合写。

第六卷出版说明

 本书是国内第一部研究黑格尔法律思想的专著,其内容比较全面而简练。本书以黑格尔《法哲学原理》及其他相关著作为研究资料,全面细致地对黑格尔法律思想中法哲学、法律(实证法)、民法、刑法、诉讼法、警察法、家庭法、国家法、国际法及法与世界历史等各方面进行了研究。我国黑格尔学泰斗、已故贺麟老先生在序言中写道,"这部著作,熔哲学和法学研究于一炉,可以说是填补了黑格尔法哲学研究中的一个空白"。

 本书原由中国人民公安大学出版社出版于1989年8月。本次编集,在原版的基础上订正了个别错误,其他一仍其旧。

编 者

2018 年 5 月

序

　　《法哲学原理》，是黑格尔晚年在柏林任教期间正式出版的唯一著作，可以说是他对自己庞大的哲学体系所作的最后的补充、发挥和发展。因而，这本书无论对他本人，还是对后人了解他的哲学体系，都是非常重要的。

　　在这本著作里，黑格尔集中地论述了他的政治法律思想。而政治法律是一个敏感的领域，因此本书一问世，立即引起强烈的反响，争论十分激烈。就黑格尔直接表达的那些替普鲁士王国祝福的观点来看，他显然倾向于保守的方面。但是，在那些晦涩的语言背后，却曲折地表达着他的思想的另一个层面。正像恩格斯所说，"当黑格尔在他的'法哲学'一书中宣称君主立宪是最高的、最完善的政体时，德国哲学这个表明德国思想发展的最复杂但也最准确的指标，也站到资产阶级方面去了。换句话说，黑格尔宣布了德国资产阶级取得政权的时刻即将到来"①。可是，在当时的德国，无论是保守派还是激进派，都没有意识到这一点。《法哲学原理》问世近 170 年来，究竟怎样评价黑格尔的政治法律思想，至今还是一个热烈争论的领域。

　　吕世伦同志遵循马克思主义奠基人的思路，在多年教学和研究的基础上写成的这部《黑格尔法律思想研究》，对黑格尔的法律思想进行了比较全面和系统的论述，不乏独到之处。黑格尔的法哲学，是资产阶级古典法哲学的最高成就。但这个成就是在反动的普鲁士专制统治下作出的，因而带有双重的性质：一方面它不如大陆其他国家某些资产阶级法学家那样激进；另一方面却又比他们远为深刻。就我们现在对那个时候法哲学发展的了解而言，黑格尔提供的可资研究的观点和问题，可以说是最有价值的素材的一部分。如同作者所说，黑格尔的深刻之处，不仅表现于他比其余资产阶级古典派学者对法律思想作出更有理论色彩的论证，而且表现于他对资产阶级法律在司法实践中已经造成或可能造成的种种矛盾和弊端，有一种近乎本能的自我意识。正是后面这一点，对我们深刻认识资产阶级法律的阶级性及其社会意义，具有重要价值。当然，前一点也不是不重要的，他对资产阶级法律思想的比较精确的表述和论证，揭示了资产阶级法律思想和司法实践的历史正当性，这对于反对专横的封建统治无疑有着重大的进步性。

　　《法哲学原理》中译本自 1961 年出版以来，已近 30 年。在此期间，我们国家发生

---

　　① 《马克思恩格斯全集》第 8 卷，第 16 页。

了巨大的变化。但是,总的说来,即使在黑格尔研究比较景气的时候,《法哲学原理》也不是一个热门的课题。黑格尔首先是一位哲学家,而且始终是一位哲学家。他的《法哲学原理》完全是以他的思辨唯心主义或思辨辩证法的精神写成的,即使是在阐述一般的法律问题时,也充满着晦涩的思辨议论,这就给一般法学史学者增加了研究的难度,而一般的哲学史学者又不太熟悉法学史。此故,《法哲学原理》研究的专著至今尚付阙如,是可以理解的。吕世伦同志的这部著作,熔哲学和法学研究于一炉,可以说是填补了黑格尔研究中的一个空白。我作为一名老的黑格尔学者,看到这个成果,是非常欣慰的。我热烈祝贺这本著作的出版。

贺麟

1988 年 6 月

目 录 CONTENTS

第一章　法哲学

黑格尔的法哲学,是资产阶级古典法哲学的最高成就。他的法哲学作为一套完整的体系,是在名著《法哲学原理》一书中首次完成的。在西方,迄今为止,还找不到第二本法哲学著作能够同它匹比。

《法哲学原理》,最早出版于1820年10月。它是根据黑格尔以前多次在柏林大学讲授的《自然法与国家学或法哲学》的基础上,整理而成的。书的副标题叫作《自然法和国家学纲要》。这个副标题更清楚地表达了当年讲稿的主题思想。

就黑格尔本人而言,他对于《法哲学原理》这本书颇为自豪,认为它的意义不亚于自己的《逻辑学》。

《法哲学原理》一书的出版,立即引起强烈的反响。保守的和激进的人们都纷纷站出来表示自己的态度。普鲁士王国大臣阿尔腾施对黑格尔表示祝贺,说这本书可以使群众不致染上对于普鲁士国家现实一概弃置不顾的"狂妄心理"。黑格尔的论敌弗里斯则愤怒地攻击说,黑格尔的哲学是"毒菌",它"不是长在科学的花园里,而是长在阿谀奉承的粪堆上",拜倒在普鲁士统治者的皮鞭之下。这些人或欣喜或恼怒的主要依据,就是因为黑格尔在本书《序言》中以特别醒目的黑体字单起一个段落所表达的命题,即"凡是合乎理性的东西都是现实的;凡是现实的东西都是合乎理性的东西"。实际上,这些相互对立的观点,统统都是出自相同的浅薄的头脑。他们都没有把握住黑格尔这句名言的真实的底蕴。但是,应当看到,这种浅薄的理解,尤其是弗里斯式的理解,在今天仍有很大的市场。

马克思主义的创始人对于《法哲学原理》一书,也十分重视。1843年夏,马克思专门撰写了《黑格尔法哲学批判》一书,几乎是逐节地批判了黑格尔《法哲学原理》第三篇第三章《国家》的论述。不久以后,1843年末至1844年初,马克思又撰写了《〈黑格尔法哲学批判〉导言》一文。马克思这两篇论著虽然间距很短,却代表了他的思想发展的两个阶段。《批判》写作于马克思同青年黑格尔派彻底决裂的末期。写书的主要目的在于,从政治上,特别是从国家思想方面,清算黑格尔。因此,书中的批判,其否定方面显得比较突出,而肯定的方面则被淹没在否定之中,以至于容易被读者所忽略。历史地看,《批判》一书是属于马克思早期著作的范围的,而《导言》才是马克思开始成熟起来的重要标志。在这篇论文中,马克思已经清楚地说明,黑格尔的法哲学是"现代国家"(资产阶级国家)的"未完成式";它"在政治上考虑过的正是其他国家做过的事情"，也就是英、美、法资产阶级已经做过的事情。文中的论述，已不再使读者会误认为：黑格尔的法哲学，尤其国家哲学所追求的，就是现实存在的或已经完成的半封建式的普鲁士王国了。这一点，对于我们如何准确地理解黑格尔法哲学，尤其是国家哲学的阶级倾向和历史地位，是非常重要的。当然，《导言》作为马克思开始成熟起来的著作，主要不是表现在对黑格尔法哲学的评价上。它的伟大贡献在于系统而明确地指出了马克思的理论是无产阶级革命的理论；指出了现实的资本主义制度只有通过无产阶级的政治革命才能推翻；指出了无产阶级只有解放全人类，才能使自身获得彻底解放。

同样，恩格斯对《法哲学原理》也进行过专门的评论，给以很高的评价，说它形式是唯心主义的，内容是现实的；同这本书相比，备受推崇的费尔巴哈的著作显得贫乏得多了。恩格斯在《德国的革命和反革命》中还指出："当黑格尔在他的'法哲学'一书中宣称君主立宪是最高的、最完善的政体时，德国哲学这个表明德国思想发展的最复杂但也最准确的指标，也站到资产阶级方面去了。换句话说，黑格尔宣布了德国资产阶级取得政权的时刻即将到来。"①很明显，在恩格斯看来，黑格尔的国家思想的基本倾向是资产阶级的，而不是为普鲁士王国祝福的。

马克思主义经典作家对黑格尔国家思想和法律思想的评论是相当中肯的。下面，我们就以他们的评论为指导，先顺着《法哲学原理》一书的思路和体系，扼要地介绍一下黑格尔法哲学的基本论点。然后，从第二章开始，再对他的法律思想进行评述。

一、法哲学的概念和体系

法哲学是以法的理念为对象的科学。在黑格尔看来，任何事物都是由客观精神的某种特定部分即概念为其实体（整体的内在规定），并经过这一实体的外化、现实化即定在而成的。这是柏拉图式的客观唯心主义的发展。所谓理念，这是概念及其定在的统一。只讲概念或者只讲定在，都是片面的、错误的。

法哲学是哲学的一个部门。黑格尔说，科学是理性的东西。任何科学都必须把握事物固有的内在发展，并根据事物的概念来发展其理念。因为，只有理念才是科学的理性。法哲学所研究的法，正是这种自在自为的、不以法学家的意志为转移的法。它同以实定法律为对象的法学是有区别的。实定法学的任务，是以立法者已确定的法律为对象，指出什么是合法什么是不合法。这种研究方法，一般是定义的方法、形式的方法、主观的方法。黑格尔的法哲学的方法，则是思辨的方法，即唯心主义的辩证的方法。

在黑格尔看来，既然作为法哲学研究对象的法是客观的、自在自为的法，不以人们意志为转移的法，那么，他就完全有理由把哲学上的法叫作自然法。黑格尔最初把法

---

① 《马克思恩格斯全集》第8卷，第16页。

哲学称为自然法学说,就是这个道理。关于这一点,他在《法哲学原理》序言的补充中说,规律分为两类,即自然规律和法律;而法律则是以立法者对于客观的法即自然法的认识为根据制定的。这里的"法律是规律"命题中的"规律"二字,说的是理性的规律。所以,法同实定法有区别:一般情况下二者是相符的,至少是应当相符的;但彼此又有差别,即客观与主观的差别。

法哲学或自然法学说,只研究法的概念运动,而不像实定法学那样注重于研究具体的法律。

黑格尔声明,他所谈的法是广泛的,它不仅指实定法,而且包括道德、伦理和世界历史。后面这些东西之所以也属于法的范围,是因为它们同样是表现客观的概念按照真理而把人们的思想"汇集起来"的。由此决定了法哲学的体系是:

第一,抽象法。它包括所有权,契约,不法。

第二,道德。它包括故意和责任,意图和福利,善和良心。

第三,伦理。它包括家庭,市民社会,国家。

二、法

什么是法? 法是自我存在的精神和它通过人的意志所体现出来的精神世界之间的统一。

法的基地是精神。精神的第一天性,是它自身的绝对存在。第二天性,是从精神自身产生出来、由人的意志所体现的精神世界。所以,法的出发点,它的实体性就是意志。而意志的根本属性,是自由。意志而没有自由,就不能称其为意志。反过来说也一样,自由只有作为意志、作为主体,才是真实的意志即人的意志。由此可知,法的体系就是实现的(通过人的意志体现出来的)自由王国;法哲学就是关于人类自由学说的系统化。

黑格尔进一步分析说,意志的发展或自由的发展,分为三个环节。第一,纯粹的意志,即主体把自己的意志作为自己思维的对象,作为一种普遍性。所以,这种意志所体现的,仅仅是无规定性的、抽象的自由。第二,主体设定一个特定的东西作为对象的意志。就是说,现在意志得到特殊化,体现了有规定性的、有区分的自由,或有限的自由。第三,纯粹意志和它的特殊性之间的统一,变成单一意志。这意味着,主体把自己的意志作了自我限制。他意识到自己的意志是众人的普遍意志的一个组成部分。在这种情况之下,他知道自己是自由的,而他人也是自由的。这就是具体的自由。第一、第二两个环节的意志所体现的自由是片面的。因为,抽象的自由是空虚的自由,没有内容。特殊的自由,是主体没有自觉认识到这种自由与自我意志的普遍性的否定有关。也就是,没有意识到,特殊自由是对自我意志普遍性的一种否定或区分。只有第三个环节即具体的自由,才把普遍性与特殊性统一起来,自觉地把自由视为意志的实体,从而才是真正的自由。概括地说,这三个意志或自由的环节便是:普遍性(自我意志本身)→特殊性(有区分的意志)→单一性(具体的意志,它是更高的普遍性)。

法,正是具体自由的体现,它体现了个人自由与普遍自由的真实关系。法否定了片面的意志或自由所可能产生的种种"冲动的自由"。相应的,法学的内容就在于从意志概念(普遍意志的本性)上把握冲动的自由,把冲动引入意志规定的合理体系。

三、抽象法

意志或自由首先通过单一性表现出来,这就是人格。人格,是知道自己是某种无限的、普遍的、自由的人。否则就没有人格,例如奴隶。人格所包含的东西,首先是他的权利能力即权利的可能性。

所谓抽象法,就是一般地表现这种权利可能性的东西。可是,可能性本身就包含着不可能性,所以抽象法仅仅是一种"形式的法"(一般的法)。既然如此,那么抽象法就不能要求每个单一人格的确定的权利,而只能以禁令为基础。就是说,它只是命令每个人均不得否定他人的人格。

人格要摆脱其纯粹主观性,而不停留在片面的意志或自由的水平上,必须同外部的现实领域结合起来,即必须体现在自然存在的物之中。这就是把权利能力变为实际权利——所有权。只有在所有权中的人格,才是具有理性(符合理念的意志)的人格。

抽象法的第一个环节,是所有权。而所有权的环节是:(1)占有。占有包括对物的直接的身体把握、给物以定形、对物加上标志这样三种主要形式。人格的要义就是占有,至于占有什么、占有多少则不是抽象法的实质问题。(2)使用。即发挥物满足主体需要的使命。完全的使用权,就是所有权。使用也包括使用物之间的可比的属性即"价值"。(3)转让。这是主体把它的所有物不再视为自己的行为。属于实体性的、无限性的东西,即人格及自由、伦理、信仰,是不可转让的。

抽象法的第二个环节,是契约。契约是"中介的所有权",即两个主体间为转移所有权而达成的合意。契约的特征在于:它是从双方的任性(纯粹主观性)出发,是各个单一意志间的偶然的一致性;它以个别外在物为客体。黑格尔认为,契约的基本分类是:(1)实在契约,两个不同所有人的对等换位;(2)形式契约,把让与的否定环节和接受的肯定环节分割开来。

抽象法的第三个环节,是不法。这是对于所有权和契约的否定,是行为人自为地与普遍意志对抗。不法包括无犯意的不法、诈欺、犯罪。对于主体说来,犯罪是赤裸裸的、自在自为的不法。犯罪行为必须受到惩罚,即施以刑罚。犯罪行为是对普遍的法的否定,刑罚是否定之否定,目的在于恢复普遍的法。刑罚包含着报复,这是由法官代表普遍意志施行的,因而是正义的。这种报复与主观意志的私人报复即复仇不同。刑罚的报复不是野蛮法中的同态报复,而是理智的报复,就是在价值上(损害意义上)显得是等同的报复。对行为人施用刑罚,是尊重他的人格或他主观的法的一种表现。这就是著名的黑格尔报复刑罚论。

四、道德

道德,是主观意志的法。在抽象法的领域,意志表现为"自在的无限性"(意志本身就具有无限的属性),它仅仅是外在地同普遍意志的法相一致。也就是,表面地看,人们的行为与法相符合。而在道德的领域,意志则表现为"自为的无限性"。这就是说,意志在向着自身的内在来实现,使主体自己评价自己的这种意志是否符合意志本身(客观意志)的规定性或概念。所以,道德同客观的普遍意志的符合是间接的,是通过主观的法这个中介实现的。在道德领域中,才真正表现出单一人格的能动性(人格能够进行自我规定),从而才真正使人格成为主体。这样一来,别人也可以评价他为人的价值,评价他的行为是什么性质的行为。道德属于别人只能评价而无法干涉的内心信念。

道德的第一个环节,是故意和责任。黑格尔强调意志和后果之间的因果联系,反对单纯按照后果来归责。一个人的责任,只有当某种后果是表达了他的意志(故意)的行为所致的时候才存在。他说:"我的意志仅以我知道自己所做的事情为限,才对所为负责。"黑格尔所讲的故意,泛指意志的各种表现,可以理解为它包括直接故意、间接故意以及过失在内。在后果或结果问题上,要善于区别"必然的结果"和"偶然的结果"(不相应的结果),善于区别没得到完全发展的结果(如犯罪的自动放弃和未遂)和得到完全发展的结果(如犯罪的既遂)。

道德的第二个环节,是意图和福利。意图是主体对于其故意行为将要造成的对具体事物改变的结果所引起的社会价值(意义)的了解。意图是故意的间接形式。所以,意图是表现着普遍性的东西。只有通过意图,才能揭示行为的意志属性,或意志者对于普遍性(社会)的态度。意图与行为的统一,就是意图与目的、动机的统一。动机产生目的,目的规定着行为的内容。对于意图而言,行为是一种手段,达到某种福利或幸福的手段。这个观点同康德为道德而道德、道德是绝对命令的说法有所不同。黑格尔指出,虽然目的产生行为,但目的是内心的,行为是外在的,二者在性质上并不总是一致的。为了给穷人做鞋子而偷窃皮革,就是一个例子。这说明,评价一种意图,必须把目的与行为二者统一起来。最后,黑格尔指出,生命是人格的整体的定在,是一切目的的总和。因此,生命可以对抗抽象法。紧急避难的权利,就由此产生出来。

道德的第三个环节,是善和良心。黑格尔把善称作"绝对法"。就是说,善是衡量抽象法和道德的绝对尺度。因为,善是彻底实现了的自由和人类世界的最终目的。善与特殊意志的关系在于:善必须经过各个特殊意志的中介,才能变成现实。善是特殊意志的真理。意志不是本来就是善的。只有通过劳动(实践)才能恢复本来面貌而成为善的。人的行为应当合法。但是,法有判断善的法和判断行为本身的法这样一种区别。判断善的法属于意志内在的范畴,即属于道德的范畴。判断行为本身的法属于客观现实的范畴,即属于国家法律管辖的范畴。一个人只有当他在行为时认识到这种行为是违反法律的情况下,才能把他当作罪犯。既然善是绝对法,那么它对于任何人都是一种义务。但从终极的观点来说,人不是为义务才尽义务,而是为了获得自由。康德提出义务应当和理性相一致,而黑格尔更进一步地指出这种同一性本身就包含着矛盾(为人和为己的矛盾)。再说良心,良心是人用善来规定自己意志的内部活动,是他内部的绝对自我确信。真实的良心,表现为希望求得自在自为地善的东西的心境。这种良心是把善变成现实的一种力量。但是,它究竟能否变成现实,还要受到时代的制约。同善相对应的是恶。善和恶在自我确信中有其共同的根源,二者是不能分割的。善同理性的自我确信相一致;而恶总是同自然性的自我确信分不开。有意识地把恶曲解为善,是伪善。不能把犯罪和恶同犯错误混为一谈,它们是不同性质的问题。

五、伦理

伦理,是现实的或活的善。它是通过人的知识和行动获得定在,而成为现实的。反过来说,人的伦理性的意识都在善中有其绝对的基础、内容和起推动作用的目的。

伦理的理念,就是善(伦理的概念)与人的伦理性意识的统一。对于个人的伦理意识而言,伦理是实体性东西。伦理是自在自为的,从客观角度上说,人们是不自觉地获得了它的观念。伦理是客观的必然和永恒的,不以个人意识为转移的,所以个人同它的关系是偶性(附属性或第二性)与实体的关系。

虽然伦理是认识的客体,即通过人们的意识来认识它,但伦理(包括它的权力和法律)却是绝对的权威和力量,人们必须把顺从和利用它当作义务。人们履行这种义务,不是限制,而是获得解放,获得实体性的自由。伦理在个人的性格中的体现,就是德。如果德只是表现为个人履行其应尽的义务,就叫作正直。

伦理一旦表现为人们的普遍行为方式,就叫风尚。在这种情况下,个人的良心便消失在伦理之中了。这样一来,个人在抽象法领域中的权利(不受侵犯的权利)和在道德领域中的权利(自我意识的权利),便同他在伦理领域中的义务统一起来,从而实现了客观的自由。

伦理的概念通过人的意识进行的自我认识或表现为现实的东西,有三个依次向上的运动环节,即家庭、市民社会和国家。

六、家庭

家庭是直接的伦理实体,以爱为规定的集团。直接的伦理就是两性的和血缘的结合,也叫自然的伦理。爱是个人的感觉或感受,是主观性的东西。婚姻是具有法的意义的伦理性的爱。它是彼此不相识的两性结合成为一个人格,使自然性别的统一转化为精神的统一,偶然性转化为必然性。任何把婚姻看成赤裸裸的自然关系和契约关系的观点,都是错误的。构成婚姻出发点的爱,可以出自双方的主动,也可以出自父母的事先安排。婚姻既然是伦理的,因而就是神圣的,其本身是不能离异的。但是,由于婚姻含有主观的感觉的环节,又产生了离异的可能性。立法者应当这样来掌握离婚的问题。

按照黑格尔的说法,婚姻关系中的男子与女子的地位有所不同。男子的实体性生活领域是外界,从事国家、科学、劳动等斗争性生活。女子的实体性生活是守"家礼"即"内部生活的法律"。

婚姻在本质上是一夫一妻制的,即单一的、排他的。因为,它是两性全心全意地相互委身的一个人格。

反对血族通婚,有伦理的根据(近亲之间没有各自独特的人格),也有自然的根据。

家庭人格,必须有持久的、稳定的财富作为外部的定在物。这种家庭财富,以身为家长的男子为法律上的代表。它主要靠男子的劳动来获得。但它却是家庭成员的共同财富,每个人都享有对这共有物的权利。通过婚姻组成的家庭是自为的独立体,即独立于远血统关系的宗族和家族。所以,个人财产收入应归属婚姻联系的家庭,而不应归属宗族和家族。

虽然婚姻是统一的人格,但它毕竟是由两个人格组成的。只有在子女身上,这种统一才成为无可动摇的。父母双方都从子女身上看到他们完整的结合,从子女身上见到他们相互的爱的客观化。在家庭中,子女有被抚养和受教育的权利,而父母有使子女服从自己教育的权利。对子女的抚养和教育费用,由家庭共有财产中支出。教育子女要灌输伦理原则,使其超脱自然直接性,而达到自由的、独立的人格。

家庭解体的原因是:其一,离婚。这要由伦理性权威(教堂或法院)来决定。其二,子女成为成年人即具有法律人格,并有能力拥有自己的财产和家庭。其三,父母,尤其父亲的死,这是自然解体。

家庭的自然解体,便发生财产继承的后果。继承应在原有家庭成员间公平地进行。遗嘱是死者的任性,弊端累累。法律可以承认遗嘱的效力,但是不能把死者的赤裸裸的直接任性作为立遗嘱权的原则。只有在缺乏近亲属时,才允许由远亲或无血缘关系的人来继承。

七、市民社会

市民社会是处于家庭和国家之间的伦理发展阶段。它是现代的产物,即资本主义制度的产物。市民社会是由每个特殊人的满足自己需要和由这些需要的整体所构成的混合体,亦即任性和普遍性混合体。在这里,普遍性以任性(利己目的)为基础,但它又依赖普遍性、受普遍性的控制。所以,市民社会是需要和理智(对需要的意识)、利己和利他相统一的外部国家或物质国家,即纯粹以伦理为实体的国家的物质关系形式。假若一个人只管满足自己需要而不顾及普遍性的需要,就会破坏自身的伦理性。国家是社会正当防卫的调节器,使个人的任性和普遍性统一起来。但是,对于市民个人来说,普遍性仅是一种手段。教育是使人们获得解放,也就是使人们从任性提高到普遍性的工作。

市民社会,首先是需要的体系。需要,最初表现为同普遍相对立的主观需要;在此阶段上,合理性表现为理智。普遍需要的满足,完全系于偶然的情况。英国古典经济学家们的功绩,在于他们从一大堆偶然性中找出了规律,建立了科学的政治经济学。黑格尔还认为,人同动物的区别在于他们不是随遇而安,而是通过劳动这个手段破坏食物的直接自然性,以满足需要的多样化,并且人还能对自己需要的情欲加以抑制。在市民社会中,可以看到,满足的手段也成为需要。例如积累资本,就是这样。在这种情况下,人们彼此就必须为别人的需要和手段而生产,即进行商品生产。社会向着需要、手段和享受的无穷尽的多样化和细致化发展,就产生了奢侈和贫困的两极对立,穷困者要顽强地进行物质的抵抗。劳动是需要和手段的中介,人通过劳动而获得满足需要的手段。为适应劳动并获得更高的满足,必须有理论教育和实践教育。分工和机械化,是提高劳动效力的途径。财富是劳动的果实和满足需要的对象。一个人为满足自己需要,就得帮助别人满足需要。这样就造成普遍而持久的社会财富,每个人在其中分享一份。这种分享,受着资本和技能的制约。客观法即抽象法,在市民社会中不扬弃人的自然的不平等,反而把它提高到技能、财富甚至理智和道德教育上的不平等。无限多样化的手段以及相互的生产和交换,必然把人们区分为各种社会集团,即等级。等级,是国家的继家庭之后的第二个基础。它使个人利己心同作为普遍物的国家结合起来,并获得国家的保护。第一个等级是实体性等级或农业等级,以土地的自然产物为财富。第二个等级是产业等级,以对自然物加工制造为职业,包括手工业、工业和商业。第三个等级是普遍等级或中间等级,以社会普遍利益为职业,在政治上不偏不倚,它由国家官吏所构成。

司法,是法的现实化。需要体系的原则所体现的,仅仅是抽象的所有权的法。就是说,人人都有权获得财富和占有财富。它只是内在地起作用,即自在的。这时,法尚未表现出其效力。所有权的法一旦经过司法来加以保护,才达到其有效的现实性,成为自为的。当人们感到法是保护需要体系的外部条件的时候,便具有了法的思想,并开始为自己制定法律。法律是指导人按照某种普遍物来行事,它要成为有效的东西,就必须为人们所知道。作为法律的法,是自在的法的一种客观实在的形式,即实定法。法律是思维的产物,以法为其内容。习惯法同法律(实定法)相比较,是有缺点的:它们是主观地和偶然地被知道的,其本身不太确定,思想的普遍性也模糊。即令是习惯法的汇编,也是畸形的法律。英国的判例法可以看作一种成文法,但其规范是埋藏在浩繁的档案中;在判例法制度下,法官成了经常的立法者。应当制定真正的成文法典。法是通过思维而被知道的,因此它本身必须是一个体系,唯有这样才能在文明民族中发生效力。广泛地进行法律教育,就会避免法官枉法之弊。法是自在的存在,法律是设定的存在。法律要反映法或作为法的东西才是正确的,但法律却不免夹杂立法者的自我意志等偶然性的东西。在实定法中,要以是否合乎法律来认识合法性的问题。既然实定法是相对真理,那么实定法学必然是一种历史科学(社会科学),以权威为原则。实定法学的任务是从实证材料中详细演绎现行法规的历史进程以及其适用和分类,证明其前后一贯性,并回答某一法律规定是否合乎理性的问题。法以实定法达到形式的定在,以法律的适用达到内容的定在。法律适用的范围,首先是对市民社会所有权和契约关系的适用,其次是对抽象法方面的伦理关系的外在方面的适用;不可能是对道德及纯意志主观性的内在东西的适用。法律有其概念的界限,这是原则性的界限;还有其偶然性,即灵活性,这是法官任性的领域。法律的定在如果是真实的,就要普遍地为人们了解,而非少数法学家等级所独占;为此就要制定出完备的法典。法典应是简单而又系统的。法典的完备是个无止境的相对过程,但它确实是可能的,不能因它的不完备,而等待下去。在市民社会中,各种社会关系应尽可能地表现为法律的形式,即实行形式化原则。犯罪,不只是侵犯主观无限性(人格),而且侵犯了普遍物本身。就是说,犯罪的质的规定,在于它对市民社会的危险性。衡量同一个犯罪的刑罚尺度,要根据社会自身的稳定程度来确定。法院,是客观地实现法律的一种公共权力,在司法过程中,法院是代替受害的普遍物,而不是代替受害的个人,来追究和惩处犯罪的。刑罚是通过对犯罪的扬弃来恢复法律的原状,使法律得到有效的实现。它与个人间的复仇之不同,在于它是合乎正义的。对罪犯施以刑罚,使他能够找到正义,使他同法律相调和。市民社会的成员有向法院起诉的权利,同时也有到庭陈述的义务。在法院中,法获得了可以证明的性质,即证明法确实是一种客观的存在。法定的诉讼程序的意义,在于使当事人有机会主张其证据方法和法律理由,使法官洞悉案情。因此,这种步骤就是他们的法定权利。为避免程序的繁琐和滥用,应推行简易法院和平衡法院(根据实际情况合理的解释和适用法律规范的制度)。审判应当公开。审判行为是法律对具体案件的适用,其中包括对事实的认定和法律的归属两方面。事实的认定离不开法官内心确信,而这一点并非法官专有的能力,所以宜于实行陪审法院制度。陪审制更能显示出,判决是自由人对罪犯这个自由人的一种宣告。

  警察(内务行政权力)和同业公会,它们是增进个人特殊福利的组织,因此与一般地保护所有权和人身的司法不同。警察是一种保安权力。它通过对私人行为的偶然性的控制,而造成市民社会的外部秩序。不过,由于什么是对社会有害的和什么是对社会无害的这二者之间的界限的相对性,警察就会把一切可能的事物都圈到自己的权限范围以内,到处吹毛求疵和干涉个人的日常生活。这样,警察就遭到人们的厌恶。

但这又是难以避免的。警察要监督和管理普遍事务和公益设施,包括:调整生产与消费之间的不同利益,照料路灯、桥梁、日常必需品价格、卫生保健等设备,保证人们分享普遍财富,实行强制教育。要防止挥霍,督促市民自谋生路,解决贫困的问题。要进行国际贸易,开拓殖民事业。

如果说警察主要地以外部的方式保护和保全特殊利益的话,那么,同业公会则主要是以社会成员的内部方式实现和促进特殊利益。同业公会是产业等级特有的。它是劳动组织,依据市民社会成员的特殊技能吸收其为会员。同业公会的权利是:照顾其内部的自身利益;接纳会员;关心所属成员,防止特殊偶然性,对成员加以教育培养。参加同业公会的家庭,现在有了更稳定的基础。因为,这种家庭的生活,按照其能力而得到保证,有自己固定的财富。此外,家庭还通过同业公会而与整体普遍物联结起来,使其获得等级的尊严。由于同业公会限制了竞争,便使人们从对自己的危险和对他人的危险(破产)中解放出来。同业公会的价值表现在,它是除家庭之外的,建立在市民社会基础上的国家的第二个根源。家庭是主观特殊性与客观普遍性两个环节的统一。同业公会则是需要和满足的特殊性与抽象法的普遍性两个环节的统一。因此,同业公会是比家庭更大范围的统一,具有更高的伦理性。同业公会不同于故步自封的封建行会:它接受国家的监督,参与国家的政治活动。但是,市民社会的两个环节即家庭和同业公会,都有其伦理的局限性。从这种局部的伦理性发展到无限的伦理性,市民社会就过渡到国家。

八、国家

国家是伦理理念的现实。它是借助最高组织形式表现出来的法。国家直接存在于风俗习惯即整体的社会意识中,而间接地存在于个人的意识中。国家本身就是绝对目的。国家是自由的最高权利;而充当一名国家成员,是单个自由人的最高义务。个人只有在国家之中,才具有客观性、真理性和伦理性。当卢梭提出意志是国家原则时,他是对的,因为国家确是一种客观精神;但当他说构成国家的意志是单个人通过契约产生国家时则是错的,因为这意味着国家是单个人意志的产物,是任性的东西。德国国家法学者哈勒把国家当作少数人的强权的产物更错误,是赤裸裸的非理性主义。国家的理念有三个环节:一是国家法意义上的国家,直接现实性的国家,即作为其内部有机统一体的个别国家。二是国际法意义上的国家,即个别国家间的外部联系,在这种情况下个别国家表现为特殊国家。三是世界历史意义上的国家,在这种情况下个别国家都是世界精神的产物,都在世界精神中表现其普遍性。

现代国家的原则是使主观性原则完善起来,并使主观性与实体性相统一。国家保证个人利益获得完全发展和明白的承认,又引导他们追求普遍物。所以,国家就是具体自由的现实。个人对国家尽多少义务,也就享有多少权利。权利、义务的统一,是人类自身自由的原则。

国家与家庭、市民社会的关系，形式上看国家是由市民社会和家庭构成的；但从实体上看，它们却是国家把自己分成的两个理想性环节。个人通过国家的制度，直接获得对自己的本质认识，间接地获得对普遍物的认识。国家的目的在于实现个人目的与普遍目的的统一，从而使国家自身得到稳定。

国家的必然性在主观实体性（个人）方面的表现，是政治情绪；在客观实体性（其自身）方面的表现，是国家机体，即政治国家、国家制度。政治情绪就是爱国心。国家机体就是国家的自我区分，国家制度向着差别方面的发展，造成不同的职能部门的分工；这种区分越发达，表明国家机体越有生命力。

国家的实体是绝对精神，宗教也以绝对精神（上帝）为真理，因此可以说宗教是国家的基础或国家从宗教产生的，国家具有神的本性。但是，黑格尔又说：与宗教不同，国家是行进在地上的神，是现实形态的、有组织的神。再者，宗教是对纯粹实体性东西（绝对物）的关系，它是采取信仰等形式；而国家则是强大的现实的各种权力和规章制度的机体，因此对国家就不能光靠信仰，还要服从它的法律，否则国家就不会获得稳定而牢固的存在。有鉴于此，必须反对抓住宗教形式来对抗国家的宗教狂热。国家要保护宗教、实行宗教宽容政策，但又要求教会受治于法律，接受警察的监督。其实，国家是比宗教更高的精神要素。因为，国家不仅有其实体性并有其现实性，是个自在自为的俗物。所以，教会应被安置在国家的彼岸，不得干涉国家事务。这就是说，政教需要分立。

就内部国家制度本身来说，只有对于自己进行区分，才是合乎理性的。它所区分出来的各种权力都自成为一个整体，但又都包含着其他的权力的环节，这些环节返回来又构成一个单一体。黑格尔对流行的权力分立论（尤其三权分立论），持批判态度。他认为，这种权力分立论的弊病，就在于把这种权力差别片面化，把它们加以独立化。按黑格尔的观点，国家机体区分为立法权、行政权、王权三种权力。君主立宪政体最好，它是现代的成就。以君主立宪制为顶峰和起点的王权，是理想的王权。古代把国家制度分为君主制、贵族制、民主制是建立在国家尚未对自己进行区分的基础上，所以缺乏具体合理性。这样划分仅反映了统治者数量上的差别。混合政体论是二元论。费希特关于任何国家形式均可，只要存在监察制度就行的说法，不能解决问题。孟德斯鸠关于政体原则的学说表达了深刻的见解，但需要加以讨论。现代国家推行的民主制是原子式的群氓主宰国家，而概念与群氓是风马牛不相及的。总之，国家制度受着历史的制约，受着向前发展的民族精神的制约，而不是外部先验地强加。

王权本身包含着国家制度和法律的普遍性、作为特殊对普遍的关系、作为自我规定的最后决断这样三个环节。王权，从君主个人来看是最单一的东西，但其代表的国家又是最普遍的东西。由王权所表示的国家理想性，就是国家的统一性，即国家机体各环节连成整体，其一切权力和职能不属私人而永远属于国家。所有特殊的权力和职能,都是国家对内主权的派生物。主权不是任性的专制权力,它应当是立宪的、法制的统治权力。由王权所表示的国家主观性就是君主主权,即由君主一个人代表现实的单一的国家人格。从这个角度上说,王权是一种抽象的、没有根据的、自我最后决断的权力。君主对有争议的事项,以"我要这样"作结束。同黑格尔反对民主制观点相一致,他反对人民主权论。他说以人民主权对抗君主主权是混乱思想,因为人民是一群无定形的抽象物。由王权所表示的国家自然性,就是尊严化身的君主其人的肉体出生。君主的世袭权和继承权的正统性的根据,不仅来自实定法,而且也包含于国家理念之中。世袭君主制是保障国家统一和稳定的制度。选举君主制表明国家权力依赖于私人,选举的后果仅表示理智的可能性,所以这是一种最坏的国家制度。君主的体力或智慧不见得有超人之处,但理念的力量要求千百万人受其统治。君主拥有赦免权,任免国家官吏权,对政府的行动不负责任权。王权是在国家机体中并通过其他环节的作用,而获得客观保证的。

行政权是实施国家中已经决定了的东西,即实施国王的决定或现行法律、制度等,因此它有区别于这些法律、制度等的决定权力。行政权包括市民社会中的审判权(司法权)和警察权,借助这种权力来使市民社会中的特殊目的服从普遍目的,以便实现普遍利益。行政权的内容,就是把特殊利益纳入普遍福利和法制之内。市民社会是个人主义王国,是私利的战场、同公共事务冲突的舞台。市民社会的个人主义精神要通过同业公会精神而转变为国家精神。但是,同业公会主管人员又没有实现这种转变的能力。所以,这只能由国家行政机关来办理。行政机关体系包括由国王任命的行政权的全权代表(总理大臣)、各职能部门、地方自治团体和同业公会三个层次。行政官吏应按照个人的才能来选拔。官职不是契约的产物,担任官职的是那些不去独立地、任性地追求主观目的,而是能献身普遍利益的人;薪俸就是对于他们恪尽职守的报偿。为防止官吏滥用权力,要实行官吏等级制度,实行自上而下的监督;并且要发挥自治团体和同业公会的权能,实行自下而上的监督。国家还要注意对官吏进行品德和技能的教育。官吏构成了市民社会中的中间等级。

立法权是涉及完全具有普遍性的国内事务的权力。立法权与国家制度的关系是:国家制度是立法权的前提和基础,立法权是国家制度的一部分。对于作为对象的个人说来,立法权就是确定个人从国家那里能得到和享受什么、个人应给国家些什么,即权利和义务问题。个人应交给国家的,是现行的普遍价值即金钱。立法权产生的法律应当是明确的,以便于施行;应当是原则的,不要过细,以便适应客观情况而进行修改。作为国家普遍性环节的立法权,同作为最高决定环节的王权和作为王权咨议环节的行政权,是结合为一个整体的。构成立法权这一普遍环节的是等级要素,即代表制或议会。英国式的内阁成员必须是国会议员的制度是正确的,因为它使政府人员同立法权相联系。相反,三权分立论者通常说的各种独立的权力相互限制的观点,会导致国家统一的破坏。等级要素作为市民社会向国家派出的代表团,其作用在于代表多数人

(排除妇女、儿童等)的意识即公众意识,而不在于他们对普遍福利和公众自由的保障提供独到的见解。从后一个角度上说,国家高级官吏要比他们高明得多。所以,讲到处理国家事务,官吏们没有等级要素也同样可以把国家事务处理得很好。等级要素顶多不过是补充高级官吏的见解,反映下级官吏活动的情况而已。这就是人民参与国家事务的体现。等级要素是政府和人民的中介机关,也是同政府一起构成王权和人民的中介机关。有了这种中介机关,王权就不会成为孤立的极端,变成赤裸裸的暴政;人民也不会成为另一孤立的极端,变成无法无天的群氓。等级要素中,包括普遍等级和私人等级。普遍等级是官吏等级。私人等级又分为:第一,农业等级。它由有教养的、实行长子继承制而拥有参加国家活动特权的贵族等级和一般的农民等级这两部分组成。第二,市民等级,即产业等级。这个等级的代表,不是由一群原子式的个人派出,而是由市民社会中的各种协会、自治团体和同业公会派出。总之,等级制度同一切人参与国家事务的观念是不相容的。等级要素是代表制,代表要取得被代表人的信任,但不需要他们亲自投票;因为投票是一种主观意志原则,是同普遍事务相矛盾的。代表或议员同选民的关系,不是代理人与被代理人的关系。他们不受选民指令的约束,而直接维护普遍利益。代表的条件,是要求他们有官府的智能。代表与同业公会的关系,则有所不同:由于他们是由同业公会所选派,而且同业公会又是有组织的实体,因此代表应当考虑同业公会的利益,他们也应当由同业公会选举产生。等级会议中所包括的君主要素和市民要素两方面,就相应地要求实行两院制。两院制可以更好地使等级要素发挥中介机关的作用。等级会议应公开举行,使其与公共舆论的前进步伐一致起来。公共舆论是人民对于普遍事务表达见解的无机方式(无组织的方式)。在现代国家中,公共舆论体现着主观自由原则。因此,它包含着现实需要,也包含着正义原则,以及国家制度和法律的真实内容和结果。但其中也难免夹杂着背离普遍性的偶然性和独特的见解。由此可知,公共舆论又值得重视,又不值得重视。承认舆论的力量,就需要承认言论自由,承认单纯思想不受惩罚。不过,言论自由不能超越法律的界限,不得损伤他人人格及政府、官吏和君主。否则,就会构成犯罪或过失。

九、国家关系

作为对外主权的国家,表现为它对别国的关系,其中每个国家都是独立自主的,是排他性的自为的存在。独立自主是一个民族最基本的自由和最高的荣誉。这种对外的否定关系,是国家特有的环节和属性。国家肯定个人的绝对个体性即个体实体性,而这种实体性就包含个人对国家的义务,即有义务为国家牺牲自己的一切。这里就包括战争的伦理性问题。战争实现了国家对个人的绝对权利;并且,通过战争可以防止一个民族的堕落,可以防止内部骚动以巩固国家权力。康德式的永久和平论,不符合作为个别性国家所具有的否定属性。战争需要军队这个以英勇著称的等级即常备军;

一旦国家陷于危殆,就要全国动员,把防御战转为征服战。英勇是形式的德,为着普遍性而英勇才是有教化民族的真实的英勇。现代战争中的英勇表现为整体和整体的对抗,而不是单个人之间的对抗。

国际法是从各独立国家之间的关系中产生出来的。它以各主权国家的意志为根据。尽管可以说国家与国家之间应当有自在的法,但法要求有权力,而现实却不存在驾于国家之上的制裁权力,所以国家与国家的关系只能停留在应然之上。它们之间是独立主体间的关系,彼此订立条约,但又都同时凌驾于这条约之上。一个国家对另一个国家说来是拥有主权的和独立的。一个国家不应干涉他国内政。一个国家必须通过他国的承认才是完善的,所以国家之间应当相互承认。国家相互关系是独立任性的,因而具有契约的性质。条约作为国家彼此间义务,应予遵守,这是国际法的基本原则。如果两个国家意志之间不能达成协议,国际争端只有通过战争来解决。国家间的纠纷,不仅会来自实际的损害,也会来自损害的表象。福利是国家对别国关系中的最高法律,最高原则。国家在战争中要遵守的国际法的规定是:保存和平的可能性,尊重使节,不把矛头指向他国的内部制度和家庭生活、私人生活等。不论战争时期或和平时期,国家都应遵循国际惯例。

十、世界历史

世界历史,是普遍精神(世界精神)的一种现实的定在。世界历史是一个法院,它以普遍精神为准则展示形形色色的家庭、市民社会和国家这些特殊的现实。世界历史是普遍精神自己认识自己,自己把握自己,自己推进自己的过程。在这过程中,国家、民族、个人都在国家制度中获得现实性,但它们都是世界精神事业的实验品;世界精神通过扬弃这些特殊形态而不断地向着更高的阶段迈进。

世界历史的每一阶段都保持世界精神理念的那个必然环节,使之获得支配世界的权力,所以处于那个环节上的民族是最优越的。这个民族就是世界历史民族。它的直接的自然性,就是它的地理学上和人类学上的实存。世界历史民族是统治一个时代的民族,其他民族是无权的。不过,世界历史民族在世界历史中的创纪元的作用,只能发挥一次,然后便让位给另一个新起的世界历史民族。世界历史民族又是通过现实主观性的个人发挥率先作用,这些伟大人物就是世界历史个人。一个民族最初还不是一个国家,它要通过家庭、部落等过渡成为国家。没有组成国家的民族,是没有主权的,它的独立仅仅属于形式而不会被承认。民族通过英雄创造国家。文明民族意识到野蛮人具有的权力与自己是不相等的,因而把他们的独立当作形式的东西来处置。

世界历史民族形成的原则,经过四个发展阶段;第一,以直接的实体性精神形态为原则。第二,以对于这种实体性精神的知识为原则。第三,以对这种实体性的认识在自身中更加深入、从而达到了抽象的普遍性为原则。第四,以现实的普遍性为原则。

与这四个原则相适应,世界历史发展便经历四种世界历史民族的王国:第一,东方王国;第二,希腊王国;第三,罗马王国;第四,日耳曼王国。日耳曼王国经历了中世纪的教会和中世纪的帝国,而发展成尘世的王国。现在,它已从抽象的精神王国,转化为现实的精神王国、理想的精神王国。但是,客观地加以分析,黑格尔没有真正地把日耳曼王国当作历史发展的终极。相反,按照他本人的历史逻辑,人类不会永远停留在某一阶段而不再前进了。在这方面,对于黑格尔应作出实事求是的,公正的评价。

第二章 法 律

虽然黑格尔一再声明,他的研究仅限于法哲学,但是这并没有妨碍他对于实定法即法律的一般理论的研究作出杰出的贡献。

一、法律的概念

什么是法律? 黑格尔说:"法律是自在地是法的东西而被设定在它的客观定在中,这就是说,为了提供于意识,思想把它明确规定,并作为法的东西和有效的东西予以公布。通过这种规定,法就成为一般的实定法。"①意思是说,法律有别于自在自为的法。法律是人为地把抽象的法加以外在化,使之取得客观的实定法的形式。所以,法律就是实定法。

法要成为法律,应当具备两个条件。第一,首先它要获得普遍的形式,把它表达为对于一切人都有效的行为规则。第二,它必须获得真实的规定性,也就是具有能够被普遍了解的具体内容。

黑格尔强调,法律和法之间只有彼此一致,方可体现出法的拘束力,方能真正作为法律的法而存在。不过,二者的这种一致是相对的。它决定于立法者的认识和客观的法之间的差异。我们可以看到,在这里,如果不是像黑格尔那样唯心地把法了解为神秘的客观精神,而是了解为客观规律的话,那么这个论断就是科学的。

二、法律的形式渊源和系统化

黑格尔提出下面几种法律的形式渊源,并作了评价。

(一)制定法

这是法律的基本形式渊源。

(二)习惯法

它在"作为思想而存在而被知道"这方面,同成文法有共同之处。但是,习惯法是"主观地和偶然地被知道的,因而它们本身是比较不确定的,思想的普遍性也比较模

---

① 《法哲学原理》,第 211 节。

糊"。即使把习惯法汇编成为成文法典,那也是一种"畸形的,模糊的和残缺的"①法律。

(三)判例法

同制定法相比,判例法也可以视为一种成文法。但是,这种法律非常混乱,需要翻阅大量书籍才能找到。更严重的是,它使"法官经常成为立法者",也就是为法官破坏法制洞开了大门。

(四)引证法

这里是指罗马帝国时期引证一些著名法学家的意见当作法律。不言而喻,这是更加混乱的情况,是"以言代法"的独特形式。

黑格尔坚定地主张,一个国家应当用文字形式使法律系统化,编纂法典。他断然地驳斥萨维尼所代表的德国历史法学派抵制编纂统一的德国民法典的保守主义,说:"否认一个文明民族和它的法学家具有编纂法典的能力,这是对这一民族和它的法学界的莫大的侮辱。"黑格尔关于法律形式渊源和法律规范系统化的观点,尤其是把一个国家的法制建设同"文明"紧密联系起来的观点,是有其进步性和合理性的。

三、法律的概念规定性和法律的偶然性

法律的概念规定性,指法律规定的一般界限,即质的规定。但是,为了把法律适用于具体的、特殊的场合,还需要法律的偶然性。这就是指在一般的质的界限以内再确定一个适用的幅度,确定一个量的领域。比如,法律不仅要规定对什么罪须给予什么处罚,还要规定这种处罚的从最宽到最严的幅度。法律偶然性对于司法机关尤为重要,这叫"法官的偶然"(法官的主观任性)。法律偶然性和法官偶然性,同法制不是对立的;相反,正是法制所需要的。因为,法律的概念规定性是必须通过法律的偶然性和法官的偶然性获得体现与实现的;离丌法律的偶然性和法官的偶然性,法律的概念规定性便纯属抽象的东西。这样一来,法制或法律的现实状态也就无从谈起了。有鉴于此,黑格尔认为,只谈法律的概念规定性而不谈法律的偶然性那是"抽象"地谈论法律,是脱离实践的。他在这里所讲的,实际上就是法律的原则性与法律适用的灵活性之间的辩证关系。的确,法律的灵活性,特别是法官的偶然性并不排除违反法律的原则性的可能,但没有它,法律的原则性也就没有意义了。

---

① 这里和以下几处引文,均见《法哲学原理》第 211 节附释和补充。

四、如何保证法律的效能

（一）法律必须被人所知道

黑格尔认为："从自我意识的权利方面说，法律必须普遍地为人知晓，然后它才有拘束力。"①法是自在的精神通过人的意志获得表现的精神，因此反映法的要求便是人自我意识的权利。就是说，人有权利来意识法，并依据法的要求进行活动、规制自己。法律是立法者的自我意识权利的现实。现在，要求进一步使法律也成为社会普遍的自我意识权利的现实，那就必须让大家一体地懂得法律、承认法律的规范性。这便是黑格尔对于"不知法，不为罪"原则的解释。为此，黑格尔坚决不赞成统治者把法律束之高阁，或者把法律埋藏在浩繁的书堆里，或者把法律表达得晦涩聱牙，使一般老百姓无法知道和无法理解。

（二）坚持法律关系的形式化原则

按照黑格尔的观点，市民社会是一个法制社会。所以，公民之间的权利和义务关系及各种社会关系，都应该用法律加以调整，取得法律的形式，变成法律关系。他的意图在于，尽可能地把反映资产阶级意志和利益的社会关系及社会行为统统纳入统一的法律轨道。

综上可知，黑格尔关于法律的一般理论，大体上可以看作是近代进步的资产阶级思想家们的理论的继承和发展。

---

① 《法哲学原理》，第 215 节。

第三章 民 法

在黑格尔的法哲学体系中,民法问题被列为一切部门法之首位。这原是有道理的。按照黑格尔的解释,法的本质是意志自由和权利,而意志自由的直接定在和权利的直接内容是作为自然界的物。而物,恰恰是民法研究的基本课题。其次,从黑格尔的思路可以看出,他在很大程度上推测到对物的权利或所有权,是一切法律权利中最具有决定性的、基础意义的权利。就后一点而言,虽然黑格尔没有认识到或者混同了所有制和所有权的重大区别,但同一般资产阶级法学家们相比终归高出一筹。

黑格尔民法思想包括的主要范畴有:人和物、所有权或占有、取得占有、物的使用、所有权的转让、契约以及同民事权利相关的不法。

一、人和物

概括地讲,黑格尔的民法思想所论述的主要问题就是人和物之间的对立同一关系,并通过物来揭示人和人(意志和意志)之间的关系。因而,人和物这一对范畴是最为重要的。

(一)人

1. 人的概念。

人,被黑格尔当作法概念的出发点和终结点。这反映了黑格尔法律思想中的人道主义精神。不过,这里显示出来的人,往往是抽象的人,即消除掉社会阶级属性的一般的人。

按照黑格尔的说法,构成法的意志,一开始仅仅是抽象的或一般的意志;当它自己发展成为实在意志时,"意志就成为单一的意志——人"①。这里指的是各个具体的人。意志既然属于人的,那么唯有人才能成为法或权利的主体。所以黑格尔说,"人间最高贵的事就是成为人"。

人的本质是人格,而人格就是意志的自由。黑格尔经常讲类似这样的话:"束缚在命运的枷锁上的人可以丧失他的生命,但是不能丧失他的自由。"②自由并非愿意干什

---

① 《法哲学原理》,第 34 节补充。
② 《美学》第 1 卷,商务印书馆 1982 年版,第 203 页。

么就干什么,愿意怎样干就怎样干。因此,他又说,人格的"要义"在于每个特定的人都要受到法的规定和限制。这就意味着意志(人)要意识到意志(法),即达到有限东西和无限东西的同一。人格的"高贵"和"低贱",以此为界限。基于对人格的这种理解,黑格尔进一步指出:"人实质上不同于主体,因为主体只是人格的可能性,所有的生物一般说来都是主体。所以人是意识到这种主体性的主体,因为在人里面我完全意识到我自己,人就是意识到他的纯自为存在的那种自由的单一性。"①在这里,把作为法或权利主体的人同作为生物学上主体的其他生物、有权利能力的主体同无权利能力的主体、高贵人格的主体同低贱人格的主体等作了严格的区分。

黑格尔关于人的这些论述,中心意思在于说明,在民事法律关系中,作为主体的人,同时又应当能认识法的精神、自觉地接受法的约束、依照法的规定行为;他能享有法律上的权利,又能尽法律上的义务。这样的人,才是完善的、理想的主体。

2. 权利能力和行为能力。

民法中的主体的意义,主要表现在其权利能力和行为能力或责任能力上。否则,主体便流于空洞的字眼。

抽象法基于人的意志自由,而自由与权利俱在;或者说,人"自己欲望自己的'意志',乃是一切'权利和义务'的基础"。所以,"'人格'构成了权利的基本条件"②。但是,当意志尚作为特殊意志的始初的、低级的阶段或状态时,它虽然存在着,却仍与人格、与自由的规定有区别。就是说,这时权利能力仅仅作为人的情欲、需要、冲动、偶然偏好等等的自发本能而存在。人还没有真正考虑到自己的特殊利益或幸福之所在,还没有形成自己意志的特殊动机、见解和意图。黑格尔说:"因为在人格中特殊性尚未作为自由而存在,所以关于特殊性的一切东西,在这里都是无足轻重的。"③又说,对于这样一种形式的权利能力,只有那些偏执的、胸襟狭窄的粗野小人才感到兴致不已,固守它;而高尚的精神则顾虑到事物是否还有其他一些方面。这需要顾虑的方面至少有,例如:第一,法的规定提供的低级的权利能力,不一定是自己绝对必须去行使的;第二,应当使自己的权利能力向着高尚的方向发展;第三,尤其还要知道,形式的权利能力同具体行为相比较,同被自我意识了的权利即道德相比较,同主观权利客观化了的伦理相比较,它"只不过是一种可能性"或法所规定的"一种许可或能力"而已。其实,权利能力的这种形式性是对人们的限制,人们要发挥自己的主观能动性使权利的能力转化为权利的现实。黑格尔说:"人格是肯定的东西,它要扬弃这种限制,使自己成为实在的,换句话说,它要使自然的定在成为它自己的定在。"④这句话的寓意即在于此。

黑格尔关于权利能力问题的论述,实际上已涉及到了行为能力和责任问题的一些

---

① 《法哲学原理》,第 35 节补充。
② 《历史哲学》,三联书店 1956 年版,第 489、324 页。
③ 《法哲学原理》,第 37 节补充。
④ 《法哲学原理》,第 39 节。

最基本的原理。至于对行为能力和责任能力的许多具体观点,则被他置于不法和犯罪论中详加阐发。所以,这里也不拟提前把它搬过来。

(二) 物

1. 物的概念。

黑格尔说:"跟自由精神直接不同的东西,无论对精神说来或者在其自身中,一般都是外在的东西——即物,某种不自由的、无人格的以及无权的东西。"[①]这就是物的概念。

对于精神(意志即是精神)说来,物是与精神直接不同的、可以相互分离的外在的东西,属于客观的、自然界的概念。为此,物就成了意志的定在的外部领域,从而也就是实现作为主体权利的领域。物,即民事法律关系的客体。

对其自身说来,物也是外在的东西。因为它缺乏主观性,不能进行自我意识。尽管人作为感性的东西也是外在的,是空间性和时间性的,但人以其独具的自由意志的人格同物划清了本质界限。人具有感性的直观,动物也能直观,"但是它的灵魂不是以灵魂即它本身为对象,而仅仅以外在的东西为对象"。从而,物只能处于民事法律关系客体的地位。

同物的概念相关,黑格尔还追加了一个重要的补充,即物有两种对立的意义:物作为它自身而存在时,它有其内在的规定性,即它是实体性的东西;但当物同人对比时,它的规定性就是纯粹外在的东西。

2. 通过精神的中介而变成的物。

黑格尔明确地说,精神技能、科学知识、艺术,甚至宗教方面的东西(讲道、弥撒、祈祷、献物祝福),以及发明等等,都可以成为契约的对象,而与买卖等方式中所承认的物同一视之。理由在于,这些固然是精神所特有的、精神内在的东西,而不是外在的东西,但是主体可以通过"表达"而给他们以外部的定在,这样就能把它们归在物的范畴之内了。"所以它们不是自始就是直接的东西,只是通过精神的中介把内在的东西降格为直接性和外在物,才成为直接的东西。"[②]

不过,像技能、知识、能力等是否都可以称为物,黑格尔承认这是使他感到踌躇的问题。他说,有关诸如此类的占有虽可像物那样进行交易并缔结契约,但它又是内部的精神的东西,所以理智对于它的法律上的性质可能感到困惑。最终,他只好求助于现行的法律,说这类东西"仅以法律认为可占有者为限,才在被考察之列"。我们可以看到,在这个问题上,黑格尔确是经常自相矛盾的。

3. 人不是物。

黑格尔一贯主张,作为精神实体的人本身不是物,因而人不能充当民事法律关系

---

① 《法哲学原理》,第42节。
② 《法哲学原理》,第43节附释。

的客体。

按照罗马法规定,孩子对父亲来说是物,父亲得在法律上占有他的孩子;但是又不否认父亲对孩子仍处于爱的伦理关系中,就是说又不把孩子当作物。因此,黑格尔说:"在罗马法中产生了物与非物这两种规定完全不法的结合。"①这里讲的"不法",指违反精神的规定性。黑格尔断然谴责一切把子女视为双亲的客体(物)的法律,认为这都是不合法、不合伦理的。

根据黑格尔一向坚持的观点,奴隶制是客观精神的发展尚处于低级阶段的产物。它是同奴隶自身的不觉悟分不开的。例如,他说:"主子不把奴隶当作人,而只当作一没有人格的东西。而奴隶不自认他自己是'我',他的'我'就是他的主子。"②又说:"其一是独立的意识,它的本质是自为存在,另一为依赖的意识,它的本质是为对方而生活或为对方而存在。前者是主人,后者是奴隶。"③但黑格尔认为,不只是使人成为奴隶和奴役他人是不法的,奴隶和被奴役者本身也是不法的。这些说法虽不免多少有替奴隶制度辩护之嫌,但细想起来,更主要的是其中包含有正确方面和可贵的历史观点。至少不能怀疑,他从根本上是反对把人当成奴隶即当成物的。

4. 物权。

黑格尔指出,在西方的历史上,人们为了把一大堆复杂纷纭的民事权利的形式,整理出一种外部秩序,而进行分类。其中,人们认为,除了物权以外,特别想到还有以家庭和国家等实体性关系为前提的权利,有有关单纯抽象人格的权利。基于这种考虑而进行分类的典型例证,一是罗马法的人格权、物权、诉权的划分,二是康德的物权、人格权、物权性质的人格权的划分,其影响都很大。黑格尔的评价是,前者乖谬而缺乏思辨思想,后者也同样混乱。

罗马法中的所谓人格权,是从把人划分为不同身份的等级的观点出发的,认为只有具备一定身份或属于一定等级的人才成其为人。这种人格权的内容就是家庭关系,它是相对奴隶、子女及"人格减等者"的无权状态而言的。因此,黑格尔说:"罗马的人格不是人本身的权利,至多不过是特殊人的权利。""家庭关系毋宁是以牺牲人格为其实体性的基础。"④(在康德那里,家庭关系完全属于"物权性质的人格权"。)

康德所说的人格权是相对于对物的所有权而言的、根据契约产生的权利(如我给与或给付某物等等)。其实,这正是罗马法规定的根据债产生的对物的权利,即物权。如同黑格尔说:"任何一种权利都只能属于人的,从客观说,根据契约产生的权利并不是对人的权利,而只是对在他外部的某种东西或者他可以转让的某种东西的权利,即

---

① 《法哲学原理》,第43节附释。
② 《小逻辑》,三联书店1957年版,第339页。
③ 《精神现象学(上)》,商务印书馆1983年版,第127页。
④ 《法哲学原理》,第40节附释。

始终是对物的权利。"①

黑格尔是辩证地理解所谓人格权和物权的关系的。唯有人格才能给与对物的权利,所以人格权本质上就是物权(这里说的物,指一般地对自由说来是外在的那些东西)。反过来说,这种物权就是人格本身的权利或人格权。从这里所能得出的唯一结论就是:所谓人格权只能理解为作为民法主体的人的权利本身;物权只能理解为人(主体)对于非人格的或无主观性的物(客体)的权利。不能把人和物、主体和客体混为一谈。

二、所有权

在黑格尔看来,所有权是主体的抽象权利转化为现实权利、实现自由意志的定在、使人格具有客观性的基本形式,因而就是民法的基本内容。

(一)所有权的概念

根据黑格尔的标准说法,"人把他的意志体现于物内,这就是所有权的概念"②。

黑格尔断然反对 18 世纪法国唯物主义哲学家抹杀精神的能动作用的观点,反对康德认为精神不能认识真理和不能知道"自在之物"的观点,宣布人能够正确的认识外在物,并能够把握和改造它。按照黑格尔的说法,人就是自由意志,而自由意志是无限的、对于其他一切东西即物说来是绝对的。因此,所有的物都可变为人所有。每一个人都有权把其意志变成物,或者把物变成他的意志。换言之,他有权把物扬弃而变为自己的东西。这表示人的意志对物的优越性,并显示出物不是自在自为地存在着的,不是自身的目的。黑格尔将这种不把物的本来面貌看作绝对的观点,称为意志的"理想主义",以便同相反的"实在主义"观点相对立。③ 不难看出,黑格尔的这种所有权概念,不折不扣地是资本主义无限制的私有权概念。

进而,还需要注意的是黑格尔关于"所有权的合理性"的论述。他说:"如果把需要当作首要的东西,那么从需要方面看来,拥有财产就好像是满足需要的一种手段。但真正的观点在于,从自由的角度看,财产是自由最初的定在,它本身是本质的目的。"④"所有权所以合乎理性不在于满足需要,而在于扬弃人格的纯粹主观性。人唯有在所有权中才是作为理性而存在的。"⑤在另外地方,他也讲了许多类似的话,如"它主要地在'财产'内出现","人格在现实中便赋形为私产"⑥。对于人(意志),"正是财富使它

---

① 《法哲学原理》,第 40 节附释。
② 《法哲学原理》,第 51 节补充。
③ 《法哲学原理》,第 44 节补充。
④ 《法哲学原理》,第 45 节附释。
⑤ 《法哲学原理》,第 41 节补充。
⑥ 《历史哲学》,第 324、326 页。

意识到自己的……本质方面,自为存在"①。可以说,这些话淋漓尽致地暴露出黑格尔民法思想的阶级本质。很显然,他所说的所有权或财产就是资本,所说的自由就是资本增殖的自由,所说的人格就是资本的人格(资产者)。的确,对于资本家说来,资本本身就是本质和目的,它不是为了满足需要,而是为了追逐利润。资本家的人格、理性,只有在资本之中才能体现,才能存在。所谓人格、理性、自由之类的字眼,都是用以美化资本的。相比之下,不拥有财产的人,或者把微量财产当作糊口之资的人,都遭到了贬斥。

(二)占有

1. 占有和所有权。

黑格尔说,占有就是主体把某物置于自己外部力量的支配之下。占有的特殊利益,可以出于主体的任何考虑,但是,在占有行为中,主体的对象是他自己的自由意志,也就是使自己的意志变为现实的意志;就这方面说,是构成占有的"真实而合法的因素"即理性的因素,构成所有权的规定性。正是在这个意义上,"占有,就是所有权"②。

黑格尔承认占有或所有权,有私人所有权和共同所有权之分。但是,他认为唯有私有权才具有必然性,从而才是更合乎理性的。理由是:体现于所有权中的是人的意志,而人是单个的,所以所有权就成为这种单个人格的东西。据说,"这就是关于私人所有权的必然性的重要学说"③。而共同所有权呢,则是一种自在地可以分解的、偶然性的东西。从前国家曾经强制地搞过共同所有权,但现代又往往重新恢复私有权(例如采取解散修道院等措施)。很容易看出,黑格尔所谓私有权必然性学说的论据,是站在私有制立场上生硬地杜撰出来的。不过,这并不否认他的确在一定程度上揭示出市民社会中私有权的历史必然性。把历史的必然性归结为理性的必然性,这正是黑格尔的特色,其高明之处和荒谬之处都表现在这里。

为了替私有权辩护,黑格尔又搜索枯肠地援引历史。他断然驳斥柏拉图"共有财产"的理想国的主张,是"侵犯人格的权利,它以人格没有能力取得私有财产作为普遍原则"。同时也批判了追随柏拉图这一主张的人是"误解精神自由的本性和法的本性"。而对伊壁鸠鲁反对人们拥有共同财产的结合的理由,即"这种结合证明互不信任",他是很赞赏的。

2. 占有身体。

按照黑格尔的说法,人是在他的有机身体中活着,在内容上这个身体就是他的普遍的、不可分割的、外部的定在,而且有了这个定在才能实现再进一步(对于纯粹外在物)的定在。人占有自己的身体就意味着对他拥有权利,即有权利保持自己的健康和

---

① 《精神现象学(上)》,第51页。
② 《法哲学原理》,第40节。
③ 《法哲学原理》,第46节补充。

生命。这种权利是他本人独立的、不能让与的。

人为了使自己身体成为有灵性的工具，首先必须占有身体，使身体成为不可侵犯的。在这个问题上，黑格尔是肉体与灵魂的统一论者。他讥讽那些把肉体、灵魂分开，甚至声称伤害别人肉体可以不伤害其灵魂之类的论调，是"缺乏理念的、诡辩的理智"。黑格尔说："就因为我作为在身体中自由的东西活着，所以我这个有生的定在不得当作驮畜而被虐使。""他人加于我的身体的暴力就是加于我的暴力。"①

黑格尔谈论人对自己生命的权利和占有自己的身体，其主旨，与其说是在讲所有权问题，毋宁说是在讲与所有权相区别的问题，即在讲人权、人道主义的问题，他以他所特有的方式再现了当年英、法启蒙思想家们的进步精神。当然，在德国当时那种历史条件下，这种"再现"与原来相比是要逊色得多了。

3. 占有的平等和不平等。

在对外在事物的关系上，每个人都必须占有财产，是合理的。不过，黑格尔紧接着说，对这个问题还要进行具体分析。

在抽象人格领域中，存在的是任性的自然的意志，其对象是普遍的无规定性的东西。每个人占有什么、占有多少是作为可能而存在的，在法上是偶然的事情。这样看来，从人的本性上和占有来源上说，是人人平等的。但是，正因为平等仅仅是抽象的人本身的平等，那么就意味着实际的占有是属于抽象的人的平等之外的。就是说，它成了占有的不平等的基地。因为，这方面，不仅有外在自然界的偶然因素起作用，而且有每个人之间的无限多的特殊和差异的理性因素起作用。

那么，财产的占有和分配的不平均，是不是自然界的不公正呢？黑格尔的答案是否定的。他说，自然界不是自由的，无所谓公正不公正。又说，使一切人都有足够收入来满足需要这种愿望笼统地说是善意的，但却"缺乏客观性"。另外，"收入跟占有不同，收入属于另一领域，即市民社会"②。这两项"理由"表明，黑格尔看到了资本主义社会与以前社会中的占有与收入之间的差别。但是他不懂得占有（所有权）是收入的前提；更何况，收入也未尝不可以说是一种占有。

黑格尔断言，财产分配的平均制总是短命的，"因为财产依赖于勤劳"③。这种说法是历史上司空见惯的美化私有制的论证，不足为训。

黑格尔的结论是："由此可见，正义要求各人的财产一律平等这种主张是错误的，因为正义所要求的仅仅是各人都应该有财产而已。其实特殊性就是不平等的所在之处，在这里，平等倒反是不法了。的确，人们往往看想他人的财产，但这正是不法，因为法对于特殊性始终是漠不关心的。"④一向以晦涩著称的黑格尔，在这里却把话讲得非

---

① 《法哲学原理》，第 48 节附释。
② 《法哲学原理》，第 49 节附释。
③ 《法哲学原理》，第 49 节补充。
④ 《法哲学原理》，第 49 节补充。

常直率了。

4. 先占取得和占有的表白。

那么,某物即无主物究竟是谁占有的?它属于时间上偶然最先占有的那个人占有,后来的第二个人不能占有已经属于他人占有的东西,这就叫"先占取得"。这个先占取得者就是所有人,合法的所有人。不过要知道,最先一个人之所以成为合法所有人,并不在于他是最先一个人,而在于他是自由意志并把自己的意志定在于某物之中。所谓最先一个人,仅仅相对于继他而来的人讲的。

其次,取得对物的占有,单有占有者的内部意志是不够的,还一定要有他人的承认。一个人把某物变成自己的时候,就给该物加上了"我的"谓语;这一谓语表示该物必须取得别人的承认,这就是"占有的表白"。

5. 占有物质和占有形式。

把自然物据为己有的一般权利所借以实现的占有取得,作为外部行动,是以体力、狡智、技能,总之借以用身体来把握某物的一切手段为条件的。但是,要知道:第一,按照自然物的质的差别,对这些物的获得和占有具有无限多的意义,并且有无限多的限制和偶然性。这意味着,对物的获得和外部占有也具有无限多的方式,而且其中就包含若干不确定性和不完全性。第二,单个人的占有,不能以全体自然物或类为对象。为此,他必须把自然界加以单一化或加以区分,例如把全部的水变成一口水等等。于是事情就是这样的:单一的主体同作为许多单一东西的外界发生关系。这里所讲的,都是对某物的整体的占有或获得的问题。

任何整体的物都有其实质(物质)和具体形式两方面。这个物的实质是被包容在具体形式之中的,因此越是把这种形式据为己有就越加现实地占有某物。黑格尔认为,正是取得占有的这种现实性,表现出它与所有的不同。所有要通过自由意志来完成,即把自由意志体现于物中,从而物具有特定的自由意志的属性,不再有它本身的独立性。而占有则是表现人与物的外在关系。

虽然黑格尔思辨地分析了占有物质和占有形式的区别,但他并没有把物质与形式割裂开来。恰恰相反,他是坚决反对这种割裂的。费希特在《自然法的基础》一书中提出"物质经我给以某种形式后就属我的"观点。例如,当我把黄金制成杯子以后,人仍可自由地把黄金取走,只要他不因此而损害我的作品。黑格尔则认为:"即使在思想上可以尽量把物质分开,然而事实上这种区分是空虚的狡辩。"①他又举例说,当我占有耕地并加以耕耘时,不仅犁沟为我所有,连犁沟在内的土地都是我的。"其实,即使物质存在于我所加之于对象的那个形式之外,然而形式正是一种标志,说明该物应该属于我的。所以该物并不存在于我的意志之外,并不存在于我所希求的东西之外。因之根

———————

① 《法哲学原理》,第 52 节补充。

本没有什么多余的东西可供他人占有的了。"①无疑,黑格尔的这一结论是科学的。

6. 所有权关系的内容。

按照黑格尔的观点,所有权在意志对物的关系上,有三种规定性,亦即所有权包含的由低级到高级的三种权能:第一,直接占有。这里,意志是定在于作为肯定东西的物内。第二,使用。这是意志对物的否定,意志定在于作为应被否定东西的物内。完全的占有是所有权的取得方式。第三,转让。它完整地表现出主体对于作为外部存在的物和使用物的内在功能的权利。这是意志从物中返回到自身的反思,即意志通过转让这一现象在其内部获得反映。转让是占有和使用两种权能的统一。

三、取得占有的方式

物的占有可分为身体把握、给物以定形、单纯的标志三种方式。这些方式中包含着依次地由单一性规定向普遍性规定的进展。也可以说,借观念而占有的成分越来越大,从而占有的范围也相应地越来越广泛。

（一）身体把握式的占有

身体把握的优点在于,在感性领域里它是最完善的占有方式。因为,主体直接体现在这个占有之中,从而其意志也最容易被认识到。但是,这种占有方式的缺点也很明显:第一,它仅仅是主观的占有,而缺乏作为客观的他人的协助;第二,它是暂时性的,会随着主体和对象物的情况变化而消逝;第三,它完全是零星地进行;第四,更重要的,它受到主体的身体和对象的性质的局限,而不能占有身体所接触到的更多的东西,从而占有的范围很狭窄。

假使主体能把对象物跟他用别的方法所取得而已属于他的东西联系起来,或者对象物偶然地参与这种联系,或者利用其他中介作用,就有可能多多少少扩大这种占有方式的范围。比如:因空间因素,他的土地靠着河海湖川,他的耕地之下埋有宝藏等等;因时间因素,土地得到自然添附(沙滩、漂流物)等等;因有机因素,家畜得到繁殖。这固然也是因时间对主体财产的一种添附,但不是对其已有财产的外来附加,所以同其他的添附完全不一样。此外还有因使用工具等而扩大占有范围。

黑格尔还指出,人所占有的任何物体,总是与其他物有联系的。关于这一点,他特别强调人所占有的本人的双手的意义。黑格尔精辟地说道:"我用手占有,但是手的远程可以延展。手是一种伟大的器官,为任何动物所没有的。我用手所把握的东西,转而可以成为我攫取他物的手段。"②

对于同上面讲到的那些"联系"而占有财产应该怎么看的问题,黑格尔提出可有两

---

① 《法哲学原理》,第 52 节补充。
② 《法哲学原理》,第 55 节补充。

种情况:一是可看作某一占有者比起其他占有者能更便宜地占有和利用某物,而且有时只有他才可能占有和利用。二是可看作该附加物属于被附加物的不独立的偶有性。不管这两种看法如何分歧,有一点是肯定的,即"一般说来,这些联系都不是以概念(意志)和生命为其纽带的外在结合"①。至于这些联系含有多大的本质性及如何认定这两种观点,是实际立法者解决的问题。

(二)给物以定形的占有

某物由于特定主体给以定形,便获得独立存在的外观;它已非某物,而是新的另外的物了。并且,某物是属于那个特定主体的命题也成为过去的事了。在黑格尔看来,虽然因对象的性质及各种不同的主观目的,给物以定形会无限的不同,"但它终究是最适合于理念的一种占有,因为它把主观和客观在自身中统一起来了"。

给物以定形在经验上或现实上可以有种种形态,如:第一,耕地由于耕作而给以定形。第二,利用原料、自然力而制成的设备,或使某种素材作用于别种素材的设备。不过,对于无机物并不总是直接给物以定形的,像制造风车时就不制造空气,仅仅制造利用空气的形式;既然如此,便不能说空气是制造风车者。第三,有关有机体的定形,像耕种土地、栽培植物、饲养动物等,主体对于有机物所做的不仅仅停留于它的外部,而是被它吸收了。在这方面,保护野生动物、驯服动物,可看作是主体通过动作而给物以定形的方式。

(三)以单纯标志作为占有的方式

对物加上标志的占有方式,是其自身并非现实的、只表明主体的意志的占有方式。标志的意义在于,主体已经把自己的意志体现于该物内。

黑格尔认为,在一切占有方式中,借助标志来占有是最完全的即最有概括性的。因为,不论是身体把握某物,还是给某物以定形,其最终意义不外就是一种标志,借以表明自己意志已体现物内、具有对该物的支配权,从而排斥他人占有。标志的概念在于,对于事物不是像它存在的那样来看,而是按它所应具有的意义来看。标志的占有方式同前两种占有方式对比,其缺点是:在对象的范围上,在其意义上,都是极不明确的。

(四)人占有自己身体的方式

在谈了给物以定形的财产占有方式之后,黑格尔接着又谈到人占有自己身体的问题,实际上是论述如何给自己身体以定形,从而取得支配自己身体的权利问题。

就其在本身内的直接实存来说,人是一种自然的东西,外在于概念的东西。只有通过对他自己身体和精神的培养,从本质上认识到自己是自由的时候,他才占有自己,并对抗他人占有。倒过来说,这种占有就是把他概念上存在的东西(可能性、能力、素

---

① 《法哲学原理》,第55节附释。

质)转变为现实,即把单纯的自我意志与单纯作为对象的身体统一起来,使自己身体成为自己取得物的形式的过程。

论及人占有自己身体问题时,自然而然就会联想到奴隶制。黑格尔分析了对于奴隶制的两种相反的观点。第一种观点是替奴隶制作辩护,提出各种历史的和理论的根据,如说奴隶是取决于他本人的软弱、被俘获、为拯救和维护其生命(抚养、教育、慈善)、奴隶本人的同意等等。这种观点都来源于把人看作一般的自然存在、看作不符合人的概念(自由意志)的实存。第二种观点是认为奴隶制是绝对不法的,其主要论据在于把人看作"生而自由"的。这种观点的片面性是拘泥于人的概念,只看到人的精神属性。黑格尔指出,这是一种二律背反,即两种命题互相排斥,但均可论证。它们都是把人的理念的两个环节(精神和身体)看作各自分立、互不相关的,因而是形而上学的思维。首先,关于第二种观点,它的错误在于不认识自由意志并非单纯的和自在的概念,其特性就是要扬弃自身的单纯形式(形式主义)和直接自然实存。虽然这种观点包含真理的出发点即自由意志的绝对性,但仅仅是出发点而已。其次,关于第一种观点,它的错误是死抱住人的身体这个无概念的实存,全然抹杀人的自由意志这个合理性观点和法的观点。黑格尔进一步论证,法和法学是开始于对自由意志的承认。但是,当人作为自然存在,作为没有别人承认的、单纯在自身中存在的概念,仍然可能成为奴隶。在人类早期历史上就是如此。所以在那里就存在着承认人格的斗争,存在着主人和奴隶的关系。(这个问题在《精神现象学》一书中,黑格尔曾作过精辟的论述①。)如果要做到对人绝对不应被规定为奴隶,最终必须依靠国家的力量,因为"自由的理念只有作为国家才是真实的"②。于是,自由问题便径直地同黑格尔的国家主义联系到一起了。

四、物的使用

(一)使用的概念

通过占有,主体的意志与物之间获得同一性。在这种关系中,意志得到肯定,即物成为主体的物,主体的意志成为需要、偏好等的特殊意志。与此同时,物则被设定为否定的东西,来为主体的需要而存在,并为其服务。从这里便可以知道,所谓使用就是通过物的变化、消灭和消耗而使主体的需要得到实现;这样,物的非独立性质就显示出来,该物也就完成了它的使命。

假如主体使用的是以标志来占有的物,那么就更能反映他对于物的普遍关系。就是说,主体不仅能否定他直接用身体把握的物,而且也能否定他借观念而把握的物。在那种场合下,他不是承认物的特殊性而是否定它这一点,或者说物沦为满足他需要

① 《精神现象学》(上),乙、自我意识,商务印书馆1983年版。
② 《法哲学原理》,第57节附释。

的手段这一点,显得更为清楚。

关于在使用中体现出来的主体与物的关系,黑格尔进一步的说明是:"当我与物会合时,为了使我与物同一起来,其中一方必须丧失其性质。然而我是活的,是希求者和真正肯定者,而物是自然的东西。所以物必然要消灭,而我则依然故我。一般说来,这就是有机体的优越性和理性。"①

有人认为,凡不被使用的财物就应被视为死物和无主物,并为他人夺取这种财物提供理由,说它是所有人没有使用的。黑格尔指出:在这些人的思想中存在的想法是,把使用当作所有权的现实。而黑格尔则认为,所有权的实质,首要的是体现于物中的他的意志;而使用是进一步的规定、次要的属性,仅仅是表现所有权的一种特殊方式罢了。显然,在这里,黑格尔强调的是占有者对于占有物的绝对权利,即强调所有权的绝对性。这也是为私有制,尤其资本主义私有制进行辩护的。

(二)使用和占有

直接把握某物而加以使用或利用,这本身就是对这个被直接把握的单一物的占有。因为,在这种情况下,占有成为使用的必备的条件,二者是无法分开的。

如果使用或利用是出于持续的需要,而且是对再生产品的反复使用,又为保持其再生而限制这种使用的话,那么,在这种情况下,主体对这个单一物的占有就成为一种标志。它表明这种占有应当具有普遍性意义,即主体不仅占有单一物本身,也占有其产品、占有产品的性能及其他相关的条件。

(三)使用和所有权

就主体所有之物自身说来,其实体是物的外在性或非实体性;就实现这种外在性说来,是对该物的使用。基于这两条理由,完全的使用,必然是指该物的全部范围而言。这样一来,如果使用权完全属于我,那么关于该物,便没有任何东西在整体使用范围以外有所遗留而可供他人所有的了。从这个道理中可以知道,在使用和所有权的关系中,使用是较内部的、实体性的东西,而所有权是较外部的、偶然性的东西。谁能完全地使用耕地,谁就是这块耕地的所有人。

不过,如果主体仅仅部分地、暂时地使用或占有某物,那么这确实是同对某物本身的所有权有区别的。

倘若情况是,一方面承认全部使用范围是属于特定主体的,而同时又承认存在着他人的抽象的所有权,这就意味着作为这个特定主体的物,完全被他的意志所贯穿,而同时其中又存在着他的意志所不能贯穿的东西。这时,他人的意志就是一种"空虚的意志"。这是不能成立的。由此可见,所有权在本质上是不能容许另外意志插入的、自由的和完整的所有权。

承认全部的使用权和抽象所有权并存,这种"空虚的理智"和"人格的疯狂",通常

---

① 《法哲学原理》,第59节补充。

是前资本主义民法的特征。比如查士丁尼《国法大全》中的《法学阶梯》就记载着："用益权是无损于物之实体,而对他人的所有物为使用和收益的权利。""虽然如此,为了不使所有物由于经常不行使用益权而陷于无用,法律乐于规定在某种情况下得消灭用益权而使所有权恢复。"这里所讲的是对封建采邑制度下领主所有权和臣民所有权的关系,即"永佃契约"关系。黑格尔认为,在这种关系中,虽然有对同一块土地的两个所有权的空虚区分,但也可以说不含有这种区分。因为,有关土地的各种负担同臣民所有权结合在一起,其结果领主所有权同时就成为臣民所有权。只是由于负担的缘故,才设定了两个所有人。实际上,在这里充其量也不过是一个所有人(臣民)面对一个空虚的主人(领主)而已。一言以蔽之,黑格尔的观点是,一个"经常不行使用益权的所有权",不仅是"无用",而且不再是所有权了。黑格尔还历史地指出,刚才提到的承认对同一物有两个所有权的观点,是"人的自由"尚未被尊重的结果。他感慨地说:"所有权的自由在这里和那里被承认为原则,可以说还是昨天的事。"①封建所有制关系是遏制所有权"自由"的,只是到了"昨天"即资本主义所有制关系确立以来才有所有权的自由(当然是资本所有权的自由)。

(四)使用和物的价值

值得注意的是,黑格尔在论述物的使用的过程中,深深地受到英、法古典经济学家们的商品价值论的影响。按照他的说法,物除了可供消费之外,还具有"特种有用性",即各个特殊的物之间,存在着可供"一般的需要"的量上的比较。物的这种普遍性就是"价值"。在这种情况下,物的质在量的形式中消失了,特殊的质变成量的质。于是人们便获得一个测度各个特殊物的尺度。黑格尔进一步地说:"物的真实的实体性就在这种价值中获得规定,而成为意识的对象。我作为物的完全所有者,既是价值的所有者,同时又是使用的所有者。"②这表明,物的价值在认识所有权问题上有重要的意义。黑格尔谈论价值是从交换的角度上提出的,着眼于物的使用或消费。在另外地方,他还说到,"个别的人在他的个别的劳动里本就不自觉地或无意识地在完成着一种普遍的劳动"。

由此前进,黑格尔又谈到"价值符号"。他说,在考察价值的概念时,应当把物本身单纯地看作"符号",即不把物当作它本身而当作它所值的来看。例如,票据不代表其纸值,而是价值符号。还说:"货币代表一切东西,但是因为它不表示需要本身,而只是需要的符号,所以它本身重又被特种价值所支配;货币作为抽象的东西仅仅表达这种价值。"③在这里,黑格尔正确地指出了在商品交换中物品是价值的外壳、货币是一般等价物、使用价值与价值相分离等一般原理,似乎也看到了在商品交换的背后所隐藏的

---

① 《法哲学原理》,第62节附释。
② 《法哲学原理》,第63节。
③ 《法哲学原理》,第63节补充。

人与人的关系,但是他无力真正从经济学上对这种关系作出科学的理解。

最后,黑格尔指出,某人可能是物的所有人,却不同时是物的价值的所有人。不错,一切不用于交换的物,都不具有价值。但最重要的不在于黑格尔认识到这一点,重要的是他说:"享有采邑者的所有权则不同,因为他本来仅仅是物的使用的所有者,而不是价值的所有者。"这表明,他清晰地意识到了封建经济形态和资本主义经济形态的区别。黑格尔坚持认为,不包含价值的所有权形式,就"不符合所有权的概念"。所以,他兴高采烈地欢呼"对所有权的这些限制(采邑、信托遗赠),多半在消逝中",即欢呼资本主义代替封建主义的胜利。这再明显不过地告诉我们,黑格尔的民法思想具有何等强烈而自觉的资产阶级性质。

(五)使用和所有权的时效

就主体给与物的种种占有形式本身来说,它们都是一些外部状态。在这些外部状态是主体所造成的角度上,可以说它们是他的主观意志的表现。但那只是最初的主观意志的表现。要是更进一步追问,他为什么要造成这些外部状态?那么,这些状态本身是不能回答的。这表明,这些状态还没有意志的主观表现。所以黑格尔说,唯有意志的主观表现才能构成这些外部状态的意义和价值。这主观表现便是对占有的物加以使用、保存或用其他(如交换等)的意思表示。从客观上看,使用等的意思表示是在时间中进行,在时间中持续着。因而,占有便成为持续的占有。相反,假如没有这种时间上的持续,就表明该物已离开主体的意志和占有的现实,而变为无主物。基于这个理由,主体就丧失所有权,或他人可取得所有权。这是所有权的时效问题。

黑格尔认为:"时效建立在我已不再把物看作我的东西这一推定之上。其实,要使某物依旧成为我的,我的意志必须在物中持续下去,而这是通过使用或保存行为表示出来的。"[1]如果说体现于物中的主体意志是所有权的绝对性的表现的话,那么,法律上的时效制度则又是所有权的相对性的表现。即不能说主体一旦把其意志体现物中,就永远拥有对该物的所有权。

为什么要在法中采用所有权的时效制度呢?有人说是鉴于欲杜绝远年请求权可能导致的争执和纠纷的考虑。黑格尔认为,这种解释并没有指出根本点。在他看来,"时效制度是建立在所有权的实在性这一规定上,即占有某物的意志必须表达于外"[2]。你从前借助给某物以外部形式来占有它,该物就归你所有;而后来你没有持续地把自己的意志表达于外部,那么就不再表示该物仍然是你的。为了论证这个时效观点,黑格尔举出一些实例。例一,公共纪念物属于全体国民所有,因为他们一致承认它的"灵魂",并通过对它的景仰、鉴赏等而把自己的意志表达于外部。可是,一旦这个公共纪念物的这种"灵魂"不被承认,它对国民说来就变成无主物,得为任何私人所有。

① 《法哲学原理》,第64节补充。
② 《法哲学原理》,第64节附释。

在土耳其的一些当年古希腊和埃及艺术品,以及在宗教改革以前的天主教的公共纪念物,后来都落于这样的命运。例二,一个作家的家属对于他的著作(指著作的实体内容,而非特定的书籍)的私人所有权,也会因时效而消灭。与上述纪念物的例子不同的是,这种所有权的消灭不是由于对象物自身价值或"灵魂"的消灭,而纯粹由于所有人对自己权利的放弃。这样,著作就变成一般所有或无主物,任何私人均可据为自己所有或利用。例三,空地如作为坟地或永不使用,在黑格尔看来,都反映出所有人的任性,对这种任性的侵害不会使任何现实的东西遭受侵害,因此不能保证对这种任性的尊重。

黑格尔关于所有权时效问题的观点,生动地表明了它与保守的封建主们的财产观念的针锋相对。封建主们往往把据有财产当作单纯衬托其身份地位的东西,而不使其产生效益,即不投入生息的生产和流通过程中去。而处于上升时期急需扩充资本的资产阶级,对此种现象感到不满和嫉恨,那是不言而喻的事情。黑格尔正是站在后者一边的。他抨击封建阶级的"任性",对于当时社会(特别是德国社会)的发展是有积极意义的。

五、所有权的转让

(一)转让的概念

对于主体说来,由于财产是他的财产,财产中体现着他的意志,所以他可以转让自己的财产。这无非就是实现他的意志的自由。这种转让之所以可能,还由于财产是实物,它具有外在的属性。于是,黑格尔说:"一般说来,我(主体)可以抛弃物而使它成为无主物,或委由他人的意志去占有。"①这里所讲的转让的概念是广义的,即我们通常所理解的对物的"处分"的概念。

从对于特定物的所有权之消灭这个方面看,"转让"与"时效"是不同的:"时效"是未经主体意志直接表明的转让;而"转让"则是主体的意志表示不再视为自己所有,是真正的转让。

黑格尔认为,"从全面看也可把转让理解为真正的占有取得"②。由前面的介绍和分析中我们已经知道,所谓"占有取得"与所有权同义。转让本来是所有权的消灭,为什么倒说成是"真正的占有取得"呢?这个问题要作辩证的理解:转让或处分是所有权的最高权能,唯有转让或处分权才能最彻底地表现和实现所有权。主体只有按照自己意志来消灭他的所有权,才真正说明其所有权或取得占有权是绝对的。

---

① 《法哲学原理》,第65节。
② 《法哲学原理》,第65节补充。

（二）不可转让的权利

黑格尔说:"那些构成我的人格的最隐秘的财富和我的自我意识的普遍本质的福利,或者更确切些说,实体性的规定,是不可转让的,同时,享受这种福利的权利也永远不会失效。这些规定就是:我的整个人格,我的普遍的意志自由、伦理和宗教。"①对于这段话里的论断,黑格尔作了两点具体的说明。

其一,精神的概念的自在性和自为性是同一的:它自在地是什么,自为地也应该是什么(或在定在中就应该是什么);它通过自己的定在的自然直接性,返回自身中去。对于一个人亦复如此。他的人格和理智,就是包含在他之中的精神概念的自在和自为(定在),二者也应该是同一的。但是,同一是矛盾的同一,"应该"不等于"实际"。一个人自在的意志是自由的,但他不能自为地意识自己的自由;或者,他自为地欲求自由,但自在的意志尚未达到自由(意志中的"恶")。这样一来,就存在着割让人格和理智的可能性,或者出于不知不觉的方式,或者出于明白表示的方式。奴隶制、农奴制、无取得财产的能力、没有行使所有权的自由等,就是割让人格的实例。割让理智的合理性、道德、伦理、宗教等则表现在"迷信"方面,如:由他人受命而去做违背良心上的义务的事情,甚至于犯罪勾当,或将自己内心生活问题向牧师作交待(黑格尔是反对基督教中"忏悔"制度的)。黑格尔对于人奴役人的现象不能从社会生产关系上,而是从抽象的精神方面寻找原因,当然是不会获得什么结果的。

其二,对这些不能转让的东西所享有的权利,不因时效而消灭。因为,使一个人成为有权利能力和责任能力及有道德原则和宗教信仰的人,是由于他自己的人格和理智的本质所支配,是不具有外在性的,从而是他人所无法占有的。既然如此,时间规定及根据先前承诺或容忍而来的一切理由也就消失了。倘若硬说一个人已经转让或放弃了其人格和理智,那么对这种说法的回答只能是:他转让的是他根本就不曾占有的东西,因为权利能力、宗教信仰等自身是没有外在性的;或者,他放弃的东西,是在放弃后立即就作为只能属于他的、不是作为外在物而存在的东西。总之,任何把人心灵的东西当作外在东西来处理或听凭别人处理,都是"不法行为"。有鉴于此,黑格尔疾呼:"按照事物的本性,奴隶有绝对权利使自己成为自由人";人的"内心生活问题只能由他本人自己去解决"。

黑格尔关于人格和理智不可转让的观点,基本上是先驱的资产阶级革命启蒙思想家们的人身自由和思想自由理论的复写或模写。它们都是对黑暗的中世纪反动专横势力的挑战。但我们同样不可忽略的是,这种观点或理论都掩盖和抹杀了一个重要的情况,即:在资本主义社会中,如同《共产党宣言》揭露的那样,一切东西包括人身乃至人的灵魂、信仰,无不可以当作商品加以转让的。这一点也具有其历史的必然性。

---

① 《法哲学原理》,第66节。

（三）身体和精神能力的产品及能力的转让

虽然人身和人的精神不可转让，但与其密切相关的某些东西却是可以转让的。在这方面，黑格尔指的是两种东西：其一，一个人可以把他身体和精神的特殊技能以及活动能力的个别产品转让给他人。其二，一个人也可以把这种能力在一定时间内的使用转让给他人。就是说，转让的是这种能力的有限定的一部分，它同人的整体或普遍性保持一种外在关系，从而不是对人的实体性（人格、理智等）的转让。反之，如果一个人把用以物化劳动的全部时间及他的全部作品通通转让了，那就等于转让了自己包含在这些东西之中的实体性东西。

按照黑格尔的解释，这种能力本身（能力的全体）和能力的限定部分（外在的）之间的关系，同前面所讲的物的实体和对物的使用的关系是相同的。使用仅仅以物所能提供的范围和程度为限，可以与物的实体（即物之所以为物的普遍性）区别开来；过度的使用，就意味着该物的消灭。同样，一个人的能力的使用也仅以在量上被限定的范围为限，可以与体力本身（人本身）相区别；从而，倘若是对这种能力的全部使用，那就变成对于整个人身、人的普遍性和人格的转让或支配了。

黑格尔明白地说，这里分析的是奴隶和今日的雇佣劳动者的区别。他认为，"雅典的奴隶恐怕比今日一般佣仆担任着更轻的工作和更多的脑力劳动，但他们毕竟还是奴隶，因为他们的全部活动范围都已让给主人了"①。这里所讲的道理是极为深刻的。资本主义雇佣劳动者跟古代奴隶的本质区别，不在于担负劳动的轻重，而在于是否为自己保留着独立的人格即人的普遍性。资本家以支付工资为条件，所受让的是暂时使用工人体力和脑力的一部分。但更重要的是，工人转让即出卖自己劳动力的一部分供人剥削和他们事实上被强迫的社会性质，以及工人受到精神奴役的问题，黑格尔却是视而不见的。

（四）受让精神产品者的权利

精神产品是一种独特的外在物，依其形成和表现的方式、方法，可分为如下主要类别。第一，艺术作品。它是把外界材料制成为描绘思想的形式。它完全表现作者本人的独特性，以至于连其仿制品也是仿制者自身的精神和技术才能的产物。第二，著作品。就它形成外在物这点来说，同技术装置的发明一样，属于一种机械方法（书写、拣字、印刷、装订等）。在著作中，是借用一系列零星的抽象符号（如文字），而不是以具体的造型来表达思想的。第三，发明技术装置。在这里，全部思想都具有机械的内容。这些机械物的制造的方式和方法，属于普通的技艺（工艺）。第四，除此而外，还有处于艺术作品和工匠产品（工艺品）这两极之间的各种不同阶段的精神产品。

精神产品的受让者的权利，不仅同各类精神产品的特性相关，尤其同转让者的意志相关。这大体有两种情况：第一，新所有人即受让者取得这物之后，可以把它所展示

---

① 《法哲学原理》，第67节补充。

的思想和包含的技术上的发明变成自己的东西,甚至有时(如关于书籍)就把这一点当作唯一的目的和意义。此外,他还同时占有了就这样表达自己和复制该物的整个的方式和方法。第二,精神产品的著作者和发明者坚持自己仍是复制这种物品的整个方式和方法的所有人,就是说他没有将这种整个方式和方法转让他人,而是把它作为自己特有的表现方法保留下来。在这种情况下,这种产品的取得者是这个单一物的完全、自由的所有人,有权将取得物作为样品来完全地使用其价值,只是不能侵犯原所有人依法所保留的特有权利。

(五)著作权、发明权的实体及其保护

什么是著作权和发明权的实体?黑格尔认为,对于这个问题的理解,不应该首先求助于著作者和发明者出让其产品时任意附加的条件,如保留复制该物的可能性的权利等。首先要解决的问题是,从理论上或概念上说,把物和复制它的可能性(这种可能性连物一并给与受让人)分离开是否允许,会不会取消完全和自由的所有权。尔后再谈论原创造者的任意决定这个重要问题,即或者他把复制的可能性为自己保留下来,或者把它作为一种价值出让了,或者认为它没有什么价值,便把它和单一物一起放弃了。不过必须知道,这种复制的可能性具有一个特点,它是该物的一个方面,根据这一个方面该物不但可被占有,而且构成一种财产。它之所以是一种财产,就在于对物的外部使用的特殊方式和方法。这种方式和方法,跟通常对物所直接规定的使用不同;并且,可以跟由它所创造的精神产品相互分立。正由于能力与其产品的差别在性质上属于可分割的领域即属于外部的使用领域,所以就可以把这精神产品的使用权一部分转让,一部分保留下来。对受让者,不论他取得哪一部分,都具有独立的意义。所有这些,说明著作者和发明者的权利实体有两个方而,即他的独特能力的所有权和这种能力创造的产品的所有权。

其次,是对著作权和发明权的保护问题。黑格尔认为,促进科学和艺术的纯粹消极但又是首要的方法,是保证从事此事的人免遭盗窃,并对他们的所有权加以保护。为此,便需要对于可能存在的种种情况进行审慎的分析、鉴别和处理;否则就或者损害著作者和发明者的所有权及其他有关者的权利,或者妨害科学、艺术在社会上的传播。

黑格尔指出,精神产品旨在使人得到理解,并掌握它而化为己有。然后,这些人把其所学到的东西也能加以表达,而同样地变成一种可转让的物品。须知,这种表达很容易独具形式;其结果,这些人就把由此产生的财产视为属于自己所有,并主张自己有权照样生产。黑格尔认为,通常,科学、知识的传播(包括为此目的的进行的讲授、著作等),大多是复述既存的思想;这对于各种实证(经验)科学、教会教义、法学理论等,更是司空见惯的事情。于是就产生了涉及著作权、发明权的一系列重大问题:复述采用的形式达到什么程度,才使现存的科学知识宝库,尤其他人的思想变成为复述者自己的独特的精神财产,并变成他的所有权呢?又达到什么程度,可以说他是剽窃呢?这些问题很难作出精确的规定,因而法律上就没有加以规定。即令禁止翻印的法律,也只能在极其狭小的范围内,实行对著作权和发明权的保护。

黑格尔继续说,对于他人作品中的广泛科学知识及渊博理论,故意做点形式的更动,或者做点无关紧要的修改,是轻而易举的事。至于在作品中只字不变地叙述自己理解了的东西,是根本不可能的。这样一来,在我们面前就出现了人们基于各种目的而产生的花样繁多的无穷变更,并加盖自己所有权的印章。例如,数以千百计的概要、文选、汇编、数学书、宗教小册子,以及杂志、年刊、百科全书等当中的复述。"这样就很容易使著作者和独创企业家对自己作品或巧思获得利润的期望变成泡影,或者彼此都减少收入,或者大家破产垮台。"①看得出,黑格尔对这种局面(他特别提到企业家的损失)是大为恼火的。

那么,出路何在? 黑格尔说,"剽窃只能是一个面子问题,并依靠面子来制止它"。可是他又发现,现在已听不到"剽窃""剽贼"等语的流传了。据他考虑,其原因可能是"面子"发挥了消除剽窃的作用;可能是人们对于剽窃已不再认为是不体面的事,不再反感了;或者可能是人们被各种手法和形式所迷惑,以至于识别不出它是剽窃。应该承认,黑格尔对情况的分析是很周详的,只是他没有也不可能指出,在私有制社会里,剽窃终究是不可避免的社会现象。不过,尽管有这个局限性,却丝毫不排斥黑格尔在著作权和发明权问题上所作出的独到的、有力的论述。

(六)人没有自杀的权利

此前,黑格尔已经说过,根据理性的本性,人没有转让自己的身体和人格的权利。现在,他又深入一层,说人也没有任何权利放弃生命,即没有权利自杀。这类命题,在启蒙思想家们甚至像霍布斯这样的绝对权力论者那里,都曾经肯定过;其根据,无非是说理性不允许人放弃"自我保存"的"天赋权利"。黑格尔继承了这个主张,但具体说法有所不同。

黑格尔认为,一个人的生命是他"外界活动的包罗万象的总和",它本身就是直接人格,而不是与人格相对的外在的东西。就是说,作为人格(自由意志)的人,不是处于其生命之外,也不是凌驾生命之上。因此,他不是自己生命的主人,不能对自己作出判断,即不具有支配其生命的权利。自杀是"卑贱勇气"。古希腊罗马神话中英雄们的自焚、自刎,"都是他人格的英勇行为",但不能证明自杀是其权利。按黑格尔的观点,"死必须来自外界:或出于自然原因,或为理念服务,即死于他人之手"②。所谓"为理念服务",就是指为作为伦理理念最高形式的国家献身。因为,国家"自在地吞没这个直接的单一人格,而且是对人格的现实权力"③。"单个人是次要的,他必须献身于伦理整体。所以当国家要求个人献出生命的时候,他就得献出生命"④。

---

① 《法哲学原理》,第69节附释。
② 《法哲学原理》,第70节。
③ 《法哲学原理》,第70节。
④ 《法哲学原理》,第70节补充。

说到这里，人们就会恍然大悟了。黑格尔之所以把"自杀"这个不伦不类的问题置于所有权转让论的收尾，为的是论证：在市民社会中，个人的自由、人格、生命这些东西，他本人不能转让，别人也不能受让，而国家则有权根本不借助任何转让的途径来直接加以支配。就是说，人道主义、理性主义、自由主义最终都须服从黑格尔的国家主义。

六、契约

（一）契约的概念

黑格尔说："人使自己区分出来而与另一人发生关系，并且一方对他方只作为所有人而具有定在。他们之间自在地存在的同一性，由于依据共同意志并在保持双方权利的条件下将所有权由一方转移于他方而获得实存。这就是契约。"①对于这个契约的概念，黑格尔以他特有的思辨的矛盾学说，作了深入的分析。第一，契约是矛盾的对立。在契约关系中，各方都是一个独立的意志，并且在达成协议、终止为所有人之前一直是排除他人意志的独立的所有人。这种对立关系是契约的一个前提，并且决定了缔结契约必然就是解决这个矛盾的过程。第二，契约是矛盾的统一。就所有权的定在或外在而言，本身就是"为他物"，即它不仅需要他人的承认，而且包含着它转移成为别人所有的可能。就各主体而言，他不但能够转让对物的所有权，而且为了实现把自己意志定在的东西变成对自己是客观的东西，他就必然转让这个所有权。在这种情况下，作为被转让的一方的意志同时是他方的意志，表现为不同意志的统一；在这种统一中，双方都放弃了意志的差别和独立性。在这一阶段上，契约的"中介"作用就在于，形成双方的共同意志即合意。第三，契约是矛盾的解决。共同意志的形成，仅仅是解决矛盾的过渡状态。下一步骤是借助契约的中介作用，在双方意志互相在场的情况下，履行共同意志，最终实现所有权的转移。这就是，意志一面放弃一个所有权，一面接受一个属于他人的所有权。到此，就算矛盾过程的完结。不过，这又意味着新的对立状态的出现。

黑格尔把人们之间缔结契约的关系，看作"是一种客观精神的关系"。照他说，进行赠与、交换、交易等等，概出于理性的必然，这正像前面讲到的人们占有财产是一样的。黑格尔不否认人们对于一般需要、表示好感、有利可图等等的考虑，但是他坚持说"导致人去缔结契约的毕竟是自在的理性，即自由人格的实在（即仅仅在意志中现存的）定在的理念"②。但是，如同黑格尔本人早已承认的那样，所谓"理性"的、"自由人格"的契约关系，只是市民社会的产物，它本质上恰恰是资本的属性的反映。大多数不

---

① 《法哲学原理》，第 40 节。
② 《法哲学原理》，第 71 节附释。

拥有资本的劳动群众,不过是供榨取的"人料"和牺牲品罢了。不管黑格尔用何等"高雅"的言词,都无法抹杀这种冷酷无情的事实。

(二)契约的特征

契约是双方当事人彼此间以直接独立的人相对待的关系。这就决定了契约的特征是:第一,各方都是从自己的任性出发的。契约"是从两者的主观需要和任意产生的一种偶然性的关系"①。这是契约的一个最大的特征,也是契约的一个基本前提。第二,契约中表达的同一意志的定在,仅仅是双方当事人的设定,仅仅是"共同意志"。所以,它是各特殊意志间的偶然的一致性,而不是各特殊意志的必然的总体,就是说不是自在自为的普遍意志。第三,契约的客体是个别外在物。因为,只有个别外在物才受当事人的单纯任性的支配,而被转让。要鉴定一种社会关系是否是契约关系,必须以这几点为根据。在这里,黑格尔断然地否定婚姻契约说和国家契约说。

康德在《道德形而上学》第一部分中,一方面强调人不能成为私法关系中的占有对象,另一方面却又把婚姻归属于契约的概念之下。说婚姻关系属于"物权性质的人格权",即"物——个人权利"的领域。在这个领域里,当事人把自己视为物,为了相互利用而彼此让与。黑格尔说,"这是竭尽情理歪曲之能事"。他不否认,从现象上看,双方都是从人的任性出发达成婚姻协议的;就这个出发点来说,婚姻与契约有相同之处。但是,婚姻的基本根据是人的伦理的理念,即出于组成伦理实体(家庭)的愿望。从而,根据婚姻协议造成的结果,不是"共同意志",而是"普遍意志"即单一的家庭实体。婚姻关系一旦形成,在本性上是不可离异的。

对于西方历史上传统的,尤其是启蒙思想家们宣扬的国家契约论,黑格尔也持反对态度。他指出,把契约关系及一般私有财产关系深入到国家关系中去的理论,有两种情况。一是在中世纪,封建领主们曾把政治的权利义务看作是特殊个人的直接私有权,借此以对抗中央的君主和国家的权利。一是从启蒙思想家以来,把君主和国家的权利看作契约的对象,说它是根据契约而来的。在黑格尔看来,这就意味着认为国家是以契约为根据,把国家看成意志的单纯的共同物,而由结合为国家的那些人的任性所产生的。这两种不同观点的通病是"把私有制的各种规定搬到一个在性质上完全不同而更高的领域",即搬到作为最高伦理理念现实的国家领域。所以势必"在国家法中和现实世界造成极大混乱"②。黑格尔批判说,这种见解的根源是人们仅仅肤浅地看到"不同意志的统一"这一点。而实际上,如同前述,"不同意志的统一"的出发点就是人们的"任性"。就国家而论,它与个人任性是不相容的。因为,国家"是以一种原始的、实体的统一为其相互关系的基础的"③。人生来就已是国家的公民,任何人不得任意脱

---

① 《评1815年和1816年符腾堡王国邦等级议会的讨论(1817年)》,载《黑格尔政治著作选》,商务印书馆1981年版(下同),第155页。
② 《法哲学原理》,第75节附释。
③ 《黑格尔政治著作选》,第155页。

离国家,即令入境或离开国家也需有国家的许可,没有任性的余地。生活于国家中是绝对必要的,这为人的理性所决定,纵使国家尚未存在,然而建立国家的理性要求却已存在。黑格尔引为欣慰的是,"现代国家的一大进步就在于所有公民都具有同一个目的,即终始以国家为绝对目的"①。但这只能是自欺欺人的想象。国家是有阶级性的。所谓"现代国家"并非"所有公民"的国家,它仅仅是现代市民即资产阶级的国家。黑格尔视为圣物的,就是这样的国家。

(三)实在的契约和形式的契约

所谓"实在的契约"指的是,在双方的共同意志中,当事人的每一方都构成让与某物的否定环节和接受某物的肯定环节这两个中介环节的整体,因而在契约中成为而且始终成为所有人。换个说法,契约中有两个同意和两个物,当事人双方都欲望并且都做到了既放弃所有权又取得所有权。例如,"互易契约"就是实在的契约。

所谓"形式的契约"指的是,与实在的契约相反,把让与某物的否定环节和接受某物的肯定环节,分配于当事人之间;或者说,仅仅当事人一方取得或放弃所有权。例如,"赠与契约"就是形式的契约。

需要明确的是,黑格尔作实在的契约和形式的契约之区分,不应当理解为契约的"分类"。他的旨意在于强调两者有概念上的差别。即在他看来,实在的契约才符合契约的概念,才是严格意义上的契约。而形式的契约,只是在"形式上"才叫作契约,并不符合契约的概念。

(四)价值的对等

在实在的契约中,两个对应的所有权之间存在着"永恒统一的东西",即"自在地存在的所有权"。它与因交换而变更其所有人的外在物是有区别的。这个"永恒统一的东西"就是"价值"。"契约的对象尽管在性质上和外形上千差万别,在价值上却是彼此相等的。"正是这个价值的对等,才是黑格尔所强调的构成契约的概念。因此凡不是价值对等的协议,都不算"实在"的契约。

首先,含有对当事人一方"显然不利"的契约,就不是契约。可以按照法律规定撤销这种义务。黑格尔认为,这种观点是导源于契约的概念,导源于价值对等的信念。

其次,至于说到各种转让人身、人格等不可转让权利的契约或约定,那么对于被转让的当事人一方说来,其不利不只是显然的,而且是"无限的"。因此,这种契约理所当然是非法的。

最后,还要知道,"约定"同契约的不同。根据黑格尔的特定理解,约定只是契约中相当于合意的环节和契约固定下来的形式之一。他还强调:"从内容方面说,约定只包含着契约的形式上规定,即一方同意给付某物而他方同意接受某物。因此之故,约定

---

① 《法哲学原理》,第75节补充。

可以列入所谓单务契约。"①从《法哲学原理》一书的前后行文中看,黑格尔讲的约定,在内容上无非就是他所说的"形式的契约"(如赠与契约、设定担保契约等)所表现的那种单方放弃权利或履行义务的意志。

说到约定问题,黑格尔又连及罗马法中关于单务契约和双务契约等契约分类的缺欠。即一方面,是基于个别的,往往是外表上(契约成立的方式和方法)的考虑,而作出的肤浅的排列。另一方面,是把有关契约本身的性质,同有关司法或诉讼及依实定法产生的效果的各种外部情况(违反法的概念的各种规定)混为一谈。一言以蔽之,这样的契约分类具有浓厚的形式主义和非科学性。

黑格尔的价值对等的契约理论,同他坚持资本主义商品货币的等价交换原则有直接关系,不失为一种言之成理,持之有据的观点。

(五) 契约的符号

在黑格尔的所有权学说中,我们已经知道了所有权和占有、实体性东西和外在东西之间的差别;同样,从他的契约学说中,又知道了作为合意的共同意志和作为给付的特殊意志之间的差别。契约的本性,在于使共同意志和特殊意志都得到表达。但是,已告成立的合意及与其紧密相连的特殊意志,仍然存于观念(表象)之中。为此,它需要获得外部的定在。表示这种定在的手段,就是"符号"。契约的符号,以往是采用姿态及其他象征性行为的形式,或者用语言作明确的表示。黑格尔说,语言(当然包括书面的)是最不可缺少的要素。这是很有道理的,因为语言是思维的直接外壳。

黑格尔还指出,在文明比较发达的民族,用符号来表示的合意跟给付是分别存在的;但在不发达的民族,两者往往是合而为一的。例如有的民族,他们把所有物放在一处,静候别人来把其所有物在对面放下进行交换。这种哑巴式的意思表示同给付是同时进行的。

至于约定,它已是使契约当事人表象中的内容获得定在的一种形式。在这方面,黑格尔强调要把表象中的内容和契约的内容区别开来。他说:"对内容具有表象只是一种形式,而不意味着内容,因而是某种主观的东西,期望和希求这个和那个,反之,内容是对于这种主观的东西所作出的决定。"②约定是一种表象,但更主要的在于它进一步还是一种"决定"。

(六) 给付

关于契约中的给付,黑格尔讨论了以下几个重要问题。

1. 约定和给付。

约定包含当事人的意志这一方面,即包含着契约中的法的实体性东西(普遍意志)。同这种实体性东西比较,契约尚未履行前依旧存在的那种占有,其本身只是某种

---

① 《法哲学原理》,第 77 节附释。
② 《法哲学原理》,第 78 节附释。

外在的东西,它的规定完全依赖于意志。但是,通过约定,主体就放弃了所有权和在所有权中的他的特殊任性,所有权就立即属于另一主体了。这时,他就直接负有给付的义务。这表明,约定具有法律上的效力。

2. 单纯诺言和契约的区别。

当事人一方的单纯诺言不同于约定,从而也就不同于契约。如同前述,契约中的约定条款本身已是主体的意志决定的定在;就是说,他因此便转让了自己的东西,于今它不再为他所有,他已承认其为他人所有了。但是单纯诺言则不同,它所表明的主体欲赠与某物、从事某事或给付某物都是未来的事情。所以,这种诺言仍然是他的意志的主观规定,他仍可以加以变更。换言之,单纯诺言没有法律意义,它仅仅属于主体任性的范围。为此,黑格尔认为,罗马法中的所谓"无形约束"和契约的分类是错误的。"无形约束"或单纯诺言,从性质上说跟契约是无关的。它不仅不是契约,甚至也不是构成契约的环节(与"要约"不同)。它顶多具有道德的意义。

3. 驳费希特的有关主张。

费希特的《论纠正公众对法国革命的判断》中认为,只有在他方开始实行给付的时候,我才开始负有遵守契约的义务。理由是,他方尚未着手给付以前,我不能确定他方是否想认真履行契约。所以在未给付以前,债务只具有道德性质,而不具有法律性质。

黑格尔认为,费希特的观点是完全不能成立的。问题首先在于对于约定的性质的理解。约定不是平常意思的表示,而是包含当事人之间已经成立的共同意志,这就消除当事人的恣意妄为和任性变更。这时,当事人有想要变卦的可能是一回事,而他没有权利变卦又是一回事。如果硬要坚持这种可能性,那么即使是他方开始给付,我还是可以任性毁约的。黑格尔继而又指出,费希特的主张是"把契约中法的东西建立在恶的无限即无限过程上,建立在时间、物质、行为等等的无限可分性上"①。在这里,"恶的无限"说的是以相对主义观点导致契约的永远不能实现。其实,在姿势或明确的语言中的意志定在,已经是完全作为理智的意志定在,而给付不过是由此产生的不由自主的必然结果而已。

4. 实践契约。

在实定法中,有所谓实践契约和诺成契约之区分。实践契约的不同处是,除合意外,还须实物的交付,契约才完全有效。黑格尔认为,这里的实物交付,与问题的实质无关。其一,实践契约指"一些特殊场合",即对方对我实行了交付,才使我处于给付地位;我应给付的债务,只与我取到手的物相关(如消费借贷、质押、寄托等)。但这并不是有关约定和给付关系的性质(契约中的权利义务本身)问题,而是有关给付的方式和方法问题。其二,还可更进一步地指出,实践契约也不排除这样一种场合,即当事人在契约中任意地约定:一方应给付的债务不规定在契约本身里边,而仅仅由他方的给付

①《法哲学原理》,第79节附释。

决定债务的发生。同样,这样一种方式和方法,也丝毫不影响约定、给付关系的性质。黑格尔的旨意在于,实践契约和诺成契约的分类缺乏科学性。的确,从实质上说,"诺成"(合意)才是一个标志,而所谓"实践"(给付)只不过是附加性的条件(方式和方法)。当然,附加性的条件,不等于可有可无的条件。

(七)契约的分类

黑格尔非常清楚地说明自己的契约分类的理论根据,即"契约的分类以及本于这种分类而对各种契约的理智上处理,不应从外部情况、而应从存在于契约本身本性中的差别引申出来"①。他认为这些差别,首要的是形式的契约和实在的契约的区分,这是根据契约本身的性质之区分;其次是所有权与占有、使用的区分,这是根据契约的内容之区分;再有,价值与特定物的区分,这是根据契约的标的物的性质之区分;等等。需要指出,黑格尔本人的契约分类,除了去掉罗马法以来所袭用的实践契约和诺成契约、有名契约和无名契约等以外,大体上同康德的契约分类相一致,但在论证上却有差别,甚至有很大的差别。

黑格尔的分类如下:

A. 赠与契约,又分为:

(1)物的赠与,即真正的所谓赠与。

(2)物的借贷,即以物的一部分或物的限定享受和使用赠与于人,这里贷与人仍然是物的所有人(无租息的消费贷借和使用贷借)。这里的物或者是特种物,或者虽然是特种物,但仍可被视为普遍的,或算作普遍的东西本身(例如货币)。

(3)一般劳务的赠与,例如,财产的单纯保管(寄托)。附有特种条件的赠与,即在赠与人死亡时(此时赠与人已根本不再是所有人了)他方才成为所有人,那是遗赠,初不属于契约的概念,而且以市民社会和立法为前提的。

B. 交换契约:

(1)互易,又分为:

(甲)物本身的互易,即一个特种物与其他特种物的互易。

(乙)买卖,即特种物与被规定为普遍的物之间的互易,后者即货币,只算作价值,而不具有在使用上的其他特种规定。

(2)租赁,即收取租金而把财产让给他人暂时使用,又分为两种:

(甲)特种物的租赁,即本来的租赁。

(乙)普遍物的租赁,在这场合,出租人依然是这种物即价值的所有人——例如,金钱借贷(消费借贷,甚或使用借贷而附有租金的亦属之。物的进一步的经验性状,例如它是楼房、家具、房屋等等,或它是代替物或非代替物,也带来——像赠与(2)的借贷那样——其他特殊的、但并不重要的规定)。

_____

① 《法哲学原理》,第 80 节。

(3)雇佣契约,即按限定时间或其他限制让与我的生产操作或服务作业,——以可让与的为限。

与此相类似的有委托和其他契约,其给付是以品性、信任或高等才能为根据的,而其给付的也不可以外在的货币价值来衡量的(所以其报酬不叫作工资,而叫作谢礼)。

C.用设定担保来补足契约。①

特别值得注意的是,黑格尔关于担保(指保证人以自己的财产所作的担保)的性质的观点。黑格尔对担保的性质的分析,是从契约中的所有和占有的暂时可分性入手的。他说:"在契约中,通过合意(约定)而物为我所有(虽然尚未为我占有),与通过给付而我取得占有,这两件事是有区别的。"②比如说,当事人一方订立契约而把物的使用转让给他人时,他虽不占有该物,但仍为该物的所有人(像租赁契约)。反之,在互易契约、买卖契约,甚至赠与契约中,当事人一方虽未占有,却已是所有人;其他一般不采用钱货两讫方式进行的给付,都会出现所有和占有相分离的情况。担保也是如此,只是情况更为复杂一些。设定担保的目的是,已经成为特定物的所有人的债务人,想要同时占有该物的价值;这是借助担保物的价值表现出来的。同时,正是这一点说明了,设定担保的合意中已含有保证给付的意思。担保所造成的情况是这样的:作为债权人,设定担保使他"依然处于"对价值的现实占有中,债务人的违约行为发生后他"被置于"对价值的占有中;担保物作为价值,不管在哪一种情况下,它都是债权人的所有物。可是,任何时候,债权人对于作为担保的特定物的价值所拥有的量,是相当于他转让物的价值量或者应归属于他的价值量。至于这个作为担保的特定物的具体性状以及剩余出来的价值量,则为保证人所有。根据这些分析,其结论是:设定担保本身不是契约,而只是一种约定,即在"占有"财产(特别是价值)方面补足契约的一个环节。另外,黑格尔还认为,"人的保证"(由某人以其诺言和信用来保证债务的给付)、"抵押"(由债务人的财产作保证),都是担保的特殊形式。它们当然也属于补足契约的约定,而不是契约。

(八)契约和不法

在契约中,共同意志(合意)是由相互作为特殊意志的当事人设定的。就他们自身说来,仍然是特殊意志。这就决定了,每一方与普遍意志的法及双方的共同意志(相对的普遍意志)相符合,是偶然的事。这方面,特殊意志的任性尚有广阔的地盘。具体说,契约中的合意固然产生请求给付的权利,但给付不依存于特殊意志,而特殊意志本身又可能违法而行,这就是不法。早在《精神现象学》中,黑格尔就举出过数个这样的例子。如,在保管契约方面,我代人保管一项存款。我对这项别人所有物可能(应当)坚守我的义务;但也可能据为己有。又如,在赠与契约方面,我可能把我的所有物通过

---

① 《法哲学原理》,第80节。
② 《法哲学原理》,第80节补充。

赠与变成别人所有物;但赠与之后,我又可能反悔,想把别人所有物(已经成为别人的所有物)变成我的所有物。① 所以,黑格尔指出,契约履行过程,就是以意志的共同性来对抗特殊意志的任性,即对抗不法。

黑格尔的民法思想的脉络,大体上沿袭了在罗马法基础上发展起来的所谓"大陆法系"中所包含着的民法观点。也可以说,它沿着自己独立的渠道,同法国《拿破仑民法典》的精神并行而成,而又合拍的。就是说,二者都及时地反映西方正处于资本主义经济上升时期的要求,具有历史的进步性。如果说《拿破仑民法典》是资本主义民法制度的楷模,那么,黑格尔民法思想则很大程度上可以视为对这些基本制度的具有最高哲理水平的论证。但这仅仅是一个方面。更重要的是,相比之下,黑格尔的观点是批判的、辩证的,有多得多的科学性和合理性。因此,这笔精神文化财富,必须使其获得应有的地位。

---

① 《精神现象学(上)》,商务印书馆 1983 年版,第 289—290 页。

第四章 刑 法

　　在刑法思想史上,黑格尔占有十分重要的地位。这一点已被越来越多的人看到。但对于黑格尔的刑法思想的评价,却众说纷纭,颇不一致。细察分歧的原因,除政治立场和观点的不同之外,与研究的深浅程度也很有关系。

　　黑格尔的刑法思想是构成他的哲学体系的一个要素。刑法问题,在作为一部专门法学巨著的《法哲学原理》一书中,固然有大篇幅的论述;在黑格尔的其余浩篇巨帙的著作中,或显或隐,或多或少,也比比皆是。所以,研究黑格尔的刑法思想不能就事论事,不能局限于其某一本书(包括《法哲学原理》在内),更不能采取寻章摘句的方法。相反,唯有同黑格尔的哲学,特别是同其社会、政治、伦理、法律以及历史等哲学紧密联系起来,才能把握他刑法思想的深邃精神。

一、犯罪论

(一)犯罪的概念

　　黑格尔把犯罪置于"不法"这个更大的范畴之中。他说:"特殊意志既然自为地与普遍意志不同,所以它表现为任意而偶然的见解和希求,而与法本身背道而驰——这就是不法。"①其意思就是:作为特殊意志的个人与作为自在的、普遍意志的法并不总是一致,相反,它们常常是不一致的。假如个人的见解和要求同法的精神背道而驰的情况见诸行为,就叫作不法。黑格尔进一步指出,法是本质的东西,因此违反它的特殊意志所表现出来的东西就是将被扬弃、被否定的东西,即"不真的东西"或"假象"。从这个意义上说,不法就是法的假象。

　　不法有三种情况,或者三个发展阶段。

　　1. 无犯意的不法。

　　这就是非自觉地以不法为法的情况。按照黑格尔的说法,在这里法是被承认的,每个人都希望和追求法的东西,都盼望得到法的东西。行为人的不法,只在于以他所意愿的为法。因此,无犯意的不法,对法来说是假象,而对行为人来说却不是假象。实际上,它是行为人对自己行为的性质的认识发生了错误。

---

① 《法哲学原理》,第81节。

黑格尔认为,对无犯意的不法,不规定任何刑罚,因为在这里并没有违法的意志存在。民事上如此,刑事上亦应如此。

2. 诈欺。

诈欺,就是行为人自觉地以法的名义干不法的事情,以达到自己的目的。它是不法的第二阶段。在这个阶段上,被诈欺者的特殊意志虽被重视,而普遍的法却没有被尊重。在诈欺中特殊意志并未受到损害,因为被诈欺者还以为对他所做的是合法的。换句话说,这时被诈欺者对法自身说来不是什么假象,实际上是诈欺者对被诈欺者造成了假象。前一种情形,对法来说,不法是一种假象;后一种情形,对法来说,法仅仅是一种假象。

黑格尔认为,与对待无犯意的不法不同,对诈欺就得处以刑罚,因为这里的问题是法遭到了破坏。

3. 犯罪。

犯罪,根据黑格尔的说法,"这无论自在地或对我(指行为人——引者注)说来都是不法,因为这时我意图不法,而且也不应用法的假象。我无意使犯罪行为所指向的他方把自在自为地存在的不法看成法。诈欺和犯罪的区别在于,前者在其行为的形式中还承认有法,而在犯罪则连这一点也没有"①。

黑格尔对于不法的三个阶段或三种情况的分析,从哲学上看是很辩证的,对我们理解不法现象是有启发的。但是,它显然受了黑格尔本人三段式的哲学教条的拘束,从而不够准确。这主要表现在,它仅强调诈欺是不法的一种,而没有爽快地指出诈欺也是犯罪的一种。其实,诈欺和犯罪的区分,仅有形式上、现象上的意义,而没有本质上的意义。

(二)犯罪构成

黑格尔没有明确地使用"犯罪构成"这一术语。但在他的犯罪概念中已经完整地包含着犯罪构成的观点,并且对于犯罪构成的诸要件都分别地作了周密的论述。

1. 犯罪的客体。

黑格尔明确地指出,任何犯罪都是对社会的侵犯,即具有"社会危险性"。换言之,犯罪者的特殊行为或"定在",都具有社会的自在的普遍性。他说,犯罪不再只是侵犯了"主观的无限性的东西"即个人的人格或自由意志,而且侵犯了普遍事物,这一普遍事物自身具有固定而坚强的实在性。因此产生了一种观点,即把行为看成具有社会危险性。又说:对社会成员一人的侵害,就是对全体的侵害;侵害行为不只是影响直接受害人的定在,而是牵涉到整个市民社会的观念和意识。因此,侵害行为必然遭到社会全体人的反对。

为了深入阐述犯罪客体问题,黑格尔多次地把犯罪行为同民事上的侵权行为进行

---

① 《法哲学原理》,第83节补充。

对比。他指出,在民事诉讼中,不论是否定另一方的物权的要求,还是另一方肯定自己物权的申辩,都是在法的名义下提出的,所以作为普遍范围的法是得到承认和维护的。犯罪则不同,"它不仅否定了特殊的法律,而且同时否定了普遍的范围,即否定了作为法那样的法"①。比如,一个人犯了偷窃罪,他所否定的不单是另一方的特殊的物权,同时也是那人的一般权利。因此,司法机关不仅勒令他退还原物,还要对他加以惩罚。犯罪作为逻辑上"无限判断"的实例,从法的角度上看,它不单是触犯了某一特殊的法律规定,而且触犯了整个法律的尊严或普遍的法律。②

当然,黑格尔所讲的社会是"市民社会"即资本主义社会,法律是资产阶级的法律,所谓社会危险性是对资本主义社会的危害。但是,这并不妨碍黑格尔关于犯罪客体的理论具有普遍意义。

2. 犯罪的客观要件。

自在的、自由的意志是不能强制的,因此一个人也不能用单纯的意志来危害社会。只有当意志表现为外部的定在的时候,才能构成犯罪。这种意志的外部定在,即表现为"一些必然的后果是同每一种行为相结合的"③。这里提到的"行为"和"后果"(结果),正是犯罪构成的客观要件中的两个基本要素。

首先,关于行为问题。黑格尔始终认为,犯罪是一种"不法行为",或者一种"暴力强制",而不是单纯主观意志。只有意志,没有行为,绝对说不上构成什么犯罪。

其次,关于结果问题。黑格尔根据因果规律指出,犯罪行为总要使目前的客观定在发生某种变化,造成外部的结果。这种结果是"真正的祸害"。一般地说,它侵犯了他人的意志即侵犯了作为具体意义上的自由的定在,侵犯了作为法的法,从而才危害了社会。

黑格尔还表明,有些犯罪的质的规定性,不是直接从事物的概念中,甚至也不是从行为中,而是往往通过结果的弯路被理解的。这也是在揭示结果问题对于把握犯罪的重要意义。

尽管黑格尔强调犯罪行为造成的结果,但并没有笼统地谈论这个问题。他看到,"在一桩简单的行动中,可以牵连到若干东西,有出于行动者的意志和意识所包含的东西之外的"④。这意味着犯罪造成的结果是多种多样的,从而要求人们极为细致地判断"什么是偶然的结果和什么是必然的结果",反对简单地让行为人对偶然的结果承担刑事责任的"抽象理智"。因为,偶然的结果是"附加的东西""外边侵入的东西","与行为本身的本性无关"⑤。

---

① 《逻辑学(下)》,商务印书馆1982年版,第315页。
② 《小逻辑》,三联书店1957年版,第352—353页。
③ 《法哲学原理》,第118节补充。
④ 《历史哲学》,三联书店1956年版,第67页。
⑤ 《法哲学原理》,第118节及其附录。

在论及犯罪的客观要件时,黑格尔提出的关于犯罪的质(规定性)和量(范围、性状等)的相互关系的原理,非常值得注意。根据这个原理,不同质的犯罪都是以不同的量为基础的。"只要量多些或少些,轻率行为会越过尺度,于是就会出现完全不同的东西,即犯罪,并且,正义会过渡为不义,德行会过渡为恶行。"①这种质与量的关系,不仅涉及罪与非罪的界限,也涉及到罪行的程度。所以黑格尔说,如果犯罪发生的后果危害不大,这对犯人是有利的;如果犯罪使后果得到完全的发展,就得对这些后果负责。

归结起来看,黑格尔既没有忽略轻微侵害行为和偶然结果所应承担的一定责任,又不赞成单纯根据现实的结果来客观归罪。重要的是具体问题具体分析,而且要全面地分析。

3.犯罪的主体。

黑格尔关于犯罪主体的概念,其基本含义是实施犯罪行为并应对行为的后果负责的自然人。

据此,黑格尔强调要考察一个人的"责任能力"。他指出,小孩、白痴、疯子等等,其自身行为完全没有或仅有限定的责任能力。又说,这种责任能力的主观的定在也包含着不确定性,而其不确定性的程度是与自我意识和思虑的力量之强弱有关。可是,这个不确定性只能就痴呆、疯癫等等以及童年加以考虑。因为,唯有这种决定性的状态才消灭思维和意志自由的特质,而容许把行为人作为缺乏能思维的人的尊严、意志的尊严那样的人来看待。无疑,这种犯罪主体论体现了人道主义精神,并且是符合科学的。

根据同一个犯罪主体的概念,黑格尔显然也把民事关系中的法人排除在犯罪主体的范围之外。

4.犯罪的主观要件。

黑格尔的刑法归责论认定,只有出于一个正常人的意志而实施的行为,才能成为犯罪行为。这种意志具体地说,主要表现在两个方面:一是他对行为的对象、客体、结果有明确的认识;二是他对有关的法律有正确的判断。后一个方面,黑格尔说,这是对现行法的判断,而且它限于最浅近的意义,即局限于知道什么是合法的,而应在这个范围内负担义务这类知识。犯人在行为的瞬间必须明确地想象到其行为是不法的,要处罚的,必须认定这点,才能使他负有罪责。

作为犯罪者的主观意志或心理状态,黑格尔提出下面的几个阶段性的概念。

第一,故意。

什么叫故意?黑格尔说:"行为在直接定在中实施时的内容,一般说来是我的东西,从而它是主观意志的故意。""意志只对最初的后果负责,因为只有这最初的后果是

① 《逻辑学(上)》,商务印书馆1982年版,第405页。

包含在它的故意之中。"①把这两句话概括起来就可以理解为:故意是主观意志的一种自觉性,是对行为将会引起的最初后果的了解。

为此,凡是出于我(行为人)的故意的事情,都可归责于我,这一点对于犯罪说来是特别重要的。不过,我对某事负责,尚不等于说这件事可归罪于我。意即,故意对于犯罪的重要性,主要在于它是责任的直接的主观根据。但责任和罪行并不是同一概念,归责和归罪有区别。对某一不良社会后果负有责任,但不一定就是犯罪。此外,即使是犯罪,也有程度上的差异。

在黑格尔所使用的故意的概念中,还包含"间接故意"。他指出,一种行为可能或多或少地受到种种情况的冲击,这是当然的事。比如,在放火的场合,可能不发生火灾,或相反地可能燃烧得比放火者所设想的更厉害。尽管这样,这里不应作出什么吉祥与凶煞的区别,因为在行为时,必然要同外界打交道。这时行为人本身就具有凶煞的性质,凶煞是他自己意志的定在。在这里,有可以比较的情况是:如果把犯罪者的事先的"设想"而发生的相应后果的内容叫作直接故意的话,那么,过和不及的后果的内容,就叫作间接故意。间接后果不是他事先的设想,甚至也不是他的期望;但是,这完全不影响犯罪者的凶煞本性,也没有超出他所可能预料的范围,所以也属于他的故意,使他理所当然地对这种后果负有罪责。黑格尔关于间接故意的问题,没有十分明确地揭示犯罪者对于可能的危险后果采取放任态度这一重要特征。这样就不能清晰地把间接故意同过于自信的过失,特别是同直接故意,严格区别开来。

与犯罪的故意相对应的还有"过失"。黑格尔说,过失"原来它是这样一种东西:被认识了的与没被认识的、自己的与外来的在它那里联结一起;原来它是一种分为两面的东西"②。简言之,过失表现了犯罪主体的主观与客观的差异。"被认识了的与没被认识的"之间的差异,就是他本来认识到一定危险后果可能发生,但却出于轻率的心理,认为它能够避免,犯了过于自信的错误。"自己的与外来的"差异,则是他应该认识到一定后果可能发生,但却因玩忽松懈而没有认识到,犯了疏忽大意的错误。在这两种情况下,"那背后埋伏着的正义始终不将其自己独特的形态暴露于行动的意识之前,而只自在地存在于(行为者的)决意与行为所包含的过失之中"③。正由于违反正义的过失之根据存在于他的自我意识之中,并通过他的行为而造成了后果,所以在这点上也同故意一样,"过失也获得了罪行的意义"④。

第二,意图。

意图是故意的属性之一,是故意行为中所表现出来的社会普遍性。这种普遍性,黑格尔又称之为"价值"。既然价值是普遍的,那么它就是绝对的;但包括在特殊行为

---

① 《法哲学原理》,第114、118节。
② 《精神现象学(下)》,商务印书馆1983年版,第26页。
③ 《精神现象学(下)》,商务印书馆1983年版,第26页。
④ 《精神现象学(下)》,商务印书馆1983年版,第24页。

中的价值仅是普遍价值的一部分,所以是"相对价值"。行为,正由于它的相对价值,才被认为是特殊的即某个特定人的行为。如同黑格尔概括的那样,"构成行为的价值以及行为之所以被认为我的行为,这就是意图"①。作为一个犯罪者意味着,他不但应该知道自己的个别行为(特殊性),而且应该知道与这个个别行为相关的普遍性。可见,意图是故意的一般性和抽象。意图与故意相比较,是更深层的东西。

第三,目的和动机。

犯罪的目的,指的是故意犯罪者所欲求的一定结果或肯定内容。黑格尔把这种东西叫作犯罪者的"欲求""满足",或者通称为"福利"。他举例说,"杀人放火"是普遍性,所以不可能是犯罪者的特殊行为的肯定内容。假如发生了这样的犯罪,我们就要问他为什么要犯罪。他决不是为杀人而杀人,而必然具有一个特殊的肯定目的。如果说他是杀人成性,那么这个嗜杀成性就已经是主体的肯定内容本身,而其行为则是满足主体的欲求的。

所谓动机,无非是激发目的产生出来的那种内心的根据和力量。黑格尔写道:"更精确些说,行动的动机就是我们叫作道德的东西,而且照这样说来,道德的东西具有两重意义:在故意中的普遍物与意图的特殊方面。"②这里的"道德的东西"就是价值,也就是"善和正义"。反之,犯罪的动机就是否定价值,也就是恶和不义。对于特定的犯罪者说来,他的故意只是恶和不义(绝对的否定价值)的一部分,所以恶和不义是普遍物;而他的意图,在属性上是普遍的恶和不义、绝对的否定价值,但在范围上终究还是他自己的意图,终究还是特殊的恶和不义、相对的否定价值。黑格尔把动机与道德即价值紧密地联系在一起,为的是深入披露犯罪的社会性质和社会意义,因而值得重视。

谈到犯罪动机问题时,不可以忘记黑格尔是一个坚定的动机与效果的统一论者。他指出,在犯罪者中间,特别在犯了过失罪的行为者中间,往往会有人申辩说其动机与意向是如何的良好。对于这种情形,应当怎样看待呢?第一点,必须承认,作为人的内在因素的动机和作为外在因素的行为及直接由行为致成的后果,二者之间是有矛盾的。因此,就像我们会看到的那样,"生活里确常有个别情形,由于恶劣的外在环境使得良好的动机成为泡影"③,或者说"一个坏的行为也可以有好的动机"④。第二点,"但普遍讲来即在这里内与外的本质上的统一性仍真切不爽。因此我们必须得说:人的行为(外)形成他的人格(内)……可举出福音中一句名言以驳斥他:'汝须从行为的果实里去认识人'。"⑤或者说,"动机的真理性只是在行为本身内。"⑥一句话,只有效果以及

----

① 《法哲学原理》,第114节。
② 《法哲学原理》,第121节补充。
③ 《小逻辑》,三联书店1957年版,第300页。
④ 《精神现象学(上)》,商务印书馆1983年版,第108页。
⑤ 《小逻辑》,三联书店1957年版,第300页。
⑥ 《精神现象学(上)》,商务印书馆1983年版,第109页。

连及致成效果的行为,才是验证动机的标准。

综合黑格尔关于犯罪主观要件的上述三大层次即故意、意图、动机,可以看出它们是有机地联成一体的。故意表现为犯罪行为的特殊性,意图表现为犯罪行为的普遍性,动机则把二者统一起来,表现为行为的道德性,从而使犯罪行为实施者的心理状态得到最后的、最深的、最高的说明。尽管这种理论被束缚在一个形式主义的框架之内,但却闪烁着辩证法的光辉。它对于我们研究犯罪学、犯罪社会学和犯罪心理学,是极有启发的。

(三)紧急避难

紧急避难问题,是黑格尔在详细地、分别地论述了犯罪构成及其诸要件之后,单独提出来加以论述的。他的目的是集中指明保卫生命的合法性和合乎道德的最高要求。

黑格尔所说的"紧急避难",就是"当生命遇到极度危险而与他人的合法所有权发生冲突时",得享有保卫自己生命的权利。

黑格尔认为:"自然意志的各种利益的特殊性,综合为单一的整体时,就是人格的定在,即生命。"①生命是一个人的利益的极限,所以危及他人生命是一种"无限的侵害"。在这种情况下,他就有权对抗抽象的法,即对抗他人的所有权,而不被认为是破坏法的犯罪行为。当一个人偷窃一片面包就能保全生命,这时把它当作平常的偷窃就不公正。理由是,"一个人遭到生命危险而不许其自谋所以保护之道,那就等于把他置于法之外,他的生命既被剥夺,他的全部自由也就被否定了"②。但是,不言而喻,一个人的紧急避难权利的享有,仅仅是在自己生命与他人所有权发生冲突之时,而不是在同他人的生命发生冲突之时。就是说,以牺牲他人生命为代价换取自己生命的安全和保存是不允许的。

虽然黑格尔在紧急避难问题上讲了许多很精辟、很正确的道理,而且显得分外激昂慷慨,但并没有越过一般资产阶级法学家的理论窠臼。从字里行间一下就可看出,他对于紧急避难可能损害所有权这一点持着极为小心谨慎甚至战战兢兢的态度。他对于生命处于危机状态的穷困者的活命"保障",无非是允许他偷取"一片面包"之类;对于根据紧急避难权利而产生的给债务人生命的"保障",充其量是从债权人的财物中取得"与其身份相当的"一点点"手工用具、农具、衣服"而已。这再次证明黑格尔的法学,包括刑法理论,还是以私有制为前提,把市民社会的"所有权的法律观念,看作绝对的东西"③,归根到底是维护资产阶级利益的。

---

① 《法哲学原理》,第127节及其补充。
② 《法哲学原理》,第127节补充。
③ 《资本论》第3卷,《马克思恩格斯全集》第25卷,第695页。

二、刑罚论

(一) 刑罚的概念

黑格尔的刑罚概念,简要地说就是对犯罪这一不法或非法的强制行为所实行的强制,是法概念自身的回复。

在黑格尔看来,犯罪行为是侵犯他人意志自由定在的暴力或强制,即所谓第一种暴力或第一种强制。那么,为了恢复他人意志自由的定在物(生命、人格、权利),就要对这种强制实行强制。后一种强制不仅是附条件地合法的,而且是必然的,它是作为扬弃第一种强制的第二种强制。这第二种强制便是刑罚。刑罚之所以是"附条件地合法的",因为它只是相应于特殊的犯罪实施的;刑罚之所以是"必然的",因为任何犯罪都是虚无的、要求否定自身的。

从法的角度上看,作为最严重的不法的犯罪,是对于法的否定;而刑罚则是这种否定的否定。按照黑格尔唯心辩证法的推论,法到不法(犯罪),犯罪到刑罚,从而又回到了法,——这是法概念自身的运动规律。所以,刑罚表现了法律同自身的调和;由于犯罪的扬弃,法律本身回复了原状。

从上述观点出发,黑格尔认为,刑罚的意义在于:第一,它消除了对他人意志自由定在的侵害,消除了由犯罪带来的社会危险性。第二,它从本质上显示犯罪的虚无性和法的绝对性。黑格尔说,犯罪行为是"完全否定地与构成其普遍范围的伦理(即作为法的法)相关,所以它是荒谬的"①。正是这种荒谬性决定了其虚无性。因为,对于犯罪行为说来,作为法的法被扬弃了,但是作为绝对的东西的法是不可能被扬弃的,所以实施犯罪其本身是虚无的。虚无的东西必然要作为虚无的东西而显现出来,即显现自己是易遭破坏的。换言之,"犯罪的行为本质上是没有真实存在的,由于罪行之被刑罚加以纠正、排除,更足以见得没有真实的存在"②。第三,它显示了法的有效性。通过刑罚对犯罪这个否定物的否定,证明法不仅是存在的,而且是有效的,它能够自己实现自己。用黑格尔的话说:"现在现实的法就是对那种侵害的扬弃,正是通过这一扬弃,法显示出其有效性,并且证明了自己是一个必然的被中介的定在。"③所谓"被中介的定在"说的是,现实的法在客观上是作为抽象法与犯罪者自己的法(不法)的中介,而且这个中介作用是一定要表现出来的。

(二)"报复"刑罚论

黑格尔的驰名的刑罚理论,是"报复"刑罚论。这是其始终一贯的理论。早在《精

---

① 《逻辑学(下)》,商务印书馆1982年版,第315页。
② 《小逻辑》,三联书店1957年版,第135页。
③ 《法哲学原理》,第97节补充。

神现象学》一书中谈到原始报复问题时,他就说道:遭到报复,这是侵犯者自己要求的,即报复者由于实行了报复便"从为恢复自我而摧毁别人(报复)变成别人的自我摧毁(惩罚)了"①。后来的一系列著作,尤其《法哲学原理》,使这一理论日臻完善化、系统化了。《法哲学原理》里写道:"犯罪的扬弃是报复,因为从概念说,报复是对侵害的侵害,又按定在说,犯罪具有在质和量上的一定范围,从而犯罪的否定,作为定在,也是同样具有在质和量上的一定范围。"②这即是刑罚和犯罪的同一性,或叫"等同"。黑格尔认为,这样来理解刑罚的概念,得自于"意识的心理经验中的一般观念"。它和"以其人之道还治其人之身"的传统观念,是不相矛盾的。

接着,黑格尔又声明,刑与罪的等同,不是侵害行为的特种性状的等同,而是侵害行为自在地存在的性状的等同,即价值的等同。那么,这种等同是经过怎样的渠道得到表现和确定出来的呢? 他解释说,作为虚无意志的犯罪,其自身就包含着自我否定;所谓"等同",首先是这种"内在的同一性"。而刑罚则是与"内在同一性"相适应的外在反映,即从人们的"理智"说来"显得是等同的"。前者(内在的同一性)是绝对的规定;后者(外在的理智的反映)是相对的规定,它只能同内在同一性相接近,而永远不可能与内在同一性完全一致或变成绝对规定。正因为如此,黑格尔强调这是一个"重大问题",是"非常重要的"。

就是说,刑罚的科处是否正确、适度,直接依赖于人们对犯罪的估计是否正确和适度。这实际上讲的是认识与存在的关系问题。如果抛开黑格尔的唯心主义体系,那么这里的论述则是辩证的、唯物主义的认识的一个绝妙的典型。的确,坚持这一观点是正确处罚犯罪所必须的。

黑格尔说,假若我们忽略人们认识上的有限性,假若完全停留在"抽象的种的等同性"上,那就会遇到无穷的、不可克服的困难,而且会导致"以窃还窃,以盗还盗,以眼还眼,以牙还牙"一类荒诞不经的同态报复。不过,在杀人的场合则当别论,因为"生命是人的定在的整个范围",所以根据等同原则,问题便很容易解决——给犯人处以死刑。

那么,人们不免要问,黑格尔提倡"报复"刑罚论的依据是什么呢? 简要的回答就是,"尊重"犯人的自由意志或犯人的理性,亦即犯人自己的法。黑格尔认为,一个成年人的犯罪,是在违背了他的本性,从而表明他的理智和意志都被束缚于"自然状态"的情况下出现的。当罪犯受到处罚时,他可以把所受到的惩罚认作限制了他的自由。但事实上,那惩罚并不是从外面强加他的力量,而是他自己行为本身的一种表现。只要他认识这点,则他就觉悟到自己是一个自由的人。③ 同样的道理,承认罪犯自由意志的法律,才是合理的法律。他说:"刑罚既被包含着犯人自己的法,所以处罚他,正是尊敬他是理性的存在。如果不从犯人行为中去寻求刑罚的概念和尺度,他就得不到这种尊

---

① 《精神现象学(上)》,商务印书馆 1983 年版,第 107 页。
② 《法哲学原理》,第 101 节。
③ 《小逻辑》,三联书店 1957 年版,第 299、329—330 页。

重。如果单单把犯人看作应使变成无害的有害动物，或者以儆戒和矫正为刑罚的目的，他就更得不到这种尊重。"①他还说，不仅犯罪的本性，而且犯人自己的意志都要求自己所实施的侵害应予扬弃。如同前面一再说到的那样，犯罪行为是虚无的，犯罪者实施这种行为的意义当然不在于追求虚无，而是自觉地显现自己的人格的自由意志。那么相应的刑罚的实施就是以承认他的这种人格的自由意志为前提，并以外在的形式满足了他的要求。

不难看出，黑格尔关于刑罚是罪犯的权利和自我要求，以及对犯罪者的尊重的说法，是资产阶级人道主义，理性主义法律思想的一种标新立异的形式。马克思指出，这种由康德首先提出，由黑格尔淋漓尽致地加以发挥的一套"抽象地承认人的尊严"的刑法理论，是德国古典唯心主义哲学所独有的。他说："毫无疑问，这种说法有些地方好像是正确的，因为黑格尔不是把罪犯看成是单纯的客体，即司法的奴隶，而是把罪犯提高到一个自由的、自我决定的人的地位"②。就是说，它同封建阶级的野蛮法及其理论是存在着对立的。但另一方面，马克思又尖锐地分析了这一理论的主要局限。即：其一，它是以赞同现存的法律为前提的；其二，它荒谬地用人的"自由意志"这一种特性，代替了特定人的行为的现实动机和受着各种社会条件影响而形成的全部特性；其三，它其实就是古代同态复仇刑罚的思辨表现。简言之，这种刑罚理论巧妙地为资产阶级刑罚作辩护，力图给它罩上一件"正义"的外衣。

在讲完"报复"问题之后，黑格尔又论述报复与复仇的关系。他认为，法领域中的报复(刑罚)就其表现上看，首先是一种复仇，但它是正义的，由国家所实施的，从而与个人的主观的复仇不同。个人的复仇往往难以保证正义性。尤其是，复仇由于它是特殊意志的肯定行为，所以又是一种"新的侵害"。作为这种矛盾，它陷于无限进程，世代相传以至无穷。在这里，黑格尔基本上是正确地总结了原始社会的血亲复仇(黑格尔不正确地也称作"刑罚")和前资本主义社会野蛮刑罚中的复仇形式的弊端，认为这不仅不能解决矛盾，反而会造成恶性循环，越来越扩大矛盾。

黑格尔一再强调，尽管刑罚包含复仇的意义，但决不能归结为复仇，尤其不可以复仇作为刑罚的形式。因为，刑罚是由法院科处的，属于"公"的范畴。就是说，它把对受害的当事人的侵害，提到了对社会这一普遍物的侵害的高度来对待，即看成具有社会危险性。于是，对侵害者的惩罚，就从受害人的单纯复仇的主观利益和主观形态，以及从偶然性的威力之下，解放出来了。这便是代替复仇正义的刑罚正义。黑格尔的用心在于，要把对犯罪的惩罚的个人意志，一律纳入统治阶级的整体意志之中。这显然有利于同犯罪作斗争，归根到底有利于巩固社会的秩序。

(三)刑罚的标准和尺度

黑格尔对于刑罚的适用问题，提出了两个基本概念，即刑罚的标准和刑罚的尺度。

---

① 《法哲学原理》，第100节附释。
② 《死刑。——科布顿先生的小册子。——英格兰银行的措施》，《马克思恩格斯全集》第8卷，第579页。

刑罚的标准,指对各种犯罪应当怎样处罚的法律规定。这里体现了刑罚的原则性,即体现了近代资产阶级的法制原则。黑格尔明确地说:对各个犯罪应该怎样处罚,不能用思想来解决,而必须由法律来规定。这种法定刑主义的目的,在于抵制审判机关处罚的主观任意性。

刑罚的尺度,指的是审判机关对各个犯罪应当怎样处罚的决定。同刑罚标准比较,刑罚尺度强调的是判刑要从案件的具体情况及具体的社会条件出发,表现了刑罚的相对灵活性。黑格尔认为,一般地说,刑罚要根据犯罪在当时的社会危险程度加以确定,即按照犯罪的质和量来衡量。但是,这个质或量的严重性因市民社会情况不同而有差别。更具体些说,如果社会自身还是动荡不安的,那就必须通过刑罚树立榜样,因为刑罚本身是反对犯罪的榜样的榜样。而在已经是稳定的社会,犯罪的勾当是很微弱的,因此犯罪的处罚也必须按照这种微弱程度来衡定。黑格尔举例说,有时对偷窃几分钱或一颗甜菜的人处以死刑,而有时对偷窃百倍此数甚或价值更贵的东西的人却处以轻刑,二者均可以成为正当的。原因就在于,由于时间、地点等条件的变迁,它们的社会危险性不同了。针对此种情形,黑格尔一再指出,一部刑法典不可能,也不应该永远适用。

另外,黑格尔运用历史的观点考察了刑罚的发展,认为社会越发达,刑罚越趋于轻微。拿文明社会与原始社会的对比为例,表面上看似乎文明社会中的刑罚比原始社会的惩罚为重,其实是减轻了。因为,在更广泛更严密地组织起来的社会中,犯罪的影响看起来是增大了,但由于文明社会自身的强大和稳定,反倒把这种影响程度大大抵消了。再对比古今刑罚的情形:在古希腊的德拉克立法以及中古时期的"野蛮的形式的荣誉法典"之中,将一切犯罪都处以死刑;而今天则懂得区分犯罪的质量及犯罪的主体、客体、主观要件、客观要件等等,懂得分析是侵犯"无限的人格"(杀人、强令他人为奴、宗教强制等等)还是侵犯部分的(有限的)人格,如区分强盗和窃盗就是这样。黑格尔的这些分析、论述,大体上是符合历史真实的,是有道理的。

(四)对各种刑罚理论的批判

黑格尔对于当时西方刑罚理论研究的状况极为不满。他说,"刑罚理论是现代实定法学研究得最失败的各种论题之一,因为在这一理论中,理智是不够的,问题的本质有赖于概念"①。就是说,在他看来,18世纪到19世纪之初出现的各资产阶级刑法流派,侧重于实定法应用方面的研究,而理论上肤浅、卑俗,片面性很大。黑格尔这种判断,对那些忙于替已经夺取政权和竭力发展经济上竞争能力的自由资产阶级服务的法律家们说来,的确是不无道理的。这股风气对当时的刑法思想家们也很有传染力。但是,我们可以看到,黑格尔在批判各流派的刑罚理论过程中,同样暴露了他本人刑罚理论的问题。

_____

① 《法哲学原理》,第99节附释。

1. 对克莱因"祸害"论的批判。

克莱因(1742—1810)是德国刑法学家,晚年担任柏林高等法院推事。克莱因认为,刑罚仅仅是一种"祸害"。这种祸害之所以存在,就是因为此前存在着另一种祸害,即犯罪。换言之,刑罚的本质就在于用一种祸害来对付另一种祸害。

黑格尔认为,这是一种浅近的说法,它一般地来谈论恶与善,而没有把客观地考察法和正义这个根本点置于首位。相反,它把犯罪的主观的表现变成了本质的东西,并往往同庸俗心理学相混杂,过分强调外界刺激和感情冲动之类的因素在犯罪中的作用,忘记犯罪是出于犯罪者的自由意志或犯罪者自己的法。事实上,黑格尔一点不否认犯罪和刑罚都是祸害,但他告诫人们要弄清楚的是:犯罪祸害的本质和基础是犯罪者自己的法;刑罚(这一祸害)的本质和基础是自在自为的法和正义。

黑格尔着重指出不要单纯从现象上看问题,这种观点是正确的,但他所讲的本质却过于玄虚并且是超阶级的。

2. 对安·费尔巴哈"威吓"论的批判。

保罗·约翰·安塞尔姆·费尔巴哈(1775—1833),是德国伟大的唯物主义哲学家路德维希·费尔巴哈的父亲。他是著名的刑法学家,著有《德国普通刑法》(1810),从1817年起担任班堡上诉法院院长。安·费尔巴哈认为,刑罚的作用在于"威吓"。犯罪是不顾威吓的结果,所以就需要予以惩罚。

黑格尔不以为然。他说,"威吓"论没有为自己找出合理和合法的根据。法和正义是存在于自由意志之中的。但威吓的前提是假定人的意志是不自由的,是用祸害的观念来强制人们,把人们引导到不自由的方向。这样就蔑视了人格的尊严和自由。这好比把法和人的关系看成棍子和狗的关系,丢弃了正义。黑格尔认为,"心理强制仅仅跟犯罪在质和量上的差别有关,而与犯罪本身的本性无关"。① 即威吓作为一种外在力量,只能影响到犯罪的价值(相对价值)和范围,而不涉及犯罪是自由意志的定在及其绝对价值(整体的社会利益)。因此,按照威吓论来制定法律,就不能真正成为正义的法、"作为法的法"。

威吓,我们说,对于统治阶级内部说来,的确不是他们本阶级法律的主要作用;但对于被统治阶级和统治阶级中的不法分子说来,威吓显然是有重要作用的。马克思指出:"一般说来,刑罚应该是一种感化或恫吓的手段。"②在这里,威吓与感化(教育)是相辅相成、并行不悖的。不言而喻,完全否认法,尤其刑法的威吓作用是不正确的。黑格尔所要否认的,不是刑罚有威吓作用,而是否定把威吓当作法律及刑罚的出发点和本质那种理论观点。

---

① 《法哲学原理》,第99节补充。
② 《死刑。——科布顿先生的小册子。——英格兰银行的措施》,《马克思恩格斯全集》第8卷,第578页。

3. 对贝卡利亚反对死刑论的批判。

西方古典刑法学派的创始人、意大利的贝卡利亚(1738—1794),从进步的资产阶级"契约论"出发,否定国家有处死刑的权力。

黑格尔则断然拒绝贝卡利亚的主张。他的理由是:其一,国家根本不是"契约"的产物,契约是个人任性的东西。就国家而论,情形与契约关系完全不同,因为人生来就是国家的公民,任何人不得任意脱离国家。生活在国家中,乃为人的理性所规定,纵然国家尚未存在,然而建立国家的理性要求却已存在。国家的实质并不在于保护和保证作为单个人的生命与财产,而是维护特殊与普遍的统一。这是一个更高的东西。为此,它甚至有权要求单个人为其牺牲,更无须说对一个严重的罪犯判处死刑了。其二,犯人的行为中包含他的自在自为的理性,而且包含了国家对于这种理性的"尊重",刑罚(死刑在内)正是表现了这种"尊重"。其三,国家以正义为前提条件。而刑罚是由国家所体现的正义的重要表现形式之一。所以,国家处罚犯罪者甚至处以死刑,都理所当然地符合正义的要求。

尽管如此,黑格尔在批判贝卡利亚反对死刑论的同时,也承认:"贝卡利亚想废除死刑的这种努力曾经产生良好的结果。……人们已经开始探究哪些犯罪应处死刑,哪些不应处死刑。因此,死刑变得愈来愈少见了;作为极刑,它应该如此。"①凡多少读过黑格尔著作的人都了解,他一贯地坚决反对滥施死刑。

4. 对卡尔迈尔关于监禁制度议论的批判。

在18—19世纪交接时期,德国政治法律家们讨论普鲁士邦法的改革问题时,涉及到对于监禁刑罚的争论。当时,有个名叫卡尔迈尔(生卒不详)的人,主张要尽可能地使用完全单身监禁制度,以废除或减少肉刑。他说,完全单身监禁可以隔绝犯人同他人的任何往来,断绝他的惯常需要和嗜好(如抽烟),使之感到不快但又无损健康;如果再加上不适意的苦役之类的措施,监禁可能变得对他更加难堪,但又不会使他找到怠惰的温床。这样就会"提高下层阶级道德"。至于为什么会提高以及怎样提高他们的道德,则没有作出什么像样的说明。

黑格尔认为,卡尔迈尔的主张同印第安伊洛魁人费尽心机地对俘虏施行报复而采取各种新的苦刑的做法很相似,是谈不上什么道德意图的。他说:"刑罚的道德快欲和改善道德的意图与报复快欲并无悬殊差别,而提高道德的意图同显示残酷却很为不同,因为最令人憎恶和可恨的莫过于欣赏残酷。隔绝和人交往是正当的,因为罪犯已把自己孤立起来。用冷冰冰的理智,把一些人时而看作能劳动和能改造的东西,时而又看作须得改良的东西,并且指令人们这样做,这会成为最可恶的暴政,因为整体的福利作为目的如果并非是正当的,就对这些人是异己的。"②在这里,黑格尔入木三分地戳

---

① 《法哲学原理》,第100节补充。

② 《政治研究》,载《黑格尔政治著作选》,商务印书馆1981年版,第16页。

穿了卡尔迈尔对于"下层民众阶级"即劳动人民的伪善。他同时又再次申明自己的"报复"刑罚论是"尊重"犯人的人格或自由意志,从而是符合"道德的意图"的,申明他的理论是同残酷刑罚不相两立的。

的确,黑格尔对于资产阶级此前的预防、儆戒、威吓、矫正等等刑罚理论,都因不合乎自己的刑罚概念而予以批判。不过,说起这些批判,也像对于黑格尔的"报复"刑罚论本身一样,常常容易引起人们的误解:似乎他认为报复就是一切,根本不承认刑罚有预防、儆戒、威吓、矫正乃至于改造人的教育作用。这种误解产生的主要原因在于没有紧紧把握住一个关键,即黑格尔之所以批判上面提到的种种说法,是由于认为它们在理论体系上、尤其在刑罚目的论上忽略或抹杀了犯人的自由意志的内在因素,而局限于就事论事。他说得很清楚,"某些刑法理论,将刑罚的目的解释为在于使人不犯法,使犯法者不伤害人或用其他外在根据以解释之,这都可以说是机械的解释"①。至于具体说到刑罚的作用,在黑格尔看来则是另外一回事。他曾经这样说过:"例如刑罚就有多种多样的规定——它是赔偿,又是威慑的例子;它是法律用来威慑的一个恐吓者,也是使一个罪人觉醒和改善的东西。这些不同的规定,每一个都会被看作是刑罚的根据,因为每一个都是本质的规定,从而其他与此相区别的规定,和它相对,便被规定为偶然的东西。"②可见,黑格尔非但不否定刑罚的预防、儆戒、威吓、矫正、教育等作用,相反,倒把它们提到刑罚的"根据"和"本质"的高度加以论述。

三、对前资本主义旧刑法制度的抨击

黑格尔作为一个进步的资产阶级刑法理论家,一生之中都在孜孜不倦地宣传理性主义、人道主义刑法思想,而无情地鞭挞前资本主义的刑法制度。他对于历史上与现实中存在的旧刑法制度的反动性、腐朽性和野蛮性,进行了系统而深刻的揭露和批判。

(一)古东方专制主义刑法制度

专制主义刑法制度,是古东方奴隶社会和封建社会时期的国家制度的一个缩影。而中国和印度又是其中的两个重要的典型。所以,黑格尔着重地对这两个国家的刑法制度作了大量的考察。

就古代中国的刑法制度而言,黑格尔认为其主要弊病有二:第一是奉行单纯的惩罚主义原则。黑格尔说,采用刑罚应当具有"教训"的性质,而教训的目的在于使犯人能改过自新,所以刑罚包含对罪恶的正当处罚。但古代中国"刑罚儆戒的原则只是受刑的恐惧心,而丝毫没有犯罪的悔过心,因为犯罪的人对于行为本身的性质没有任何

---

① 《小逻辑》,三联书店 1957 年版,第 271 页。
② 《逻辑学(下)》,商务印书馆 1982 年版,第 98 页。

的反省"①。这种刑罚原则明显地表现在习以为常和漫无止境地对肉体的鞭笞。这是加在荣誉上的一种侮辱,对于有荣誉感的人说来是最严厉的刑罚。另外,一切罪过,无论是违反了家族关系的法则还是国家的法则,统统要对身体外部施刑。如,子女忤逆父母,弟弟不尊敬哥哥,都要受到鞭打的刑罚。儿子告他的父亲虐待,或者弟弟告他的哥哥欺凌,如果他是理直气壮,也得受笞一百,流徙三年;如果他的理不直,就要受到绞刑。假如儿子向父亲动手用武,要受炮烙的刑罚。第二是犯罪归责上的混乱。对于犯罪的主观要件没有分析,实行简单的客观归罪。对一桩蓄意的活动和无心的偶然事件,看得同样严重。在杀人案的处置上尤其突出,无意识地致他人死亡也须处死刑。还有株连制度:无论什么人,凡是同犯人有任何联系的,尤其犯上作乱、危害皇帝的大逆罪,便认为应当和真犯同受刑谳,全体近亲都要受到拷问打死。再就是惩罚思想,凡是撰写禁书和阅读禁书的人都依触犯刑律问罪。黑格尔对如此刑罚制度感慨地说,"责任和不负责任的情形是如此的可怕;每一桩行动上,它主观的自由和道德的关系是一概不顾的"②。

在黑格尔看来,古印度的《摩奴法典》是一部野蛮法的代表作。它最大特征在于赤裸裸的不平等性,即"刑罚随阶层卑贱而比例地增加,其他方面也都有区分"③。最高贵的婆罗门阶层,他们的生命是神圣不可侵犯的。产业也是如此。他们对于任何犯罪都不负责任,统治当局能够惩罚他们的不过是放逐罢了。相反,一个首陀动辄受笞,遭到惨绝人寰的酷刑。假若他念了《四吠陀经》,或者偷听了念诵《四吠陀经》,他的耳朵里便要被灌进沸油。与这种刑法相应的诉讼制度,同样体现着阶层贵贱的森严划分。假若一个较高阶层的人控诉一个较低阶层的人,查无实据,不受处分;两者换过来,则便有非常严厉的刑罚。特别是,为了开释一个婆罗门的罪行,居然允许找人作假见证,在法庭上撒谎。

(二)欧洲中世纪"宗教裁判所"的刑法制度

在漫长和极端黑暗的欧洲中世纪封建社会中,其愚昧和野蛮的刑法制度,以天主教的多米尼各派把持的"宗教裁判所"为顶点。所以,黑格尔也把他犀利的批判矛头集中地指向"宗教裁判所",说那里充满"审判方面的可怕情形"。尤其对于异教徒和巫人的审讯和刑罚更令人发指。他揭露:肉体苦刑本来只应该施行一次,却被反复不断地滥用,直到逼得被告人经不过重刑而招供才罢。在这过程中,假若被告人昏厥过去,审判者就说这是"恶魔"给他安眠;假若有神经错乱,手足痉挛、身体抽搐等事情发生,又说是"恶魔"给了他力量。如此等等。黑格尔意味深长地指出:"这整个现象本身是非常可以注意的,我们只要想想,我们自己跳出这个可怖的野蛮火坑,还没有多久的时间

---

① 《历史哲学》,三联书店 1956 年版,第 172 页。
② 《历史哲学》,第 173 页。
③ 《历史哲学》,第 196 页。

（直到 1780 年,还有一位女巫在瑞士的格拉罗斯被当众活活地烧死呢）。"①这句话显然是要人们牢记中世纪反人道的刑法制度影响的顽固性,激发人们继续为涤荡这种反动流毒而斗争。同时,他借助"1780 年"这个年份,无形之中也论证了行将到来的法国资产阶级大革命的合理性。

（三）伯尔尼的刑法制度

1798 年黑格尔发表了《关于瓦特邦(贝德福)和伯尔尼城先前国法关系的密信》一书,重点是揭露和批判此前伯尔尼专制主义贵族共和国及其领属的瓦特邦所采用的刑法制度。

黑格尔指出,伯尔尼的残酷的刑法制度是和同时兼有立法权与司法权的行政专横分不开的,是和那里至今没有刑法典而且也完全可以没有刑法典、一任政府专断的反法制的局面相一致的。

在伯尔尼,尤其在多数的德语地区,刑事案件的处理权完全由政府掌握,由它控告、侦查、审讯,尔后由行政官吏组成的小议会(在城市小议会之上还有大议会)就被告人的生死作出最初也是最后的判决。在整个案件处理过程中,被告人完全没有辩护权利。官方控诉人,在大、小议会上又以官方辩护人身份出现。政府不给被告人提供律师。被告人因不敢讲出自己无罪或减轻的情节,只好保持缄默。只是按照传统的习惯,在准备执行死刑的当天,才由一个辩护人作为一种仪式而毫无用处地替被告人说几句好话。最后连这一作法也给废掉。黑格尔愤慨地指出,"如此一来,伦理国家公民最珍贵的一项权利的余影也给消灭了"②。这套诉讼制度,必然使冤狱遍于国中。黑格尔在评论中提到了两个案例。例一,有个女孩子因被控杀婴而受到死刑判决,但解往法场时才对牧师说她腹中怀有孩子。例二,某青年农民酒后失言骂了贵族酒商,就被控说他攻击整个贵族阶级,而判处 6 年徒刑。

黑格尔历来激烈地反对根据"嫌疑"来办罪。在《精神现象学》里就抨击过那种"有嫌疑就代替了有罪过",或"有嫌疑,就有犯了罪的意义和效果"③的反动政治。伯尔尼政府不仅根据嫌疑而且根据"征兆"来论罪。如说某人有喜欢法兰西民族获得自由的征兆,有想享有这种自由的征兆,有企图用非法方式攻击政府的征兆等等。黑格尔指出:"这样,这些受怀疑的公民即因他们是有嫌疑的,在尚未开始进行任何审讯以前,就看到自己已遭到刑罚。"④

伯尔尼统治者们,还有一种表明其"民族道德败坏"和"人性堕落"的判处酷刑和死刑的爱好,从而使难以数计的人被处绞刑、轮刑、斩首和烧死。在谈到这个情况时,黑格尔说,"这里尚需指出的是:a,在伯尔尼还有人受极苦酷刑;b,犯人供认对判处死刑

---

① 《历史哲学》,第 473—474 页。
② 《黑格尔政治著作选》,商务印书馆 1981 年版,第 5 页。
③ 《精神现象学(下)》,商务印书馆 1983 年版,第 120 页。
④ 《黑格尔政治著作选》,商务印书馆 1981 年版,第 6 页。

不是必要的"①。

黑格尔还借助反动的伯尔尼政权 1798 年被推翻的事实,论证"物极必反"的道理,指出任何滥施酷刑、草菅百姓生灵的统治都会招致法国大革命那样局面的到来。

恩格斯指出,黑格尔的"思维方式有巨大的历史感作基础。形式尽管那么抽象和唯心,他的思想发展却总是与世界历史的发展紧紧地平行着"②。黑格尔对刑法制度的看法和态度,基本是同历史前进的步伐相一致的。18 世纪末 19 世纪初资本主义还处于上升时期,在那时,尤其在当时基本上仍属封建统治的德国,黑格尔能挺身而出,毅然地抨击一切前资本主义旧刑法制度,而且抨击得那样深刻有力,是非常难能可贵的。

* * *

我们已经清楚地看到了,黑格尔的一套完整的刑法思想体系,就其实质而言,属于近代资产阶级的具有进步性的刑法理论。同其他一些进步的资产阶级思想家、特别是革命启蒙思想家的刑法理论相比,可以看出,黑格尔受到德国,尤其普鲁士封建制的熏陶,没有"完全脱去德国的庸人气味",即留有一定的保守和落后的成分,而在主导方面,以及在深刻的程度上则是他们当中的许多人所不及的。因此,无论如何,我们都应该对黑格尔刑法思想的富藏不断地努力发掘,务期完整地展现其本来的面貌,以资今人的借鉴。

---

① 《黑格尔政治著作选》,商务印书馆 1981 年版,第 5 页。
② 《卡尔·马克思[政治经济学批判]》,《马克思恩格斯全集》第 13 卷,第 531 页。

第五章　诉讼法

黑格尔的诉讼法思想,是在"司法"这个题目之下展开的。而司法机关是被当作同市民社会或"物质国家"中的另外两大职能机构即行政性的警察和经济性的同业公会相并列的机构之一。所谓司法,无非就是市民社会"通过司法对所有权的保护"。同样,诉讼问题归根到底也是为保护所有权或者保护资本的基本宗旨服务的。这就意味着,黑格尔开宗明义地宣告了,他的诉讼法思想本质上属于资产阶级的范畴。

一、司法组织

(一) 法院

黑格尔说:"法采取法律的形式而进入定在时就成为自为的。它跟法的特殊意志和意见相对立,而是独立自主的,并且必须肯定自己为普遍物。在特殊场合这样地认识和实现法,而且不带有对特殊利益的主观感情,系属一种公共权力即法院的事。"[1]通俗地说,法院是代表普遍意志而适用法律的一种公共权力,或一种专门的公共权力机关。这当然是资产阶级的超阶级的法院概念。它完全掩盖了资产阶级法院作为资产阶级国家机器的重要组成部分所不可避免具有的镇压无产阶级和劳动人民反抗这一重要属性。

在论及法院概念问题时,黑格尔批判了两种极端的说法。一种说法以德国人封·哈勒为代表。他在《国家学的复兴》一书中坚持认为,司法是国王或政府方面所做的慈善事业。黑格尔指出,这是思虑不周的结论,没有觉察到国家和法律制度"一般是合乎理性的,而且是绝对必要的"这个基本点。另一种说法则是,司法,如同"强权即公理"时代所常见到的那样,纯属暴力行为、对自由的压迫和专制制度。黑格尔指责它是"一种粗鲁的看法",说,"司法应该视为既是公共权力的义务,又是它的权利,因此它不是以个人授权与某一权力机关那种任性为其根据的"。一言以蔽之,法院不凭感情用事,它不是慈善团体也不是暴力机构,而是纯粹秉法办事的公共意志的机构。不言而喻,这是欺人之谈。

从历史上看,法院的产生和建立,有的采取家长制关系的形式,有的采取其他任意选择的形式。黑格尔认为,这些都是"无足轻重"的,不是考察它们的"合理根据"时所

---

[1] 《法哲学原理》,第 219 节。

应研究的。"合理根据",指理性的根据。可见,黑格尔的法院概念也缺少足够的历史观点。因为,不同历史时期法院产生和组织形式的不同,并不是单纯形式的差别,而是反映着深刻的阶级性质的差别。

(二)侦查、控诉、审判应由不同的机关负责

按照黑格尔的观点,审判行为中包含对案件事实的认定和把案件归属于法律两个环节,而"有关这两个不同方面的裁判是属于不同职权范围内的事"①。为此,他还进行了历史的印证,指出:在古罗马的法院程序中,法官先就案件事实作出裁决,然后再指定一个特别陪审员对这些事实进行侦查。又,根据英国法律的传统规定,对于一个特定犯罪的性质,如杀人罪中的谋杀还是误杀,先由检察官作出判断,然后由法院依照这个结论加以判决。黑格尔说,只有第二个方面即作出最终法律归属的判决的环节,才是或主要是"专职法官的一独特职能"。

不过,黑格尔强调,法院还应当指挥公安机关的侦查程序、检察官的指控以及当事人的诉讼行为,从而使诉讼程序能够为案件的解决做好准备。

这套理论实际上是为国家的公安、检察、法院诸机关在司法方面的分工提供了根据。所以,有理由把这一点也看作是黑格尔对于近代资产阶级司法实践的一种贡献(当然并非他一个人有这种贡献)。

二、诉讼制度

(一)公开审判

黑格尔一向主张,法律应当通过公布而被公民普遍地知道;同样,法律适用的历程也应当使尽可能多的人了解。这就是说,要实行公开的审判。他写道:"因为这种历程是自在地在历史上普遍有效的,又因为个别事件就其特殊内容来说诚然只涉及当事人的利益,但其普遍内容即其中的法和它的裁判是与一切人有利害关系的。"②意即,每个特殊案件的处理结果都是法律精神的现实,都代表国家的意志,因此它将长期地发生社会影响,而且人们会借助这些裁决来评判法律以及司法机关同自己利益的关联。

公开审判原则的最重要之点,是便于统治阶级的群众对于司法活动和诉讼过程实行监督。这一原则作为近代的产物,是资产阶级法制的要求。黑格尔清楚地指出,公民对于法的信任应属于法即"普遍意志"的组成部分,正是基于这一考虑才要求审判必须公开。公开的权利的根据在于:首先,法院的目的是法,作为一种普遍性,它就应当让普遍的人闻悉其事;其次,通过审判的公开,公民才能信服法院的判决确实表达了法。

---

① 《法哲学原理》,第 225 节。
② 《法哲学原理》,第 224 节。

　　对于任何反对公开审判的观点,黑格尔都断然地予以驳斥。他挖苦说,反对者所持的重大理由无非是觉得法官大人的身份高贵,不能轻易露面,并把自己视为法的宝藏,非局外人所能问津。这明显的特权和专横的贵族主义精神,同自由资产阶级的法制要求格格不入,黑格尔是站在后者一边的。

　　不过,黑格尔认为,公开审判原则不适用于承审案件的法官们为了制作判决而进行合议这个程序环节。因为,"那时各人所发表的还是特殊的意见和看法",尚非普遍的法的东西。一般地讲,这个主张是无可非议的。

　　(二)简易和平衡

　　同其他部门法一样,诉讼法(程序法)应当是完备的,诉讼过程应当是严格的和连续的。但不应当冗长、繁琐,刁难当事人;尤其不可以喧宾夺主,忽略案件的实体内容,而将程序本身当成目的。这是黑格尔的一贯主张。他指出:"由于这些步骤分裂成为越来越零星的行动和权利而无一定界限,原来是一种手段的法律程序,就成为某种外部东西而与它的目的相背。当事人有权从头至尾穷历这些繁琐的手续,因为这是他们的权利,但是这种形式也可能变成恶事,甚至于成为制造不法的工具。"①这里指出的弊病,是对当时的司法和诉讼制度的一种很中肯的针砭。

　　鉴于上面提到的这种教训,黑格尔认为,为了使当事人的正当权利得到保障,为了有效地解决案件的实体性问题,以避免滥用程序法,法院可以责成当事人在诉讼之前,先把案件提交给一个特设的"简易法院"或叫"公断治安法院"处理,进行调解。

　　除此而外,他还设想,可以建立"平衡法院"来对抗法律形式主义。黑格尔对于自己提出的平衡法院制度,作了如下的解释:"一个平衡法院所具有的意义是,在对个别事件进行裁判时,不坚持法律程序上的种种手续,尤其是法定的客观证据方法,而就个别事件论个别事件,以明其是非,所以它的旨趣并不在于作出应成为普遍性质的法律上决定。"②就是说,审判的任务不是针对相应的案件问题进行立法(黑格尔一向反对法官立法论),而是适用相应的实体法来解决案件的问题。平衡法院制度存在的理论根据在于,诉讼活动首先要顾及到争端的内容,并且审判的最高要求就是"公平"。而这些,都是同法律形式主义或形式法律不相容的。

　　简易法院制度也好,平衡法院制度也好,都是资产阶级的国家制度,指导它们的法律意识与普通法院并无区别,对于广大劳动人民说来是没有多少"公平"可言的。这一点早已被那种同黑格尔主张有相似性质的英国"衡平"法院以及其他国家的司法实践充分证明了。我们这样说,当然不是要抹煞黑格尔关于诉讼的简易原则和平衡原则的主张所包含的合理成分,应该肯定,他反对法律形式主义的观点,是很可贵的。

---

　　①　《法哲学原理》,第223节。
　　②　《法哲学原理》,第223节附释。

(三)陪审

黑格尔是近代资产阶级司法中所谓人民陪审制度的热心倡导者。他从理论上系统而深刻地阐述了实行这种制度的可能性和必要性。

按照黑格尔的想法,陪审员和具有专门法律知识及法律适用经验的专职法官不同。他们参与审判活动的主要作用,不在于解决案件的法律归属问题,而在于解决案件的事实认定问题。在这方面,陪审员是完全能够胜任的。与此相一致,对于传统的"法官迷信",黑格尔把它当作一种荒谬的观念而断然予以否定。主要的理由是:第一,对事实的认定,就其本身说来,不含有任何法律的决定。它完全是一个一般的认识问题。所以,没有任何理由可以认为事实构成只能单独由专职法官来认定,因为这是每一个受过普通教育的人都能做的事,而不只是受过法律教育的人才能做的。第二,与普通人一样,法官认定事实的行为也是主观性的。就是说,表现在他的最后裁决中的结论,是凭借其自身的内心确信或"主观信念""良心"或"良知"得出来的,那中间并没有什么特殊的魔法或奥秘。黑格尔说,这对于品定法官认定事实行为说来,是"基本的"。以上所说的这两个方面的能力,都是陪审员所不缺乏的,并且丝毫不亚于专职的法官。黑格尔完全承认人民会犯错误,但他认为这却不能成为否定人民陪审制度的根据。他郑重地宣布:"如果说人民可以犯错误,那么个人更能犯错误;个人应当意识到自己会犯错误,并且比人民更容易犯错误。"①这里的"个人"就是指法官而言的。就是说,法官犯错误的可能性比人民陪审员还要大些。

从实体性的观点出发,陪审制度的必要性,最根本的取决于自我意识的权利即主观自由的环节。如果说公开审判制度是出自于尊重人民的自我意识权利的话,那么,陪审制度则是出自于尊重来自各行业人民代表者的自我意识权利。但是,在更具体的方面黑格尔最为关心的是认为陪审制度能够补救专职法官的内心确信之不足。他说,在事实认定方面应予以研究的不是法官的内心确信同一般人有什么不一样(这种差别根本上不存在),"而问题是在于这种确信在法院中应采取什么形式"。例如,法院有权要求罪犯进行自白,作为帮助法官认定事实的形式。按照黑格尔的哲学,罪犯自白(供词)具有十分重要的意义。因为在罪犯那里,唯有自白,"判决才不再对他是异己的东西了"。话虽如此,但这并不排除罪犯可能讲了不利于自己的违心的话或者矢口抵赖自己的罪行。这种情形使黑格尔踌躇和难办了。他觉得这时如果法官仍坚持自己的内心确信,就等于把罪犯不再当作自由的人(没有自由意志的人)来处理了。于是黑格尔急中生智,信手搬出"陪审法院"来帮助自己跳出窘境。就是说,他把作为"民意代表"的陪审员,当成"从罪犯的心灵中作出有罪或无罪的宣告"的"中介"。

吸收陪审员参与审判的制度,同单纯的专职法官审判,尤其专职法官独任审判的制度相比,确实是司法制度上的一大进步。其优越性之一,正在于有利于案件事实的

---

① 《哲学史讲演录》第 2 卷,商务印书馆 1983 年版,第 103 页。

认定。不过,在实践上,绝不能忘记,这些名义上被称为人民陪审员的人们,在那时候,其实大多是各个领域中的资产阶级头面人物。他们的偏颇是在所不免的。

三、诉讼程序

(一)程序的意义

在整个诉讼过程中,特别是审判过程中,为什么需要有一套程序?黑格尔扼要地回答说:"法律程序使当事人有机会主张他们的证据方法和法律理由,并使法官得以洞悉案情。"①除此以外,他还有一些补充性的说法。

从法院方面说,为了保证它真正能够按照国家的实体法处理案件,就必须对这种处理案件的活动本身、尤其对正确地提出和认定有关案件的法律根据(实体法)和事实根据(证据)的本身,也用法律的形式加以系统的规定,也就是制定诉讼的程序法。

再从当事人,不论是对原告人还是被告人来说,参与诉讼是他们的权利。既然是权利,就意味着必须有相应的法律规定。否则就会重演历史上曾经普遍存在过,而为人们熟知的那种把当事人、首先是被告人当成诉讼关系的简单客体,而听任法庭随便摆布和处置的局面。那样,贪赃枉法以及先入为主、刑讯逼供、屈打成招、草菅人命之类的情景,便会接踵而至。

不难理解,黑格尔极力强调程序法的意义,表明了他同封建诉讼制度的专横和野蛮性是截然对立的。

(二)起诉

在黑格尔的刑法理论中人们已经知道了,他坚决反对由受害人本人对加害人实行"复仇"那种依照主观的法来办事,认为它不合乎正义的要求;而主张,把非法行为同时当成对社会和国家的普遍物的侵犯,所以要按照国家的普遍的法进行处理。这样一种由受害的普遍物来代替受害的特殊个人,用普遍的法来代替受害者个人的主观的法,并对加害人加以审判的机关,就是法院。所以,受害人要达到他使加害人受到惩罚、从而使自己权利得以恢复的目的,就应当诉诸普遍的法,即诉诸法院。这就叫作起诉。黑格尔强调:"市民社会的成员有权利向法院起诉,同时也有义务到庭陈述;他的权利有了争执时,只能由法院来解决。"②把司法机关的法院当成唯一的解决诉讼案件的机关,以及把公民的起诉权利和到庭陈述义务密切结合一起,体现着资产阶级的法制原则和"法律面前人人平等"原则。

黑格尔历史地指出,这种体现法制原则和"法律面前人人平等"的"法院理念",仅仅是近代才有的。他说:"在封建制度下,有权势的人往往不应法院的传唤,藐视法院,

---

① 《法哲学原理》,第 222 节。
② 《法哲学原理》,第 221 节。

并认为法院传唤有权势的人到庭是不法的。但封建状态是与法院的理念相违背的。在近代，国王必须承认法院就私人事件对他自身有管辖权，而且在自由的国家里，国王败诉，事属常见。"①这段话不妨看成是他反对封建主义专横和特权制度、鼓吹资产阶级法制主义思想的突出例证之一。

另外，黑格尔还认为，诉讼的权利和法律知识是分不开的，否则个人的诉讼权利便无法实现，或者说这种诉讼权利对于被害人没有丝毫裨益。必须承认，这的确是资产阶级诉讼制度的一大特征。它虽然同封建的蛮不讲理的诉讼制度或司法制度相对立，但却难为了缺少法律知识的一般老百姓。

(三)证明

黑格尔从可知论的观点出发，指出："在法院中，法所获得的性格就是它必须是可以证明的。"②这里讲的法的可证明性，不是指法本身，而是指法律要保证司法案件的案情的可证明性。他进一步提出，为搞好这方面的工作，就要加强对于证据和证明问题的研究，使之"构成理论法学的一个本质的部分"。由此可知，仅有各部门的实体法学，有一般的诉讼法学或程序法学，还是不够的；除此而外，还要有发达的诉讼证据理论和证明理论。这是黑格尔的迫切期望。

在诉讼中，证明(举证)责任是重要的问题之一。黑格尔提出的是"证明的强制"论。他指出：谁主张权利，谁就有证明的责任。还举例说，某人明知自己具有某项权利，由于不能证明而其请求竟被驳回了。这点可能会使他感到愤慨。但这是无可奈何的事情。因为，我所自在地具有的权利，必须也同时是法律已设定的权利，这样我的权利才能获得客观的承认和在社会上发生效力。可是，反过来，怎样使人们知道我的权利确实是同法律上规定的权利相符合呢？这要靠我能够阐明和证明它。由此可知，所谓证明的强制，无非是赋予权利主张者以证明或举证的责任而已。黑格尔的证明强制论，同一般自由资产阶级法学家们的观点大体上是差不多的。应当说，这种理论存在着合理的方面。对于原告人，它体现着其权利和义务的统一；对于被告人，它体现着其诉讼主体地位和人格的尊严。不过，这样的证明责任制度所产生的实际效果如何，还需要进一步地把它置于资本主义的司法实践中来考察。比如说，像黑格尔前例中的那样一个明知自己具有权利，但又无力证明的人，显然只能是缺乏法律知识，又缺少金钱聘请律师的穷人。对于富豪，绝不会发生这种情况。按照黑格尔的观点，穷人一旦陷于这种有理说不清的境地时，就算他活该倒霉了。

(四)审判

在黑格尔的诉讼法思想体系中，审判是个最重要的、主导性的环节。可以说，其他诸诉讼环节及一切诉讼参与人，都围绕着审判活动旋转。

---

① 《法哲学原理》，第221节补充。
② 《法哲学原理》，第222节。

1.审理具体案件的任务。

前面我们已顺便提到,黑格尔认为法院对于具体案件的审判活动其实包括着两个不同方面的裁判。

第一,对事实的认定。这就是"对实际发生的事情进行必要的审查,以及就一切个别情境和偶然事件进行搜集和排比参考之类的工作"。为此,便"迫切需要对实际情况的知识,而掌握和传达这种知识又很费事"。①事实的认定,归根到底在于把事件作为客观整体(直接的单一性),以便恢复其本来面目。如,在民事案件中认定是否有契约,是否有侵害行为,谁是加害人等等;在刑事案件中认定犯罪的主体、主观要件、客体、客观要件等等。

如同我们已经知道的那样,对案件事实的认定,是不能离开证明的。黑格尔提醒说:"在我们所谈论的问题中,最重要的一点是,必须注意到有关证明的本性,并把这种证明跟其他种类的认识和证明区别开来。"②具体说,它不同于证明一个"理性规定"(如法的概念之类),因为证明"理性规定"是认识其"必然性"即规律。这很大程度上要靠抽象的思维才能办到。它也不同于证明某一定理(如几何定理之类),因为一个定理事先已由人们照其他定律进行过抽象。对于事实构成的认定,是一种"经验真理性"的认识。这种认识是以"现成的直观,感情的主观确信和相应的陈述和保证"等等为素材,即以证据为素材,作出结论和综合,大体上确定真伪,最后发现"客观真理"。在这里,黑格尔向我们提供了一个认识辩证法的、十分杰出的范例。

第二,法律的归属。黑格尔说:"一位法官,是知道各种法律的,也就是说,是知道处理一件事情时必须考虑到的各种法律观点的;这些观点已经是独立的普遍方面,这样,他便有了一种普遍的意识,以普遍的方式来考虑事情本身。"③这儿指的就是把案件事实归属于法律的问题。关于这个问题,黑格尔在许多地方都有过议论。他曾经说过,对事实的分析,最后"还要把每个方面以及整个案情都结合到原已独立存在的固定的法律前提去看"④。又说,"在个别事例可以纳入的法律、规则、原则之类普遍规范。这些规范作为国家的现行法……原已采取普遍的形式而独立存在"⑤。

法律的归属,最终是通过判决反映出来的。依照黑格尔的说法,判决一经宣告生效,当事人的自我意识权利或个人的法就得到了维护,而遭到侵害的普遍的法也恢复起来。为什么可以这样讲呢?因为,其一,通过判决,作为法律的法,以及当事人主观的法,变成人所共知的;其二,法律的适用,由于实行公开程序而为人们所了解;其三,判决者的主观性,获得了当事人的"信任"与"满足"。这种回答的完整寓意,我们在黑

① 《美学》第3卷(下),商务印书馆1982年版,第44—45页。
② 《法哲学原理》,第227节附释。
③ 《哲学史讲演录》第2卷,商务印书馆1983年版,第9页。
④ 《美学》第3卷(下),第45页。
⑤ 《美学》,第43页。

格尔的刑法理论中已经领教了。黑格尔就是惯于使用这样一些抽象的思辨的言词,代替有关判决正确与否和招致什么实际后果之类问题的研究。他甚至得意洋洋地认为,公开审判、陪审等制度,正是从"自我意识的权利"即"主观自由的环节"中引申出来,因而它们是"必要的""有用"和"有利"的。但他照例不肯说穿,这些制度归根到底是按照资本的胃口烹饪出来的。

2. 法官主观性的作用。

尽管黑格尔坚持认为,在审判过程中,法官必须以普遍的、固定的或独立的法律为尺度,必须以法律的观点来观察、分析和处理案件问题;但另一方面,他认为又不能完全避免法官的主观性(他的法律意识、内心信念、良心等)的作用。他说:"法庭也有良知,它应当根据良知来判决;法庭是拥有特权的良知。法律的矛盾可以表现在以下一点,即:每一个人的良知都要求着不同的东西,而只有法庭的良知是有效的。法院是普遍的合法的良知,它无须承认被告的特殊良知。"①法庭的这种特殊良知,无非是法官们主观的良知即阶级偏见而已。

在审判过程中,法官的主观性,除了一般地表现为良知以外,还包括"法官偶然性"和法律类推方面的学说。

黑格尔告诉人们,同实定法量的领域的偶然性即法律偶然性相适应,还有"法官的偶然性",即司法偶然性。他指出:"法律大抵对于现实所要求的这种最后规定性并不加以肯定,而听由法官去裁决,它仅仅限定他在一个最高和最低限度之间。但这并不解决问题,因为这个最低和最高限度本身又各是一个整数,于是并不阻止法官作出这样一个有限的、纯肯定的规定;相反地,这乃是必然属于法官职权范围内的事。"②黑格尔断言,同法律的偶然性一样,法官的偶然性也是不可避免的。如果有谁说可以避免,那他是在谈一种抽象的东西。他举例说,刑罚的分量就不可能与任何概念规定完全吻合。在法定刑的范围(幅度)内,究竟打40鞭子,或39鞭子,抑或41鞭子,这种决定就没有那么严格的界限。从这个角度上,黑格尔说"一切裁决终难免是一种任性"。这个所谓"任性"当然不是非法专横,而是反映了法官的主观意识所不可避免要带来的东西,即必然的。黑格尔关于法官偶然性的学说,指明了法律适用的相对性,使人们懂得没有什么绝对的法律概念的规定性。这对于辩证地理解司法、诉讼和审判,是有启发的。

当所审理的案件没有相应的法律规定的时候,黑格尔认为法院有权实行法律的类推。他说:"如果法律要运用到的对象具有法律本身所没有的多种多样规定性,这时法律自身内就不可能完全包含着运用自己的规则,而是相反;相应于质料方面每一特殊部分都有一种独特的运用,在法律及其实行之间会出现独特的有关运用的条令,这种

① 《哲学史讲演录》第2卷,第103页。
② 《法哲学原理》,第214节附释。

条令要归法院权力机构掌握。"①在黑格尔所表述的法律类推学说中,有两点是非常惹人注意的,也是很重要的。其一,这又一次表达了黑格尔的一贯观点,即再完备的立法也不可能网罗社会生活已经存在和将要出现的所有形形色色的现实情况。如其所说的,"法律不可能给一块空黑板规定出上面所画线条和所划部分应遵守的普遍规则,也不能按照这样一种规则本身使一种现实的设施付诸实行"②。既然如此,法律类推的必要性,在任何时候都是或多或少存在的。其二,不过,另一方面,黑格尔又强调,法律的类推适用毕竟不如有法律的直接规定为好。法律类推不容易搞得准确,从而往往会偏离立法的精神。正因为这样,法律类推应当十分慎重。所以,黑格尔不主张将这种权力赋予法官个人,而主张"归法院掌握"。这是深邃的考虑。

四、法律家"等级"的特权

黑格尔在系统地论述了自己一整套的诉讼法思想之后,用一大段发人深省的话作为总结。

他说:"由于全部法律的性状,对法和对法院审判程序的知识以及向法院起诉的可能性,就成为某一等级的所有物,而这一等级更由于所用术语——对其权利在争执中的那些人说来是一种外方话——之故,把自己组成一个排他性的团体。此时,市民社会成员中依靠自己的劳力和本身的知识和意志而获得生活资料的人,不仅在属于他们极端个人的和特有的事物方面,而且也在这些事物中实体性东西和理性东西——即法——的方面,都被排斥于门外;对那一等级说来,他们是被置于监护之下,甚至被置在一种农奴状态中。他们诚然有权摆动两条腿,亲身跑去出庭,但这没有多大价值,因为如果他们的精神不是一同在那里,也不在那里使用他们自己的知识,他们所得到的法,对他们说来,只是外在的命运罢了。"③

这段议论虽然是就诉讼问题而发的,但也不妨将它看作是对资本主义社会或市民社会里资产阶级(知识等级)同劳动阶级(包括下层知识分子)之间尖锐对立的露骨的写照。它有力地说明,市民社会的法律(不论是实体法,还是程序法),确确实实是资产阶级用来对无产阶级和广大劳动人民实行专政的工具。所谓法律家"等级",正是资产阶级自觉的、积极的一翼。

从字里行间可以了解到,黑格尔本人是把他自己划在法律家"等级"一边的。不过,指出这一点并不是要否定他所揭示的东西属于客观现实,更不是要抹杀或泯灭他的诉讼法思想所包容的一切合理因素。黑格尔的深刻之处,不仅表现在他比其他资产阶级法学家对资产阶级的法律思想作出了更有理论色彩的论证,而且表现在他对资产

① 《德国法则》,载《黑格尔政治著作选》,商务印书馆1981年版,第54—55页。
② 《德国法则》,第55页。
③ 《法哲学原理》,第228节附释。

阶级法律在司法实践中已经或可能造成的种种矛盾和弊端有一种近乎本能的意识。正是后面这一点,为我们深刻认识资产阶级法律的阶级性及其社会意义,提供了富有启发性的素材。当然,前一点也不是不重要的,对资产阶级法律思想的比较精确的表述和论证,揭示了资产阶级法律思想和司法实践的历史正当性,这对于反对专横的封建主义无疑有着很大的进步意义。

第六章　警察法

　　市民社会的法,从根本上说是满足市民物质福利的法。在"需要的体系"的阶段中,虽然"这种福利是一个本质的规定"①,但对市民的各个人说来还限于一种"可能性",还没有保证。所以,这个阶段的法还是自在的。在"司法"的阶段中,法通过对侵犯所有权和侵犯人身的行为进行惩罚,而恢复自身的概念。但是,这局限于法(普遍物)跟存在于个别事件中的各个人(主观特殊性)的统一。所以,这个阶段的法,依旧不能使福利得到普遍的、社会范围内的保证。在"警察和同业公会"的阶段中,而且只有到达这一阶段,法才"扩展到特殊性的全部范围"②,使各个人的福利都得到保证。正是由于这个原因,黑格尔说:"好的法律可以使国家昌盛,而自由所有制是国家繁荣的基本条件。但是,因为我是完全交织在特殊性中的,我就有权要求,在这种联系中我的特殊福利也应该增进。我的福利、我的特殊性应该被考虑到,而这是通过警察和同业公会做到的。"③黑格尔的警察法理论,就是在这种意义上提出和展开的。

一、警察的概念

　　在这里,黑格尔所使用的"警察"(Polizei)这个词,是德国人所熟悉的、广义上的警察。具体说,指的是以国家的经济(福利)为中心的、广泛的行政管理。它的内容,包括了今人所谓的行政法、经济法、社会法等部门法调整的对象。

　　警察,这种"在特殊性中的现实的法,既要求把阻挠任何一个目的的偶然性予以消除,以策人身和所有权的安全而不受妨害,又要求单个人生活和福利得到保证——即把特殊福利作为法来处理,并使之实现"④。所以,警察法无异于预防侵权行为发生和实现各个人福利的措施。换言之,警察是"普遍物的保安权力"和"一种外部秩序"。⑤

　　如同上面讲的那样,警察作为福利的保证,其范围是全社会的。但是,这里说的社会,不是指社会的普遍人格,而是指各个特殊人格的总体。意即,警察所要防范和满足

---

① 《法哲学原理》,第229节补充。
② 《法哲学原理》,第229节补充。
③ 《法哲学原理》,第229节补充。
④ 《法哲学原理》,第230节。
⑤ 《法哲学原理》,第231节。

的对象,是这个或那个人或私人。"通过这一普遍的方面,私人行动就成为一种偶然性,这种偶然性越出主体权力控制之外,而对别人造成或可能造成损害或不法。"①因此之故,"普遍物的保安权力首先局限于偶然性的范围"②。这便是黑格尔关于"警察范围"理论的辩证法。

为了完整地把握黑格尔的警察概念,必须弄清两种关系。第一,警察与司法的关系。司法的任务是惩治已发生的"恶的任性的那种偶然性"(犯罪),所以它只是法院的事。而警察的任务在于防止那种偶然性的发生,保护"在本身合法的行动方面和在所有物的私人使用方面被容许的任性",所以它同法院以外的其他公共机关发生联系。黑格尔所指的,实际上是行政机关。第二,警察与同业公会的关系,同业公会是拥有稳定财产、赖以谋生的经济组织,个人从它的内部、直接地求得福利。而警察是权力组织,它从外部、间接地满足个人的福利。在市民社会中,有多个同业公会组织,而警察组织则只有一个。如果说家庭、同业公会是特殊的法,那么,警察、国家却是普遍性的法。

警察要实现它的防范作用,必须从理智上划清可否的界限。但是,由于客观事物之间的无限复杂性,以及一切行为都出于个人的自由意志,所以"这里无从提供你们固定的规定,也无从划清绝对界限"③。举例说,平时许多无害的事,在战争时期可能就被认为有害了。这样一来,就为警察的任性提供了地盘。黑格尔说:"当反思极为发达时,警察会采取一种方针,把一切可能的事物都圈到它的范围内来,因为在一切事物中,都可找到一种关系使事物成为有害的。在这种情况下,警察可能在工作上吹毛求疵,干扰个人的日常生活。"④不过,他返回头来说:"尽管这是多么惹厌,然而毕竟无法划出一条客观的界限来"⑤。在这个所谓"警察的累赘"问题上,反映了黑格尔作为资产阶级思想家的矛盾心理。同时,也暴露出其唯心主义的固有的弱点。当黑格尔说有害与无害之间没有绝对界限时,他是辩证法家;当黑格尔说有害与无害之间没有客观界限时,他陷入了相对主义。而这种相对主义,无非是想掩盖一个基本事实,即警察总不免以资产阶级此时此地的利害为标准。

二、监督和管理普遍经济事务与公益设施

(一) 调整经济

在市民社会中,占主导地位的商品货币经济本身含有复杂、尖锐的矛盾。因此,作

---

① 《法哲学原理》,第 232 节。
② 《法哲学原理》,第 231 节。
③ 《法哲学原理》,第 234 节补充。
④ 《法哲学原理》,第 234 节补充。
⑤ 《法哲学原理》,第 234 节补充。

为维护这种经济关系的重要力量的警察,自然负有设法缓和矛盾的作用。对此,黑格尔是很明白的。他说:"生产者和消费者之间的不同利益,可能发生冲突。……为了平衡起见,需要进行一种凌驾于双方之上的、有意识的调整工作。"①例如,规定日常生活必需品的价格,商品的正常供应和检查,对大的工业部门实行普遍的监督与指导等等,从而使工商业自由"回复到普遍物,并使危险的震荡得以缓和,使冲突由于无意识的必然性而自动平复的间隔期间得以缩短"②。

另外,警察还要保证公民个人"分享普遍财富"。但黑格尔同时又指出:"这种保证必然是不完备的,这种可能性在主观方面总是受偶然性的支配的,何况它又以技能、健康、资本等等为其条件。"③

从所引用的这些言论中可以看出,黑格尔对于警察调节经济的职能,讲得比较审慎。他似乎隐约地觉察到了,潜藏在现象背后的资本主义经济诸规律(尤其周期性经济危机的规律),并非是人的主观力量所能左右的。虽然如此,他仍念念不忘强调警察"成为个人与普遍可能之间的中介"的意义。

(二)兴办公益设施

黑格尔说:"警察必须负责照顾路灯、搭桥、日常必需品价格的规定和卫生保健。"④这是众所周知的事情,而他也没有对于这些经验的问题进行发挥。

(三)保证市民履行社会义务

如同前面已经述及的,按照黑格尔的说法,市民社会以其强大力量打破家族主义枷锁,使个人行为受其自身的自由意志、任性、偶然性的支配。"这样,个人就成为市民社会的子女,市民社会对他得提出要求,他对市民社会也可主张权利。"⑤所谓市民社会的"要求",就是"要求他替它工作,要求他一切通过它,并依赖它而活动",或者说要求个人"尊重市民社会的权利,而受其约束"⑥。警察的职能之一,正是保证每个人履行这种"社会的义务"。至于"社会的义务"的阶级属性,黑格尔是闭口不提的。

(四)开展教育事业

在开展教育事业方面,警察的作用有二:一是作为市民社会这个"普遍家庭"的代表,"具有监督和影响教育的义务和权利,以防止父母的任性和偶然性";二是"尽可能地举办公共教育机关"。⑦

黑格尔反对英、法两国的自由主义和功利主义思想家们提出的"教育自由"的主

---

① 《法哲学原理》,第 236 节及其附释。
② 《法哲学原理》,第 236 节及其附释。
③ 《法哲学原理》,第 237 节。
④ 《法哲学原理》,第 236 节补充。
⑤ 《法哲学原理》,第 238 节。
⑥ 《法哲学原理》,第 238 节补充。
⑦ 《法哲学原理》,第 239 节。

张,认为市民社会应当实行"强制教育"。① 这样更利于按照市民社会即资产阶级的利益陶冶下一代。

三、督促市民自谋生活,处理贫困问题

古代雅典国家的法律规定,每个自由民都必须向国家呈报他的生活来源。这种做法,黑格尔认为已经是历史的陈迹,"现在大家认为,谁也管不着这种事"②。就是说,市民社会同古代奴隶制社会和封建制社会的重大区别之一,在于它维护无限的私有财产权利。在这里,人人都有职业和收入的权利自由。按照黑格尔的说法,就市民社会与市民个人间的关系而言,每个人为了生存,有权向市民社会"伸手要求生活资料";反过来,市民社会也负有责任使每个人获得"给养",即"督促他自谋生活"。③

与此相联系的,黑格尔尤其重视解决贫困问题。他敏锐地看到贫困是根源于资本主义社会制度"内部"。他说:"当市民社会处在顺利展开活动的状态时,它在本身内部就在人口和工业方面迈步前进。人通过他们的需要而形成的联系既然得到了普遍化,以及用以满足需要的手段的准备和提供方法也得到了普遍化,于是一方面财富的积累增长了,因为这两重普遍性可以产生最大利润;另一方面,特殊劳动的细分和局限性,从而束缚于这种劳动的阶级的依赖性和匮乏,也愈益增长。与此相联系的是:这一阶级就没有感受和享受更广泛的自由,特别是市民社会的精神利益。"④他又说:"当广大群众的生活降到一定水平——作为社会成员所必需的自然而然得到调整的水平——之下,从而丧失了自食其力的这种正义、正直和自尊的感情时,就会产生贱民,而贱民之产生同时使不平均的财富更容易集中在少数人手中。"⑤马克思曾经明确说过,在他之前,英国古典经济学家已从经济方面论述过阶级的问题。黑格尔的这些论述,就是从英国古典经济学家那里学习来的。他对贫困问题的分析,有很大的科学性。正像字里行间所表明的那样,令黑格尔惶恐不安的,其实并不在贫困问题本身,而在于它是"贱民"的渊薮。什么叫"贱民"?黑格尔的一段话是很值得回味的:"贫困自身并不使人就成为贱民,贱民只是决定于跟贫困相结合的情绪,即决定于对富人、对社会、对政府等等的内心反抗。"⑥不难看出,这里所谓的"贱民",乃是一副日益觉醒的近代无产阶级的形象。不管黑格尔怎样用"自暴自弃""轻佻放浪""害怕劳动"之类的言词,把无产阶级与流氓无产者混为一谈,也抹杀不了无产阶级的革命精神。问题很清楚,使

① 《法哲学原理》,第 239 节。
② 《法哲学原理》,第 240 节补充。
③ 《法哲学原理》,第 240 节补充。
④ 《法哲学原理》,第 243 节。
⑤ 《法哲学原理》,第 244 节。
⑥ 《法哲学原理》,第 244 节补充。

黑格尔担忧的正是无产阶级对"市民社会"的反抗情绪。

接着,黑格尔又提出:"怎样解决贫困,是推动现代社会并使它感到苦恼的一个重要问题"①。对此,他提出两种方法,并作了分析。第一,由富有者和公共组织进行救济。这对救济者来说,不失为一种"道德",但它会使"穷人用不着以劳动为中介就可以保证得到生活资料",这"与市民社会的原则以及社会上个人对他独立自尊的感情是相违背的"②。第二,增加就业机会。但黑格尔说:"生活资料通过劳动(通过给与劳动机会)而获得,生产量就会因之而增长。但是祸害又恰恰在于生产过多,而同时缺乏相应比数的消费者——他们本身是生产者"③。最后,他的结论是:"不论前一种方法或后一种方法,祸害只是越来越大。这里就显露出来,尽管财富过剩,市民社会总是不够富足的,这就是说,它所占有而属于它所有的财产,如果用来防止过分贫困和贱民的产生,总是不够的。"④既然贫困是市民社会的不可避免的现象,那当然就不能期望依靠其自身来解决。就是说,警察在这方面是无能为力的。所以,当黑格尔把"督促公民自谋生活"以解决贫困问题作为警察的职能的时候,他仅仅是讲了一番无足轻重的空话而已。不过,另一方面,我们也不能不对黑格尔深刻的观察能力表示敬意:他对市民社会所固有的矛盾已经有了相当的认识。

四、推行殖民扩张事业

警察除了上述对内职能之外,还有对外职能。黑格尔说:"其次,作出最高指导,警察的措施又负责照顾超出这个范围以外的利益。"⑤这种对外职能,同样取决于资本的本性。

黑格尔写道:"市民社会的这种辩证法,把它——首先是这个特定的社会——推出自身之外,而向外方的其他民族去寻求消费者,从而寻求必需的生活资料,这些民族或者缺乏它所生产过多的物资,或者在工艺方面落后于它。"⑥这意思就是说,资本扩张的对象应当是那些生产力发展比较落后的国家。他对市民社会辩证法的更具体的说明是,"追求利润要通过冒险","追求利润又使工业通过作为联系的最巨大的媒介物而与遥远的国家进行交易","商业也通过它而获得了世界史的意义"⑦。

于是,黑格尔就在"海"字上大做文章,竭力替资产阶级策划和辩解。他说"河流不

---

① 《法哲学原理》,第 244 节补充。
② 《法哲学原理》,第 245 节。
③ 《法哲学原理》,第 245 节。
④ 《法哲学原理》,第 245 节。
⑤ 《法哲学原理》,第 249 节。
⑥ 《法哲学原理》,第 246 节。
⑦ 《法哲学原理》,第 247 节。

是天然疆界,这是近代人对河流的看法;其实应该说,河流和湖海是联系人群的";"对工业来说,激励它向外发展的自然因素是海";"奋发有为的一切大民族,它们都是向海洋进取的",如此等等。① 在这里,黑格尔表示了他对英、法、荷兰、西班牙等先起者对亚洲、非洲、拉丁美洲广大地区侵略扩张的羡慕,并极力鼓动德国资产阶级步它们的后尘。

资本的海外扩张,同时就是殖民事业。换言之,在经济上,"这种扩大了的联系也提供了殖民事业的手段"②。黑格尔为"大民族"的殖民政策寻找根据说,单是人口增长一点就需要建立殖民地。至于因生产力发展而造成的劳动力的过剩,那就更不待言了。按照他的说法,殖民事业有两种形式:一是"零散的"殖民事业。这以德国为最突出。殖民者移居美、俄国之后同祖国无联系,对本国没有带来益处。第二种是"系统的"殖民事业。它由国家主持,有意识地予以推进和调整。其实,这后一种形式,正是几个老牌资本主义国家走过的和正在走的殖民主义道路。

黑格尔鼓吹的这套扩张殖民的思想,对后来尤其近代的日耳曼民族主义、地理政治学等反动思潮,产生了巨大的影响。

最后,还有一点需要提及,那就是黑格尔当时已经看到了殖民地人民解放运动蓬勃兴起的趋势,特别是看到了美利坚的独立。对于这个现象,黑格尔不但没有感到不安和沮丧,反而认为,这对宗主国"有莫大利益"。遗憾的是,他对自己提出的命题没有加以论述,我们无法窥察他的高见。

---

① 《法哲学原理》,第 247 节及其附释。
② 《法哲学原理》,第 248 节。

第七章　家庭法

在黑格尔的法哲学体系中,家庭是法和道德相统一即伦理之理念的现实。它也是法(权利或自由意志)运动的一种表现和形态。在这方面,家庭同市民社会和国家之间,是依次地由低级向高级过渡的关系。由此可知,黑格尔的家庭法思想不论在内容上还是逻辑上,都与他的社会政治思想,尤其国家思想相关。这一点,增强了黑格尔家庭法思想的意义。

一、家庭的概念

为了反驳柏拉图关于取消家庭的学说,黑格尔规范了家庭概念。他指出:"家庭是扩大了的个人,家庭是自然伦理之内的一种排斥其他关系的伦理关系。这诚然是一种伦理关系,不过乃是属于个体的个人的伦理关系。按照主观自由的概念,家庭也同财产一样,对于个人是必不可少的,甚至是神圣的。"[①]这段话大体上概括了黑格尔本人的家庭法思想的基本观点。

1. 家庭是直接的或自然的伦理精神。构成家庭这种实体性关系的人们之间,都有直接的、自然的联系。其中,不外是两类情况:一是夫妻的婚姻联系。这是不同性别的两个人的结合,是有选择的自然关系。二是亲子的血缘结合,是不可选择的自然关系。家庭的直接的属性,是以需要为中介的市民社会和以权力为中介的国家这两种伦理的共同体所不具备的。

2. 家庭是一个自在自为地存在的个体或统一体。它简直可以算作一个个人。它的各个分子,有的(如父母)已经放弃自己的个人人格,因而放弃他们相互间作为公民的那种法律地位或权利、义务关系;有的(如儿童)尚未取得独立的个人的人格,还处于纯天然的状态。在这种统一体中,不论关系怎样复杂,都是"一个人在对方的意识里可以意识他自己;他生活于另一个人的身上,换句话说,就是生活于自身之外;而在这种相互的自弃里,个人重新获得那实际已经属于对方的自身;在事实上,他是得到了那合而为一的、对方的和他自己的生存"。"凡是关于生活需要和对外关系的进一步的利益,以及家庭内部在子女方面的发展,构成了家庭内各个成员的共同目的。"[②]所谓"家

---

① 《哲学史讲演录》,第 2 卷,商务印书馆 1983 年版,第 263 页。
② 《历史哲学》,三联书店 1956 年版,第 82 页。

庭精神"或"家神",就表现在让每个人意识到自己不是家庭中一个独立的人,而是一个家庭成员。

3. 家庭的基本规定是爱。根据黑格尔的看法,所谓爱,是一种感觉,它一般地说,就是意识到我和别人的统一。爱是两个环节:一是我不欲成为独立的、孤单的人,我如果是这样的人,就会觉得自己残缺不全;二是我在别人身上找到了自己,即获得了他人的承认,而别人反过来对我也是一样。所以,爱对于每个家庭成员说来,既是否定的力量也是肯定的力量,既制造矛盾又解决矛盾。爱决不是理智性的自我意识,只能是感觉性的自我意识。这也正是家庭伦理统一的自然属性的表现。以国家与之比较,情况截然不同。在国家中,人们之间不存在这种感觉,人们意识到的统一是法律;法律的内容必然合乎理性,而且要求每个成员必须自觉地知道这种内容。

4. 家庭是个局限的伦理现实。既然家庭是个直接的、天然的伦理的共同体或社会,那么它本身就必然包含着很大的局限性。从与自身的关系方面说,家庭作为无意识的、尚属内在的概念,同概念的有意识的现实相对立;从与民族的关系方面说,家庭作为民族的现实的元素,同民族本身相对立;从与普遍精神的关系方面说,家庭作为直接的伦理的存在,同争取普遍目的的劳动以建立和保持其自身的那种伦理(如市民社会和国家)相对立,即家神同普遍精神相对立。① 基于这种对立,可以知道,家庭之所以被称为是一种伦理性的共同体,并不是由于它的成员们的自然的联系,并不是由于它的成员之间的关系是个别的现象之间的直接关系。因为,伦理在本性上是普遍的东西。那么,家庭这种出于自然关联的伦理,其独特之处究竟在哪里呢? 黑格尔解释道:"首先,因为伦理是一种本性上普遍的东西,所以家庭成员之间的伦理关系不是情感关系或爱的关系。在这里,我们似乎必须把伦理设定为个别的家庭成员对其作为实体的家庭整体之间的关系,这样,个别家庭成员的行动和现实才能以家庭为其目的和内容。"②但是,家庭所表达的普遍精神则是非常狭窄的;在较高的规定(市民社会和国家)中,它就成了某种仅有过渡的、中介意义的东西。

为了充分说明家庭精神和民族精神(国家精神)的对立性,黑格尔曾经不止一次地援引古希腊索福克丽斯所写的悲剧《安蒂贡》中的故事。安蒂贡是俄狄浦斯的女儿,波里涅开斯的姊妹。波里涅开斯因争夺迪拜国的王位,借外兵进攻祖国,在战斗中被击毙。国王克里安下令禁止收葬他。与国王儿子订了婚的安蒂贡不顾禁令,收葬了自己兄弟。国王下令把她烧死,但她自杀了。黑格尔的评论是:"这部悲剧中的一切都是融贯一致的;国家的公共法律与亲切的家庭恩爱和对兄弟的职责处在互相对立斗争的地位。女子方面安蒂贡以家庭职责做她的情致,而男子方面国王克里安则以集体福利为他的情致。……但是安蒂贡却不服从这个只顾到国家公共福利的法令,受妹妹对哥哥

---

① 《精神现象学(下)》,商务印书馆1983年版,第8页。
② 《精神现象学(下)》,第8—9页。

的敬爱所鼓舞,替他举行葬礼。这样做,她所依靠的是神们的法律,但是她所崇拜的是阴间的神们,是掌握内在的情感、爱和骨肉之情的神们,而不是阳间的神们,不是掌自由自觉的民族和国家生活的神们。"①

二、爱情

(一)爱情的冲突

黑格尔首先把爱情视为荣誉所已包含的东西的实现。荣誉需要得到旁人的承认,要在旁人身上认识到自己的无限性(荣誉是一种人格,因而它是无限的)。但在通常的情况下,别人对于个人荣誉的承认仅仅是抽象人格,仅仅是人格在某一具体的孤立的局限性事例中的体现。而爱情中体现和追求的荣誉则是他的主体性整体,包含他的过去、现在和未来的样子,全部渗透到另一个人的意识里去。当然,爱情与荣誉是不等同的。荣誉一般是依靠思考和知解力的诡辩树立起来,而爱情是植根于心情之中,同时也建立在精神化的、自然性别关系的基础上。爱情体现的荣誉毕竟只存在于两个异性者之间,因而是很微小和很狭窄的。

既然爱情和荣誉都是无限的,那么它们在内容上就可能形成绝对的对立。荣誉的职责和荣誉感,常常要求牺牲爱情,造成爱情的悲剧。荣誉同爱情的冲突,集中地表现于阶级或等级地位的悬殊差别。黑格尔极力为社会阶级或等级差别作辩护,但也认为这样的差别在未来是会发生变化的。他说:"按照事物的本质,阶级地位的差异是必要的,现成的。只有等到按照真正自由的绝对概念对世俗生活加以重新缔造的时候,阶级地位,职业等等才可以由主体来自由选择;在这个时候尚未到来之前,就还会存在着两种情况,一方面决定一个人的固定的社会地位的是他的家庭出身,另一方面由此而起的阶级地位的差异,除掉荣誉之外,就会作为绝对的无限的东西而获得人们的坚决保持,因为这种差异本身就是荣誉攸关的事。"②黑格尔举例说,从某一个观点看,一个地位高尚的人爱上一个地位卑微的女子,或者相反,就是不荣誉的。其理由是,这里所说的真正分界因素倒不是出身地位的差别,而是一整套较高的旨趣,广泛的教养,生活目的和情感方式都使得一个在社会地位、财产和交游各方面都很高的贵妇人有别于一个仆人。黑格尔进一步论证说:"爱情要达到完满境界,就必须联系到全部意识,联系到全部见解和旨趣的高贵性。"③为此,如果把爱情作为双方结合的唯一桥梁,而不同时包括相互的精神教养和社会地位关系所应有的生活方式,那么就是空洞的、抽象的,只关性欲方面的。在这番论述里,充满了剥削阶级"门当户对"的成见。可是,指出爱情

① 《美学》第2卷,商务印书馆1982年版,第204页。
② 《美学》第2卷,商务印书馆1982年版,第330—331页。
③ 《美学》第1卷,商务印书馆1982年版,第267页。

应当全面地考虑到各种因素(尤其精神因素)的协调,却是有道理的。

同爱情相冲突的另一个因素,是"永恒的实体性力量本身"。这就是指人们的政治旨趣,对祖国的爱,家庭的职责等一类情况。遇有这种情况,爱情作为主体心灵中的一种本身重要的权利,就同其他权利与职责发生矛盾对立,使得心情把这些职责视为次要的东西而抛开,否则就要承认这些职责,而走到自己和自己即和自己情欲的威力发生冲突的境地。

最后,同爱情发生矛盾对立的因素,还可以有各种"外在的情况和障碍"。其中包括事物的寻常演变,生活中出现的散文情节,灾祸,情欲,偏见,心胸的狭窄,别人的自私以及多种多样的事故。这里往往夹杂着许多可恨可怕的粗鄙和野蛮的因素。黑格尔侧重指出,近代以来,这种因素在日趋增长。这种因素之所以称作"外在的",是因为它们同人的内在的即理性的东西完全相反的。例如,德国作家许莱格尔《阿拉柯斯》中的男主角,便是这种丑类。他杀害了高尚的、笃爱他的妻子,为的是向上爬,借此好娶一位他对其丝毫没有爱情的国王的女儿,使自己能当驸马。这显然是对真挚爱情的亵渎。

(二)爱情的偶然性

根据黑格尔的观点,爱情确含有一种高尚的品质,即它没有停留在两性间的自然关系上,而表现出它本身丰富的、洁美的心灵,要求着以生动活泼、勇敢牺牲的精神去同对方达到统一。但是,这种只限于抽象的、形式上内心热恋的情感,并不真正符合具体个人所应有的整体性。具体的和整体的个人是同婚姻、家庭、社会、国家诸领域紧密相连的。而这些领域的主要因素都是伦理性的,恰恰不以主体的情感为转移,也不是只爱这个人而不爱任何其他人那种排他性的结合。它们属于更高尚、更宽阔的领域。

在浪漫型的爱情里,却把主体的情感当作本质,把"这个男子就只爱这个女子,而且这个女子也只爱这个男子"的专一性当作关键。那么,这种爱的专一性的根由何在呢?黑格尔回答:只在于主体方面的特殊癖性和偶然的心血来潮。在分析爱情的冲突时,应当牢牢把握爱情和实体性的旨趣相联系。鉴于恋爱者凭自己的单纯主观性或任性提出本身并非绝对合理的要求,来对抗具有实体性的东西,因此,爱情的冲突,尤其爱情与实体性旨趣的斗争,总是带有偶然性的、无理由可辩护的方面。黑格尔说,一些古代崇高的悲剧人物虽然也各有其个人目的,但他们行动的内容含有普遍性或实体性的旨趣,因此有绝对可辩护的理由。即令如此,就他(她)们的爱情遭遇本身而言,即爱情的痛苦,破碎的希望,一般的沉湎于爱情的情况,所感到的无限苦闷及所想象的无限幸运与幸福等本身都没有普遍旨趣,仅仅是涉及他们个人。在这点上,英雄人物也与普通人一样,有恋爱的心和享受爱情幸福的权利,但碰巧遇到一个姑娘而使他不能达到目的,这算不上什么冤屈。至于说非要爱这个姑娘不可,那是他的心血来潮、主观任性,完全不存在必然性。如果对这种事有兴趣,其实就是对于极端的偶然性、对于没有普遍性的和不足为训的主观任性有兴趣。

　　黑格尔关于爱情偶然性的论点,是他的爱情必然性学说的重要补充。这表明,黑格尔强调爱情的必然性,是同宿命论毫不相干的。黑格尔指出:对爱情问题必须采取严肃的态度,但严肃同"爱情至上"是两码事。相反,恋爱者要知道还有比爱情更高的东西,要善于把爱情同这些更高的东西联系起来处理;那些蜷曲在狭小的蜗牛壳或象牙塔里的爱情,是渺小的。其次,这爱情偶然性的观点还告诫人们,当你在爱情上受挫,特别是沉湎于单相思或失恋的时候,应当保持自己的理智,认识到这是偶然的事情,从而不应该也犯不上折磨自己。这种爱情观点和处理爱情方法的辩证性,是极其深刻而又现实的。它对处于恋爱状态中的年轻人,富有启发性和指导意义。

　　(三)爱情与女性

　　黑格尔一贯认为,爱情对于男子和女子有显著不同的意义。按他的观点,女子只有通过爱情才能使其达到理智上的成熟和生活的安定。他断言:"一般说来,对于优美高尚的女性,只有在爱情中才揭开周围世界和她自己的内心世界,她才算在精神上脱胎出世。"①正因为这样,女子就必然会本能地把自身的一切全寄托于爱情,全同爱情联系到一起。就是说,爱情成了她们生活的整个范围和极限。对此,黑格尔是这样说的:"爱情在女子身上特别显得美,因为女子把全部精神生活和现实生活都集中在爱情里和推广成为爱情,她只有在爱情里才找到生命的支持力;如果她在爱情方面遭遇不幸,她就会像一道光焰被第一阵狂风吹熄掉。"②如果说黑格尔一般地反对爱情至上主义,尤其反对男子的爱情至上主义的话,那么不管他用些什么样的托词,他在这里鼓吹女子的爱情至上主义是确凿无疑的。

　　乍然之间,人们可能感到黑格尔对女子的爱情的描绘是那样的优美、高雅、圣洁,那样的娓娓动听。但稍加思索便可发现,他完全是站在资产阶级立场上,把女子在社会中愚妄和不觉悟的状态当作赏心悦目的美事加以歌颂,对她们卑微低贱的不幸地位寻找理由加以辩护。如果按照黑格尔的说法,女子不要经济上独立的权利,不要从事社会的、国家的活动,而终日兜在情网之中,那么,她们不仅会陷入黑格尔所承认的那种脱离实体性生活的空虚,而且她们忠贞的爱情也往往得不到相应的报答。

　　(四)爱情与婚后的烦恼

　　黑格尔说,一个人不管在爱情的道路上走了多少弯路,受到多少次的挫折,被他意中的女郎多少次抛到一边去,但是到头来他大半会找到他的情侣并同她结婚。如此一来,他和她便要变成同普通的婚姻关系中的人们一样的"庸俗市民"。他的夫人或太太管家务,生儿育女,原来被他当作世间唯一天使而加以崇拜的她,现在的举止动静也同许多其他夫人或太太没有什么差别。他所承担的丈夫、进而爸爸的职责,也会给其工作和事业带来干涉。对此,黑格尔说:"我们在这里所看到的还是投机冒险的人物性

---

① 《美学》第 2 卷,第 350 页。
② 《美学》第 2 卷,第 327 页。

格,所不同的是投机冒险在这里具有正当的意义,其中幻想性的因素得到必要的纠正。"①他把恋爱、结婚比作"投机冒险"。尽管是"正当意义的"投机冒险,也不免有伤大雅。但黑格尔故意这样说,其用心是容易理解的:无非是提醒人们在恋爱过程中,在决意结婚的时候,要考虑得周到一些,尤其长远一些,少一点浪漫主义而多一点现实主义。所以,它同所谓"结婚是爱情的坟墓"之类轻浮的论调,完全不可同日而语。

另外,黑格尔泛称人们在结婚后会成为"庸俗市民",那是借用充满浪漫型幻想的恋爱者的观点而说的话。它有反讽和嘲弄的寓意。诚然,把这句话当作对人们婚后的警诫也无不可。因为,这的确可以启迪人们,尤其新婚的青年人,不要陷进家庭的琐务之中,而应放开眼量,不断奋发向上。

三、婚姻

(一)婚姻的概念

婚姻表现为单一的男女双方结合成夫妻的关系,是家庭的最始初的形态。黑格尔认为婚姻的精确规定在于,它是"具有法的意义的伦理性的爱"②。这个命题的意义在于:第一,婚姻是通过自然生活而表现的伦理生活,是自然生活和伦理生活的统一。婚姻关系首先包括自然生活,即两性间的共同生活。但这种自然生活并不是两个人生活的相加,而是一个整体的生活,或者叫作"生活的全部,亦即类及其生命过程的现实"。假若婚姻关系仅仅是两个人生活的相加,那么就不成其为实体性的、伦理性的关系。第二,婚姻是通过外在统一而表现和实现的精神统一。在婚姻关系中,内在的或自在存在的两性间的统一,其实存是纯粹外在的统一,即原先两个互不相干的单一的男女的结合;这种外在的统一通过双方的意识而转化为精神的统一,就是"自我意识的爱"。第三,婚姻是具有法的意义的。既然婚姻是一种实体性、伦理性的社会关系,那么它对双方中的每个人都是客观的约束,从而便消除两个爱者之中的一切临时性的、无常的、赤裸裸的主观因素,消除个人的任性。

黑格尔认为,在构成家庭的两类关系中,夫妻的婚姻关系的重要性不仅表现在它是建立家庭的自然基础,而且表现在它的伦理性是更高级的。夫妻关系和亲子关系都具有自然属性,一是自然的两性爱的关系,一是自然的血缘关系,但夫妻关系"起于自觉的愿望,因而属于自觉意志的自由道德范畴"。"所以不管婚姻与爱和情感有多么密切的联系,它究竟不同于爱的自然情感,因为它还带有不依存于自然情感的自觉的职责,纵使爱情已消逝,这些职责还要受到承认。"③同亲子的自然联系相比,夫妻(父母)

---

① 《美学》第 2 卷,第 364 页。
② 《法哲学原理》,第 161 节补充。
③ 《美学》第 2 卷,第 203 页。

的婚姻关系虽然发生在前,但其实体性的概念和认识却是较晚起的,就是说较深刻的。这种自由的有理性的意志的实现,甚至是"形成国家的开始"。一言以蔽之,婚姻实质是伦理关系,而且只能是伦理关系。

黑格尔指出,以下三种观点都歪曲了婚姻的本质,因而都不能提出正确的婚姻概念。第一,片面强调婚姻的自然属性。在18世纪大多数关于自然法的著作中,由于侧重自然性,便把婚姻视为单纯的肉体关系、性的关系。这样,他们就必然堕入庸俗的泥潭,而抹杀了婚姻的其他社会的、伦理的规定。第二,认为婚姻仅仅是民事契约。这是典型的法律上的资产阶级婚姻观点。它在法国的代表是《拿破仑民法典》的规定;在德国的代表是康德的理论。十分巧合,康德逝世的1804年,就是《拿破仑民法典》正式颁布的年份。康德认为婚姻关系属于所谓"物权性的人格权",即在这种关系中人带有物的属性。按他的说法,婚姻是双方当事人平等签订的、为了相互利用而彼此让予的契约。黑格尔说,这同样是把婚姻"降格"的粗鲁论调。第三,唯爱情论。持有这种观点的人说,婚姻仅仅建立在爱的基础上。黑格尔认为,这种观念也应当加以唾弃。因为,爱是感觉、是偶然性,这点刚好是伦理所不容的东西。主张婚姻只能以爱情为基础,无异于主张以偶然性、任性为基础。黑格尔批判的三种婚姻观点,都是当时影响较大的资产阶级观点。他的批判是否都那么恰当还可以研究,但他批判的目的,是想捍卫婚姻的严肃性,把婚姻问题纳入广阔的伦理关系中去对待,这显然有其值得赞扬的一面。

(二)婚姻与爱慕

婚姻关系的达成,必有其出发点。黑格尔说,这种出发点有主观、客观之分。

显然,在婚姻关系尚未形成的时候,主观出发点是外在的,即外在出发点。而外在出发点总具有偶然性,并且以双方当事人的反思的发展水平为转移。这种主观的或外在的出发点,可以采取两个"极端"。第一,由"好心肠"的父母事先为当事人作出考虑和安排,然后被指定的双方当事人秉承父母之命而互相熟悉,进而产生爱慕。黑格尔断定,这种"父母之命"的婚姻"是一条更合乎伦理道路"的婚姻。理由是,结婚的决断在先,爱慕产生在后,而在实际结婚中决断和爱慕这两者就合二为一,完满地符合了逻辑。第二,爱慕首先出现在双方当事人这两个原先是无限特异的单一者们的内心之中,然后才有结婚的决定和实际结婚。黑格尔承认,这种自主婚姻符合区分古代和近代的主观自由法或现代原则的要求。还在文艺复兴年代,爱情自由已充当舆论的中心主题之一。但遗憾的是,在现代的以性爱为主题的文艺作品中,往往把激情同偶然性结合在一起,把兴趣集中于这些个人(单个人),而忽略必然的、伦理的东西。这样看来,黑格尔对于这第二个"极端"在根本方面不仅不反对,而且持赞成态度,问题主要是担心它容易导致主观任性、怠慢伦理性。

婚姻的客观出发点,就是双方当事人的合意。周延些说,是双方当事人"自愿同意"组成为"一个人",同意为这个统一体抛弃自己自然的、单一的人格,也就是组成家庭。饶有风趣的是,黑格尔说,"这种统一体乃是作茧自缚,其实这正是他们的解放,因为他们在其中获得了自己实体性的自我意识"①。这也就是,通过婚姻变任性的人为理性的人,变原子式的人为伦理性的人。正由于婚姻的此种意义,黑格尔才声称,"我们的客观使命和伦理上的义务就在于缔结婚姻"②。

黑格尔对于婚姻和爱慕的关系问题,进行了社会历史的考察。他指出,在不太尊重女性的那些民族中,实际上说的是在前资本主义的落后社会制度下,父母从不征询子女意见而任意安排他们的婚事。而做子女的,也听从这种安排。原因是,在他们那里"感觉的特殊性"还没有提出任何要求,个性没有得到解放。婚姻对于少女只是嫁个丈夫,对男子只是娶个妻子。与这种情况相一致的,还有对财产、门第、政治目的等等考虑,都可能成为决定性因素。由于把婚姻当作图达其他目的的手段,不免造成各种巨大波折和困难。相反的,在现代的婚姻中,恋爱这个主观出发点被当作唯一的重要因素。为此,双方当事人都理会到必须等待时机的成熟,并且每个人只能把爱情用在一个特定人身上。可见,以爱慕为原则的婚姻必然是自由的婚姻,并且更要求婚姻的专一性。黑格尔的这些见解是相当深刻的。

但是,在资本主义社会中,真正以爱为基础的婚姻即自由、自主的婚姻,常常停留在形式上。如同恩格斯所指出的:"在法律保证子女继承父母财产的应得部分,因而不能剥夺他们继承权的各国——在德国,在采用法国法制的各国以及其他一些国家中——子女的婚事必须得到父母的同意。在采用英国法制的各国,法律并不要求结婚要得到父母的同意,在这些国家,父母在传授自己的遗产时有着完全的自由,他们可以任意剥夺子女的继承权。很明显,尽管如此,甚至正因为如此,在英国和美国,在有财产可继承的阶级中间,结婚的自由在事实上丝毫也不比在法国和德国更多些。"③

(三)婚姻的神圣性

所谓婚姻的神圣性,指的是其伦理性。黑格尔说,婚姻的伦理方面就在于:当事人双方通过婚姻而达到的这个统一是实体性的目的,亦即相互的恩爱、信任和个人整个实存的共同性。如果分别地看,婚姻的神圣性或伦理性,就表现在其实体性和统一性两个紧密联系的方面。

婚姻关系中的实体性的东西就是维护同一性的情绪、精神纽带,即双方的恩爱、信任和合作。这种实体性要求抑制自然性,把它降低到一个从属的、次要的地位,乃至于使这个自然的环节一旦得到满足就会消灭。黑格尔指出,恰恰是这种实体性东西,成为婚姻与蓄妾的分界线。何以提起性的事情,对于婚姻关系中的人来说不会感到羞耻,而对于非婚姻关系中的人则感到羞耻呢?因为,婚姻关系中的自然性是附属于实体性;相反,在蓄妾关系中,只有赤裸裸的自然冲动,而没有实体性。

① 《法哲学原理》,第 162 节。
② 《法哲学原理》,第 162 节附释。
③ 《马克思恩格斯全集》第 21 卷,第 86 页。

更重要的是婚姻关系的统一性。统一永远是伦理的理想。既然婚姻的目的是伦理性的,那么就必须是统一的。婚姻对于双方当事人是崇高的,他们都要受其支配。与这种统一性相对立的,是个人的任性或偶然性。黑格尔指出,正是这种统一性把婚姻关系同契约关系截然地区别开来,婚姻本质上不同于契约。婚姻同契约相似之处在于,双方当事人也是作为单一的独立人格打交道的。但是其出发点恰恰是为了扬弃当事人的单一性,而达到双方人格的同一化即组成一个家庭(家庭是一个人,而其成员则是它的偶性)。这一切决定了,婚姻本身应当看作不可解散、不可离异的。不过,谈到婚姻的不可离异性问题时,黑格尔是极其谨慎的。他声明:"婚姻仅仅就其概念说是不能离异的,其实正如基督所说的:只是'为了你的铁石心肠'(《新约·马太》第19章第8节),离婚才被允许。因为婚姻含有感觉的环节,所以它不是绝对的,而是不稳定的,且其自身就含有离异的可能性。但是立法必须尽量使这一离异可能性难以实现,以维护伦理的法来反对任性。"[①]显然,黑格尔很重视双方的感情或爱在维系婚姻关系中的作用。当双方感情完全破裂或一方完全丧失感情的情况下,婚姻关系事实已经死亡,从而就没有维护的价值。但又不能为个人的任性或轻率作风打开绿灯;为此,就要从法律上对离婚从严掌握。一般地说,黑格尔的这些主张还是比较通达和合理的。

最后,黑格尔还说明,贯穿于婚姻乃至家庭之中的伦理性,经常是作为一种抽象的存在。即它成为被剥去表现在其定在(当事人及其权益)的形形色色的外观,而供人想象和令人崇敬的精神形态——"家神",以及体现家神的宗教性的规则——"家礼"。家神和家礼,事实上就是黑格尔所要论述的家庭法的概念和理念,不过,黑格尔强调,对于婚姻中的精神性东西和其定在(物质的、自然的东西)的分离是相对的、有限度的、暂时的。抽象只能到此为止,而不能无限地进行下去。否则,就势必走向僧侣主义,僧侣观点把自然生活环节规定为纯粹否定的东西,但正是它作了这种绝对的分离,反而赋予了自然生活环节本身以无限的重要性(因为这样一来,就承认了自然生活可以彻底脱离精神生活而独立存在)。黑格尔认为,荒谬的所谓"纯洁"的爱之类的观点,就是把伦理性东西或神与其物质的、自然的定在彻底分离,进而把个人对于婚姻中的精神统一的感觉和意识都加以固定化,似乎没有双方当事人的自然差别和自然生话也能有伦理的爱。黑格尔的这个观点表现了对婚姻问题的现实主义精神。当然,他所强调的精神性的东西和伦理性的东西,并不像他自己所想象的那样,是什么理性的必然性,而是一定的社会制度和一定的阶级意识的产物。

(四)结婚仪式

两性结合成为婚姻关系,必须实现从感性(感觉)到理性(理智)、从偶然性(任性)到必然性(实体性)、从自然性到伦理性的转变,即达到自在自为的婚姻概念。但这仅仅是一个方面,婚姻的内在方面。它的另外一个方面,则是使婚姻概念获得外部的定

---

① 《法哲学原理》,第163节补充。

在。如果说婚姻概念表现为自然性和伦理性的差别之间的具体统一,那么,婚姻理念就是表现婚姻概念和其定在的差别之间的具体统一。黑格尔认为,唯有这种具体统一才足以说明婚姻的主要目的和本质,才能作为制定和判断婚姻法规的根据。但是,统一体包含的相互差别的两方面并不具有同等地位,其中婚姻的伦理性,婚姻概念是主要的,凌驾对方之上的东西。

所谓婚姻概念的定在,就是正式的结婚和婚姻的现实。黑格尔说,夫妇关系的成立应包括庄严地宣布建立婚姻的伦理性结合,以及家庭和自治团体(国家权力)相应的认可这些因素。而集中表达这些因素的最恰当的形式,便是举行结婚仪式或婚礼。理由是,在举行结婚仪式过程中采用了"精神的东西中最富于精神的定在"的语言作为符号的。这种公诸于大庭广众的,只能是与家庭、社会和国家相协调的伦理性东西;而两性间的自然生活环节,就被降低到从属伦理结合的外部定在的后果和偶性的地位。黑格尔强调,伦理结合"完全在于互爱互助"。

初看起来,非常容易把黑格尔关于结婚仪式的论述看成故弄玄虚、小题大做和鼓吹纯粹的形式主义。其实大谬不然。形式主义是有的,但更主要的问题还不在这里。黑格尔看重结婚仪式,其主旨在于坚持婚姻的伦理性。他清醒地了解,婚姻关系不可避免地要同整个社会经济、政治关系协调一致,相辅相成,否则,婚姻关系便难以成立。当黑格尔说夫妻间伦理结合是"互爱互助"的时候,他是深深地懂得这在本质上不是自然关系而是社会关系,具有鲜明的社会内容。他没有明示出来的意思是,婚姻关系应当同资本主义社会关系相一致,这显然是黑格尔的阶级偏见。可是,在思维的方法上,则有其科学之处。就这点而言,一般的资产阶级思想家是相形见绌的。

围绕结婚仪式的意义问题,黑格尔所进行的激烈论战,是对其观点的进一步的发挥。在当时西方,有很多人把结婚仪式当作单纯的来自国家的民事命令,或者借助神意而表达的教会命令。按照这种"命令"说,结婚仪式无非就是为了建立和认证一种民事关系。黑格尔全然否定这种观点。他指出,如果这种观点能够成立,那就表示婚姻是国家或教会的赤裸裸的任性。婚姻的本质是伦理性的,反映相互结合的男女双方关系内在的真挚性;而命令则是强制性的,反映外部的干涉。所以,命令对于婚姻的本质是没有分量的。特别是,以命令作为婚姻的根据就意味着,举行结婚仪式的意义是表达男女双方被强迫的心情,并且他们相互委身的先决条件就是这种外在的强制。这当然是对于爱的真挚感情的亵渎,是对于婚姻关系的自在自为的伦理性的否定。坚持"命令"说的人解释说,由于结婚命令,便赋予它以国家的或神意的属性,从而提供了爱情和婚姻的"最高概念"。这是虚妄之谈。婚姻的伦理性的规定是,在当事人的意识中使它的自然性和主观性结晶为对实体物的思想,即自觉地接受"家神"的约束。这表现在,他们都抑制自然冲动,天然地将其含蕴在"羞怯"之中,使之上升为"贞洁和端庄"。恰好相反,靠命令强制一对男女相结合,必然把婚姻的自然性和主观性环节推到第一位,助长厚颜无耻。这样就否定了婚姻伦理性。如此看来,作为任性和偶然性的命令

(不管来自国家或教会)所产生的婚姻关系,只能是任性和偶然性的婚姻关系,而不会是伦理性的婚姻关系。

与上述"命令"说并行的,还有"'自由'恋爱"说。后一种观点的代表人物,是1800年前后德国的弗里德里希·封·施雷格尔及其门徒。他们强调,只有爱才是实体性东西,只有自然地、感性地委身于对方才足以证明"爱的自由和真挚"。而结婚仪式不仅是可以抛弃的多余的形式,甚至会使爱丧失它的价值。黑格尔反驳说,这种论点是替诱奸者作辩护的。所持的理由,在于婚姻的意义对于男女各方不同。他认为,女人的活动范围的极限就是家庭,她一旦委身事人便丧失贞操而达到了自己活动的极限。所以,"女子的归宿本质上在于结婚"①。有鉴于此,在通常情况下,女子必然对爱情采取慎审态度。就是说,她不使爱停留在自然性,而使它上升到伦理性。这样,她的爱就要采取婚姻的形态。而男子的情形却不同,他除了家庭之外,还有更广阔的社会和国家作为其活动范围,所以他对爱采取轻浮态度的可能性就大得多。所谓"'自由'恋爱",正是这类人孜孜以求的。

黑格尔的批判集中地表明了,他既反对国家,尤其教会干涉和破坏男女双方的婚姻自由,又反对男女双方(尤其男子)以自由为标榜而对爱情和婚姻问题采取轻浮态度。无疑,这是必须加以肯定的。但不能苟同的是,这种辩证观点并不彻底,其中夹杂着明显的谬误。例如,他在批判"命令"说时,忽略了这样的事实:国家或教会对于公民婚姻实行干预的目的,更主要的是使之符合剥削阶级统治者的整体利益;这一点不能笼统地认为是破坏婚姻的伦理性,它恰好是为了坚持统治阶级的伦理原则。至于他对"'自由'恋爱"论的批判,作为论据的是极其露骨的剥削阶级大男子主义的偏见。这正是他的爱情、婚姻、家庭理论的最大的糟粕之一。

(五)婚姻关系中的两性差别

婚姻是两性的对立统一,它们分别表现着两种不同素质的精神。正是在这个问题上,黑格尔系统地发挥了他那令人憎恶的重男轻女的诡辩。

一种性即男子,表现为有差别的精神。它一方面是自为的个人的独立性,或思辨思想的自我意识;另一方面是对自由普遍性的知识和意志,或对客观事业的最终目的的希求。他在家庭以外的关系中,是有力的和主动的。就是说,男子的现实的实体性生活的领域是在广阔的国家、科学等等之中;纵然没有参与国家活动、科学研究,也是在对外界和对自己所进行的斗争和劳动的积极主动的状态之中。而且,他只有在这种状态中,求得同自身的独立统一。否则,他就不能作为一个名副其实的社会关系中的男子汉和婚姻关系中的丈夫。至于他在家庭中,则不同了。既然他已在社会和国家那样的更高的伦理领域中获得自身的独立统一,那么在家庭这种低级的伦理领域中就无须再作特别的努力,只要安静地保持着对自己的独立统一的直观,过着自然性的伦

---

① 《法哲学原理》,第164节补充。

理生活便够了。

另一种性别即女子,始终表现为保持在同婚姻或丈夫相统一之中的精神,它以具体单一性(没有分解或差别)和感觉(自然性或感性)的形式对实体性东西进行认识和希求。在对外关系中,由于她是非独立的,因而是被动的;又,由于她缺乏普遍性知识和意志,因而是主观的。这一切决定了,女子的实体性规定只能在家庭中获得。而她的伦理性情绪即对普遍性的追求,仅仅在于"守家礼",对于丈夫循规蹈矩而已。为了论证这一点,黑格尔巧妙地求援于索福克丽斯的作品《安蒂贡》,把它说成是一本非常推崇家礼的著作。根据黑格尔的解释,该剧本说明了,家礼主要是妇女的法律。这种法律,是感觉的、主观的实体性法律,即尚未完全达到现实的内部生活的法律;因为它是从谁也不知道的那个远古时期留传下来的冥国神鬼的法律。从而,这种法律必然同现实的公共的国家的法律相对立。关于这一点,前面已经进行了评述。但是,在这里,问题不在于传统的冥国神鬼法律同现实的国家法律的对立(这是肯定的);问题在于,黑格尔让婚姻关系中的女性和男性分别代表两种法律的根据,完全是从女卑男尊的立场出发杜撰出来的。

那么,妇女是否就永远不能获得好的教养呢?黑格尔的回答是:妇女当然可以教养得很好,而且可能是聪明伶俐、风趣盎然、仪态万方的。可是,无法改变的事实在于,"她们天生不配研究较高深的科学、哲学和从事某些艺术创作,这些都要求一种普遍的东西","她们不能达到优美理想的境界"①。进一步,黑格尔又以动植物的区别比附男女的区别,胡诌:动物近乎男子的性格,植物近乎女子的性格。男子只有通过思想上的成就和大量技术上的努力,才能获取地位。女子只能安静的"舒展",并以模糊的感觉上的一致为原则。为此,他们获取知识的途径.通常不是经过实际生活,而是经过表象的气氛;其行为之所由,不是出自普遍物的要求,而是来自偶然的偏好和意见。这就决定了,"如果妇女领导政府,国家将陷于危殆"。黑格尔在陈述这些极力贬斥妇女能力的"大道理"的时候,情不自禁地使用了他在一般场合下比较忌讳的诸如"天生""可能""仿佛""不知怎么回事"的用语,仅此一点已足以表现他惶恐胆怯的心境。因为,他非常清楚,自己所散播的尽是那个时代的偏见。

女性在婚姻关系中的地位,从根本上说取决于社会关系的性质。只要存在剥削阶级类型的社会形态,妇女就不能摆脱家庭奴隶的地位,不能摆脱夫权的枷锁,更无须说神权和政权的统治。因而,她们的聪明才智和创造性技能就无从发挥。在这个问题上,黑格尔恰好弄反了:不是妇女的"天性"使其沦于低下的社会地位,而是她们社会地位的低下使其"天性"发生变形。历史表明,妇女的解放是整个社会解放的重要标尺。而黑格尔却是一个夫权统治的卫道士,这是他很大的不幸。

---

① 《法哲学原理》,第166节补充。

（六）一夫一妻制

婚姻在本质上是一夫一妻的。因为,相互委身而形成婚姻的男女双方都是人格;并且如前所述,这种两性结合的结果紧密得像一个人格。人格是对于自由或权利的自我意识,是直接的排他的单一性。在婚姻关系中,一方在他方之中意识到自己的自由或权利,或者说以对方的人格为自己的人格。因此,只有从这种人格的全心全意的相互委身中,才能产生婚姻关系的真理性(伦理性)和真挚性(从属伦理的主观形式)。在这种关系中,没有丝毫余地可供第三者涉足。任何第三者的涉足,都是侵犯别人的自由或权利、侵犯别人人格的行为。有鉴于此,黑格尔宣布,一夫一妻制是任何一个共同体(家庭、市民社会、国家)的伦理生活所依据的绝对原则之一。这一点被视为不变的。

黑格尔关于一夫一妻制的观点基本上是正确的。不过,这一观点的更明确的表达应当是:婚姻的本质是两性间的爱情。爱情是专一的、排他的。所以,只有建立在一夫一妻制基础上的婚姻,才是真挚的、合理的婚姻。一夫一妻制是文明社会的产物。但数千年间它却一直是名不符实的。对于剥削者说来,他们之所以需要一夫一妻制的招牌,主要为了确认正宗的家谱,以保证财产的继承和财产的统治。这是他们的家礼,也是国法规定的义务。另一方面,由于妇女社会地位的低下和缺乏独立的人格,她们往往变成男性泄欲的工具。这就决定了,真正爱情的婚姻不可能成为通例。一夫一妻制总是伴之以强制婚姻、重婚,乃至赤裸裸的卖淫;它必然用一夫多妻制作为补充。

（七）反对血亲通婚

除一夫一妻制之外,禁止血亲通婚被视为另一则基本的婚姻制度。黑格尔说,婚姻只能基于本身无限独特的这两性人格的自由委身而产生,因此不允许在属于同一血统、彼此熟知和十分亲密的范围内的人们之间相互通婚。在这个范围内,个人相对于个人不具有自身独特的甚至独立的人格,婚姻必须在彼此疏远的家庭之间和异宗的人格之间缔结。

对禁止血亲通婚的道理,黑格尔科学地、明确地作了两点说明。第一,伦理学上的理由。血亲通婚违背婚姻的概念。它表明,通婚者不是把婚姻看作伦理性的行为,不是把婚姻的自然的或感觉的属性看作从属伦理性的东西;相反,是把婚姻看作一种"直接天性及其冲动上的结合",无视它的伦理性。反对血亲通婚的伦理根据,生动地体现于人们的羞耻之心当中。这种羞耻心作为传统的、强固的理念,使人们知道,对于人格,通过婚姻的结合,仅限于初次的结合;所以,已经通过血缘关系而结合起来的人格,就不可能再次地进行结合。第二,生物学上的理由。黑格尔指出,单单从自然关系的角度,人们都知道近血缘的动物之间交配而产生的后代是比较弱的。"生殖力好比精神力所由以获得再生的对立愈是明显,它愈强大。"据此,表现人格结合的亲密、相识和共同活动习惯均不应该在结婚以前就存在,而应该通过婚姻关系初次地建立起来。这种没有血缘联系的婚姻关系越发达,双方同血缘联系相关的差异越丰富,方面越多,对于人类文明越有益。

四、家庭财富

（一）家庭财富的概念

家庭财富是采取财富形式的家庭所有物，是家庭人格的定在。如果说私人所有物是单个人格的定在物的话，那么，家庭财富就是家庭作为人格的定在物。这样，它才能取得外在的实存性。显然，黑格尔的家庭财富的概念，纯粹是由来于私有制的家庭，而把无产者的家庭不计于内的。它尤其符合资产阶级家庭的实际情况。但是须知，在资本主义社会中，资产阶级家庭之所以拥有财富而获得存在，是由于十之八九的无产阶级家庭失去财富而被摧毁的结果。

进而，黑格尔又论述家庭财富的意义。在他看来，家庭作为普遍的、持续的人格，不能满足拥有随便什么所有物，还要设置持久的、稳定的产业或财富这样的所有物。因为这些所有物是家庭成员共有的，所以它具有一般的或抽象的属性。这抽象所有物不同于单纯一个人的所有物。后者仅仅是满足一个人的特殊需要，表现一个人的任性和欲望的自私心的东西；前者则表现对家庭共同体的关怀和利益，从而是具有伦理性的东西。

黑格尔解释说，正是基于家庭财富的此种重要意义，所以在诸多关于国家或文明社会生活创立的传说中，"实施固定的所有制是同实施婚姻制度相联系的"。黑格尔这个判断的深刻之处，在于明确地揭示了婚姻制度对于"固定的所有制"即私有制的依从关系。但它的重大缺陷是没有认识到，这里所说的婚姻制度只是文明社会即剥削阶级类型社会的婚姻制度，不是永恒的婚姻制度。

（二）家长

在国家之下，家庭不仅作为伦理上的人格，而且作为法律上的人格。家庭作为法律上的人格，适用于对外（他人）关系方面。它的代表就叫作家长。根据前面我们已经知道的理由，黑格尔认定家长只能由男子来承担。

除此而外，作为家长的男子在家庭的经济生活方面所赋有的主要责任是外出谋生，关心家庭的需要，支配和管理家庭财产。

黑格尔强调，家庭财产是共同所有物；作为任何一个家庭成员都没有属于自己的特殊所有物，仅仅对于共有物享有权利。不过，个别家庭成员的这种经济权利，有可能同家长的财产支配权相冲突。原因在于，与个人（公民）同国家的关系不一样，在家庭中伦理情绪尚处于低级的或直接的阶段，即家法或家礼的内容不是必然地合乎理性的，而且也不是其成员必须知道的。这样一来，偶然性和分歧便在所难免。

从人类的野蛮时期起，家长制度曾经经历过各种形态，并不存在固定不变的涵义。黑格尔的论述使我们知道，他所提倡的家长制同前资本主义的家长制有根本区别。这主要表现在，家长没有在人身上处置家庭成员的权利。黑格尔笔下的家长，一是法律上的意义,即家庭同国家的关系,主要是政治关系;二是经济上的意义,家长同其他家庭成员在物质生活方面的关系。在后一种意义上,家长是家庭所有物的主要收入者,又是支配者,应当说是享有一切特权的。但黑格尔还强调全体家庭成员对于家庭财产的共同所有和共同享受的权利,甚至承认它可能构成对家长特权的对抗。所有这一切表明,这是一种比较先进的或开明的资产阶级家长制度学说。迄今为止,西方各国既存的家长制度同它对照一下,确实是相形见绌的。

（三）亲族和家庭

黑格尔是个体小家庭主义的倡导者。他认为,通过婚姻组成的新家庭,相对于其由来的宗族和家庭说来,是一个自为的独立体。这个新家庭同它的宗族和家族之间存在着血统联系,但却是朝着日益疏远的方向发展的关系。而构成新家庭的两个成员,虽然他们原先是疏生的、没有血统的联系,但由于它以伦理性的爱作为基础,反倒结合得更为紧密,而成为一个人格。个人所有物是其本人人格(意志或自由)的定在,因此同他的婚姻关系有本质的联系。就是说,他的所有物也随着婚姻关系而变成两性间的共同人格的定在,即共有物。相比之下,这种个人所有物同他的宗族和家族的联系则是疏远的。简言之,个人之间的财产关系的远近,应当取决于其伦理关系的亲疏。

在前资本主义社会中,由于生产力的落后和商品货币关系的不发达,盛行大规模的宗法式的家庭制度。那时的立法文件,把大家庭看作是本质上的结合;相反,把各个特别家庭的结合置于次要的地位。在古罗马法中,非严格的婚姻关系中的女方,同其亲族的关系比同其丈夫和子女的关系更为紧密。在封建法时代,为维持门庭光辉的传统,就需要仅仅把男性算作家庭成员,并以整个大家族为主体,而新建立的各小家庭是很渺小的。只是随着近代资本主义经济关系的发达,个体家庭才逐步取代大家庭制度。黑格尔指出,尽管历史上如何地抬高大家庭的地位,但从本质上说,新建立的小家庭毕竟比疏远的血亲关系更符合家庭的概念。夫妇与子女组成"真正的核心",同大家庭相对抗,其中最主要的一项内容就是财产关系方面的对抗。像旧的大家庭制度那样以牺牲小家庭成员的经济利益、迁就大家庭利益,是必须反对的。

新的、资产阶级的家庭制度也必然采取法律的形式,而且是极为发达的法律形式。公民个人在这方面有很大的"自由"权利。其中重要的一点是,在缔结婚姻协定时,可以对夫妻共同财产的数量加以限制,以及继续给女方以法律上的辅助等等。但这样一些规定在家庭正常存在的情况下是没有意义的。因为,这时家庭的财富作为整体,属于家庭全体成员共同的东西,不显示份额的区分。只有在家庭瓦解,从而需要对共有物加以分割时,上述的规定才能实现,即每个家庭成员才能从中取得其应有的部分。这样一些婚姻协定的附加条款的目的,在于保障未来新家庭成员(主要是子女)的利益及妻方的利益。需要指出,黑格尔所讲的这种法律自由,其一,它只对拥有财产的家庭才有意义;其二,它并非是资本主义社会中缔结婚姻协定的普遍情况。不过,应当承认,不管怎样,它较之前资本主义社会中的家庭财产制度是一个进步。

五、对子女的教育

(一)父母的爱

夫妻之间的婚姻的统一,可以从两个角度上来观察。在实体上,它仅仅属于双方爱的真挚和情绪;在实存上,仍然是两个单一的主体,夫是夫,妻是妻。就是说,在夫妻之间爱的关系,表现在他们的感觉这种主观性方面才是统一的,而表现在定在或客观性方面却不是统一的。

夫妻之间只有当他们作为父母的时候,亦即只有在子女身上,他们的爱这种实体性统一才获得了定在。子女,就是他们统一的对象、自为(能动)地存在的实存。从子女那里,他们才能发现其结合的整体,其爱在实体上和实存上的全面的统一。在子女身上,他们见到了其爱的客观化。从前面的叙述中我们已经知道,家庭财产也是家庭关系,首先是夫妻关系之统一的定在物。但财产是一种死的外在物。子女所体现的父母的统一则不同,这是在一种自为的精神性东西中的统一;它体现着父母相互的爱,以及他们共同对子女的爱。

黑格尔曾经指出:“父母虽然是人由之出发的直接东西,但他们本身也按照现实存在把自身规定为被设定起来的东西。”①从自然的观点来看,父母的概念总是具体的、相对的。如果说作为父母而直接存在的人是前提,那么,子女就是其转化的结果。每一代都以前一代为前提,继而产生下一代。这种世代的无穷进展的繁衍,按照黑格尔的说法,就是家庭精神(家神)在有限的自然界中作为类(人的族类)而显示其存在的一种方式。实际上,无非是纯粹自然规律的表现而已。

把子女说成是父母之间爱的实体性关系的定在,抽象地说是具有普遍意义的。如同人们看到的那样,子女确实是他们父母相爱的一种结晶,但是更重要的,应当看到:黑格尔的这些论述,其实是他对于资本主义婚姻关系所作的理想化的描绘。因为,在这方面,他至少回避或者不愿意承认两点基本的事实:其一,不能一般地说资本主义婚姻关系的实体,是真实的爱情的结合;一般地只能说,这种婚姻关系是建立在金钱动机之上的结合。其二,世代相袭的,通过自己子女而得到客观化和完整表现的夫妻结合,是不变的资本主义婚姻家庭关系的延续,而没有提示任何变革,尤其是革命的新因素。由此可见,黑格尔阐发的这套雄辩而机智的理论,毕竟是很局限的。

(二)教育子女

同多数资产阶级法学家一样,黑格尔也认为:和父母对子女的亲权相对应,子女有受抚养、受教育的权利,而其费用要由家庭共同财产来负担。而在父母的亲权中,黑格尔突出强调对子女的教育权利。

---

① 《自然哲学》,商务印书馆 1986 年版,第 320 页。

教育子女的根本内容，就是使他们知道"应该怎样做人"。而人的最高品格，又是成为国家的合格成员即公民。所以，黑格尔非常赞同当年毕达哥拉斯学派的说法：在伦理上教育儿子的最优的准则，是"使他成为一个具有良好法律的国家的公民"。① 不过，这一点不能靠子女自发的本能来达到。黑格尔说，父母之所以有权利对子女进行教育，而子女之所以有权利受到教育，其根据就在于此。

黑格尔认为人在本质上是自由的，有理性的存在。但自由和理性不是天赋的，而是教养的结果。在儿童那里，存在的只是同普遍物相对立的迷乱的"自由"和任性，是纯粹感性的、本能的东西。父母对子女的教育，也就是他们自觉地运用权威同子女的这种未开化的无教养的倾向作斗争，把普遍的、自由的、理性的东西，亦即伦理的东西从外面灌注到子女的意识和意志当中。

教育子女的一个主要环节是纪律。黑格尔解释说，这种纪律的涵义就是"破除子女的自我意志"，培养子女对父母的服从感。因此，它必然是严厉的，其中包括惩罚在内。父母对子女的这种教育是不能单凭善的感化，因为子女还不懂得什么叫善。这种教育也不能是公正本身的，因为公正必须是以当事人双方的平等地位为前提的，但父母对子女在道德上、理智上本来是不平等的，所以教育只能具有父母主观的性质。这种教育不是根据理由行事的，如果对子女提出理由，无异于要听凭他们决定是否要接受这些理由，于是就会导致一切都以他们的偏好为依据，所以教育只能出自父母的直接恣意和任性。这近乎专制式的教育就是要培植子女服从的观念，而这种服从观念会使他们产生长大成人即成为好公民的渴望，而不致变成唐突孟浪、傲慢无礼之辈。

黑格尔关于父母对子女的教育的主张是服从主义，但却不是奴隶主义的。黑格尔认为，亲权可以理解为要求子女服从的权利。但是，重要的问题还在于进一步弄清这种服从的界限。他强调，要求子女的服从应当限于对家庭这个伦理整体的一般照顾，应当与教育有关或具有教育的目的。相反，如果脱离教育而把服从本身当作目的，就是把子女当作奴隶。黑格尔断然谴责说，把子女当作奴隶，一般说来是最不合乎伦理的。他还指出："罗马时代，子女处于奴隶地位，这是罗马立法的一大污点。伦理在其内部和娇嫩的生命中所受的这种侮辱，是了解罗马人在世界历史上的地位以及他们的法律形式主义倾向的一个最重要关键。"②在这里，黑格尔是以古代的罗马国家同希腊国家相对比而言的。即是说，在自由民内部允许奴隶制度，甚至把子女当作奴隶，反映了古罗马国家在精神的发展方面落后于古希腊国家。既然家庭的实体是伦理的，那就意味着它的成员应当是自由的。按黑格尔的观点，子女虽然不能自发地立即成为自为的自由意志，但他们却是自在地自由的，他们的生命就是仅仅体现这种自由的直接定在。所以，他们不是物体，既不属于别人，也不属于父母；绝对不能容忍把他们视为

---

① 《法哲学原理》，第153节附释。
② 《法哲学原理》，第175节附释。

奴隶。

显而易见,黑格尔在子女的家庭地位问题上的观点,同前资本主义的野蛮制度划清了界限。但又应当承认,他的服从主义教育论,多多少少也表现出封建主义制度的遗毒。

(三)教育的目的

那么,从家庭关系上说,对子女所施行的教育的目的,应当怎样加以概括呢?黑格尔认为这可以从肯定的和否定的不同方面来回答。

对子女教育的肯定的目的,就是要灌输伦理原则。这些伦理原则对于子女们说来,所采取的是直接的、感觉的形式,但又是没有对立面的那种形式。因为,只有这样的形式才既浅显通俗,又不容分说;既循循善诱,又强行施予。黑格尔认为这是达到教育子女目的的必由方式。在这里,可以清楚地看出不能把黑格尔关于教育子女的服从主义完全理解为同启发诱导相对立。这两种方式,在黑格尔那里本来就没有被当作是互不相容的。严格地或更精确些说,服从主义指的是对子女教育的"性质",而启发诱导指的是"方法"。这种方法用黑格尔的话说,就是适应儿童的感觉的方法。黑格尔指出,作为一个孩子,人必然有一个时期处于被父母所爱和信任的环境中,而这个时期,理性的东西也必然在孩子身上表现为他自己特有的主观性,即理性上的不成熟性。由于母爱中的感性或感觉的色彩最浓厚,所以在子女幼年时代,母亲的教育尤其重要:伦理的观念必须作为一种感觉,才能在儿童的心灵中培植起来。他们就这样地在爱、信任和服从中度过其生命的第一阶段。

对子女教育的否定目的,就是让他们超脱原来所处的自然直接性即自在的自由状态,而达到独立性和自由的人格,从而使他们有一天能够脱离家庭的自然统一体而自立门户。

谈到从家庭关系方面对子女施行教育的目的问题时,黑格尔顺便把父母同子女作了有趣的对比。他的结论是:子女之关怀家庭不及父母,子女之爱父母不及父母爱子女。黑格尔说:"在精神事物方面,年老的人们对他们自己和他们类属的操心越来越多,……但这样一来也就同时逐渐减少了紧张关系或利害关系(相互争执),而他们对这种没有争讼的习惯是感到满意的。"①就是说,父母的基本倾向是维持他们所建立和经营的这个家庭的统一和和睦,年事愈高,这种倾向便愈强烈。相反,子女在成长过程中越来越倾向于从原有的家庭中分裂出来,以便建立新的家庭,所以就没有父母那样保守原有家庭的热情。子女之爱父母不及父母之爱子女的道理,也与此相一致,父母在子女身上获得他们结合的客观体现,因此他们热爱子女就是热爱他们自己或他们结合的整体。而子女受着长大成人愿望的驱使,要求脱离父母的卵翼;他们迎着未来,独立自主地前进,并日渐壮大,将把父母抛在后边。确实,黑格尔的论点中充满对一代又

① 《自然哲学》,第614页。

一代新人的热情期望,表现他渴望人类不断进步的社会观。

(四)教育学批判

黑格尔在系统地阐发了关于教育子女的目的及其性质和方法之后,便对当时影响最大的资产阶级的儿童教育理论作了批判。

1. 对以卢梭为代表的实验教育理论的批判。卢梭是所谓"自然教育"论者。这种教育思想在他的巨著《爱弥儿》中,得到淋漓尽致的发挥。卢梭认为儿童的本性是完美的,其自然禀赋只具有善良的素质;因此,如果教育能够顺应儿童这种本性来开展,使儿童都能按照其本性去行动,他们的善良素质就会发展起来。而实施这种教育的优良环境,是没有被贵族和资产阶级腐朽精神污染过的"自然"的环境。卢梭的爱弥儿就是远远离开城市文化,而被领到农村这个大自然的生活怀抱之中,并且主要是跟他的老师发生关系,在老师的引导下成长。

黑格尔直截了当地指出,卢梭教育理论的最大特点,正是其最大的缺点。因为,它力图把儿童从日常的一般生活中游离出来,而在乡村里施教。但是,这种教育注定要失败。原因就在于使人同"世界的规律"疏隔是不可能的。黑格尔赞成对于儿童和青年进行教育要尽可能在僻静的环境中来进行,但这同疏隔世界是截然不同的两回事。黑格尔说,精神世界的芬芳气味要吹拂任何地方、占据任何地方。

毋庸置疑,黑格尔对卢梭的这些批评,是很有道理的。作为伟大平民民主主义者的卢梭,对于剥削阶级(尤其资产阶级)制造的精神上的污秽环境极端敌视,一心想按照手工业,特别是农业劳动者的精神陶冶年轻的一代。但岂不知这种主张是反历史的,从而是非现实的。同样,他歌颂儿童的自然本性,同歌颂人类自然状态为所谓"黄金时代"一样,也具有倒退的性质。相形之下,黑格尔的教育理论则充满不断向前迈进的历史的和时代的气息。

2. 对游戏论教育学的批判。游戏教育理论的集大成者,正是黑格尔同时代的同胞福禄培尔(1772—1852)。他认为,儿童的游戏活动可以看作潜在于儿童中的本能的表现,所以对儿童进行游戏的教育就是要把其优良的内在本质和"神的本源"释放出来。

黑格尔指出,游戏教育理论实际上是认为幼稚气本身就具有自在的价值,因而便把幼稚气给与儿童,并在儿童面前把一切认真的事物和教育本身都降低到幼稚气的形式。这种教育理论的最大弊病,就是把连他们自己都感到没有进入成熟状态的儿童,设想为已经成熟,而且使他们满足于这种状态。这么一来,势必阻碍儿童对于更高级的精神状态的向往和追求,玷辱这种要求本身的可贵性质。它将导致的结果无非是:一方面使儿童对于高尚的精神世界的实体性质,漠不关心,麻木不仁;另一方面使他们对自己所具有的那种幼稚气的东西感到洋洋自得,培养了盲目的虚荣心和自高自大,滋长着轻视人的恶习。黑格尔认为,儿童之所以感到有受教育的必要,是由于他们对自己现状不满的感觉,亦即由于他们长大成人的欲望。所以,游戏的教育形式就是连儿童自身也不认为是高明的。

游戏论和自然论这两种教育学的共同点在于,它们都以唯心主义地美化儿童的本性为前提,从而都主张迁就儿童的本性。但在具体方法上,自然论强调环境条件,而游戏论更强调儿童自身的条件。应当说,游戏论也是存在着片面性的。黑格尔对它的批判确有可取之处,但是,他显然把它的缺点作了夸张。游戏作为一种感性的教育方法,其意义是不可以一笔抹杀的。

六、家庭的解体

(一)导致家庭解体的原因

家庭,如同任何事物一样,也要经历其产生、发展和解体的过程。黑格尔指出,家庭若发生下列情况之一时,就要瓦解。

1. 离婚。

婚姻是一种直接的和自然的伦理理念,这种伦理理念通过男女双方的真挚的主观情绪和感觉变成了客观现实。形成婚姻关系的最初偶然性,就表现为这种直接性或自然性、主观性或感觉性。而它又是婚姻关系中潜在着的不安定的因素。婚姻是伦理性的,因此它"应该"是不可离异的;但它一开始就具有偶然性,因此它又是可以离异的。"应该",并不足以完全阻止同它相反的事实的发生。

黑格尔是用典型的资产阶级观点看待婚姻问题的。他认为:当男女双方完全没有情绪和感情方面的沟通,便强迫他们结婚的事情,是很少可能发生的;同样,当双方的情绪和行动变得水火不容时,想找到一条单纯的法的纽带来把他们拴到一起,也是很少可能的。

但是,当夫妻间发生了对抗,需要依靠什么力量以及怎样解决呢?黑格尔回答说,既然婚姻是伦理性的,那它只能通过伦理的权威(教会或法院)来维持婚姻的法。尤其是碰到了像离婚这样的重大问题时,不能听凭双方的任性或者随便什么人来决定,只能由超出对抗着的夫妻双方,并且凌驾他们之上的伦理性的权威来决定。这种权威面临的任务,就是要准确地判断,在这对夫妻之间,是否形成了"完全隔阂"。这要排除诸如敌对的情绪仅仅是出于非理智的意识(单纯的意见),或仅仅是一时的脾气等等情况。唯有确证了是完全隔阂时,才能作出离婚的决定。黑格尔极而言之地指出,如果像由于通奸之类情况而导致双方完全隔阂,就是宗教权威也必须准其离婚。可见,所谓完全隔阂就是夫妻间伦理性关系已经不存在,首先是真挚的爱的感情已经不存在。

2. 子女组成新家庭。

在家庭中,子女经父母的教养而逐渐地成为自由的人格,成为一个公认的成年人或法律人格。这时,他就有资格、有能力拥有自己的财产,组成自己的家庭。一旦儿子成为丈夫即家长、女儿成为妻子,他们便开始在新家庭中承担着伦理的或实体性的使命。同这个新家庭相比,那个老家庭只不过是它的始基和出发点,处于次要地位的东西了。老家庭对于新家庭,是一种抽象的存在,是没有任何权利的。至于那些血缘关系较远的宗族,就更不必说了。这种由一个单一的伦理单位(家庭)分裂为两个或多个单一的伦理单位(家庭)的变化,就是所谓"家庭的伦理上解体"。

3.父母,特别是作为家长的父亲的死亡,就要引起家庭的"自然解体"。

(二)继承

1.继承的界说和本质。

家庭的自然解体,在财产方面就发生继承的后果。黑格尔说:"这种继承按其本质就是对自在的共同财产进行的独特占有。"①但黑格尔并不满足于继承的这种一般概念,他更重视的是现实的资本主义社会中的继承问题。他认为,这种继承不同于前资本主义社会中的继承的特征在于,它是在有远方亲属存在的情况之下,以及在个人之间、家庭之间各自独立分散的情况之下进行的。随此而来的,是人们的家庭统一感越来越淡薄,是一次又一次婚姻放弃原先老家庭关系而建立起独立的新家庭。其结果,就必然使家庭财产的转移越来越不确定。但是,尽管这样,继承仍然不应当违反其本质,即不应当违反体现着伦理性或实体性关系的婚姻家庭的法。

同继承概念紧密相关,黑格尔驳斥了一种"无主物"继承论。持有这种理论的人认为,继承的基础是由于死亡而使其财产成为无主物,于是对于这种财产所有权就适用先占原则;不过,由于亲属通常是死者最接近的人,他们便多半是捷足先登者。为了维护秩序,这种常常发生的偶然事件便上升为实定法的原则。这种理论的荒谬,在于它完全忽视了家庭关系的本性,也就是抹杀了死者同其近亲属的伦理上的联系。

2.遗嘱。

在黑格尔的眼里,财产的遗嘱继承制度,一般是建立在遗嘱者个人的任性的基础上的。随着家庭解体趋向的发展,这种个人任性便愈益获得了自由。就是说,他越来越能够按照个人(单一性)的偏好、意见与目的来支配其全部财产,甚至可以把他周围的一些朋友和熟人等视为自己的家人,以遗嘱的形式使他的任性发生法律效果。当遗嘱人把这样一批非亲属作为家人而赋予继承财产权利时,不免要为这样一批人的组成寻找伦理上的根据。固然这种组成可能有一定程度的伦理色彩,但它有很多的偶然性、任性、自私自利的企图等因素在起作用。这样一来,不仅使真正的家庭伦理关系变得非常模糊甚至遭到破坏,而且会引起卑鄙的钻营和同样卑鄙的顺从。承认这样的遗嘱权,就为遗嘱人的愚昧任性,或者为他在善举、馈赠之类名义下实现死后的虚荣和专横,提供方便条件;同时,也为继承人的奸诈狡猾的得逞洞开大门。

任性的遗嘱权不仅会侵犯全体家庭成员的利益,也会侵犯作为自然继承人的某些家庭成员的利益。后一种情况通常表现为,遗嘱人往往借口家庭成员获得了独立的法律人格而有意给以歧视的或特惠的待遇,故意在自然继承人中间制造差别。黑格尔有

---

① 《法哲学原理》,第178节。

说服力地指出,对于这种违反家庭的法的任性,尤其死后的任性,本来是不应予以尊重的;但它却往往受到尊重,原因就在于家庭成员对他的心爱和崇敬,即以德报怨。

黑格尔关于遗嘱继承的态度是,尽管他认为遗嘱以任性为基础,但原则上并不反对遗嘱制度。他反对的是把死者的赤裸裸的任性确定为遗嘱权的法律原则,反对用这种任性来对抗家庭关系方面的法,反对削弱家庭的伦理性。具体的观点是:第一,立遗嘱的任性权利必须随着家庭成员的分散和疏远而产生或扩大。或者说,只有当这种分散和疏远使家庭关系达到无效的程度时,才能承认纯粹主观意志的处分为有效。第二,用遗嘱造成的所谓"友谊家庭",即上边提到的那种被遗嘱人认定有伦理根据的一批人的组成,只有在婚姻所组成的较亲近的家庭缺乏子女的时候,才能够成立。纵然是在坚持这两项前提条件之下,黑格尔仍然没有完全解除对遗嘱的戒心。他认定,由于遗嘱总不免宣布哪些人是遗嘱人所宠爱的,所以他一般地就同那些令人讨厌和不快的事联系着。宠爱是任性,它可以借助种种不光彩的手段来获得,可以同种种愚蠢的理由相关联,也可以驱使被指定的继承人去干种种最卑鄙龌龊的勾当。例如,在英国,这种情况是层出不穷的。

3. 对罗马法中任性的遗嘱权原则的批判。

黑格尔断然认为,把家庭内部遗嘱的任性确立为继承的主要原则,是罗马法的残酷性,不合伦理的一部分。这种任性是拥有家长权的男性公民的特权。它分别通过父权和夫权而得到具体的表现。第一,父权。根据罗马法,父亲对子女有生杀予夺的权利。在父亲出卖儿子以后,如果儿子被人释放而获得自由,便重新处于父权之下;只有在第三次从奴役中被释放而获得自由时,他才能完全摆脱父权的统治,成为实际的自由人。但在这时如无遗嘱规定,他就不能同依旧处于父权之下的其他人一起继承财产。一般的情况是,儿子不能依法成为成年人,没有法律上的人格。法律的规定是父亲意志的补充,没有父亲的决定,儿子除了战利品之外,不能拥有任何独立的财产。父亲可以剥夺或者取消子女的法定继承权。第二,夫权。根据罗马法,妻子如果不是处于作为奴隶关系的婚姻关系中,而是作为主妇的话,她就不属于新家庭的成员。在财产上,她被排除于继承权之外;她不能继承其丈夫和子女的财产,其丈夫和子女也不能继承她的财产。家庭主妇的这种法定地位,也显然是背逆伦理的。因为,事实上这个新家庭是她通过结婚而同其丈夫共同建立起来的,这是她的家;但法律却硬令她依然属于她所出生的那个老家庭。罗马法这套维护任性的遗嘱制度,与其他一切违背理性的制度,特别与子女的奴隶地位以及离婚的轻易等制度相配合,使对抗实体性的法的任性在家庭关系中到处肆虐。以至于像西塞罗(公元前 106—前 43)这样显赫的政治领袖人物和思想家,都不能例外。西塞罗在所著《义务论》及其他著作中,充满了有关"诚实"和"礼节"之类堂而皇之的言词。但对他说来,这些都是言不由衷的,粉饰门面的东西,实际从事的却是相反的丑恶勾当。他赶出其妻,而用再娶新嫁娘的妆奁来偿还债务。由此可知,罗马的法律成了败坏风尚的必要条件,而这一套受到法律直接保护的制度则径直替败坏风尚铺设一条合法的道路。

后来，"由于对合理性感情的增长"，在审判实践中，对于罗马市民法中的若干非伦理性的部分不再予以适用。这主要是指罗马裁判官法中所进行的修正。例如，在知识渊博的法学家们的研究之下，审判上就有用"资产占有"一词代替"继承"一词，通过拟制把"女儿"改称"儿子"之类的情况。黑格尔说，对于裁判官，这种作法是一种"悲惨的必然性"。因为，他们必须用机巧的手段来偷运理性的东西，以对抗坏的法律，至少对抗其产生的某些后果。但与这种情况密切相关的是，它不仅引起各种最重要的制度的极端不稳定，也引起立法的杂乱无章。

最后，黑格尔把对于罗马法中任性的遗嘱制度的批判，变成了集中抨击它以宗族或家族代替家庭的倾向。在罗马法的继承中有信托遗赠和指定补充（后备）继承人的制度。信托遗赠就是，遗嘱人（委托人）委托其继承人（受托人），将其遗产的一部或全部，交付给指定的第三人（受益人）。指定补充继承人就是，在指定继承人没有或不能接受遗产时，指定另外的继承人代表他。这种继承制度，通常都是在所谓保持家庭或门楣光辉的名义之下推行的。其结果，或者排除女儿而只让儿子继承，或者排除其他子女而只让长子继承，或者一般地使继承人之间受到不平等的待遇。黑格尔谴责说，这种制度破坏了财产自由原则，即破坏了他人所应得的并有权获得的财产权力；另一方面，这种以绝对无权获得承认的任性为基础的做法，通常是以远血缘的宗族或家族来代替近亲属关系的家庭。所以，它从根本上违背了家庭的理念。在黑格尔看来，"伦理的形态将由于财产自由与平等继承权而得到维持，因为家庭不会由于相反的情形而得到维持的"①。他认为，罗马继承法的这种传统一般地误解了婚姻的法，否认了家庭是一个以婚姻为基础的自在自为的独立体，否认了婚姻的基础是爱的伦理性环节和感觉，其对象是活生生的现实的人，而不是抽象的东西。与此不同的，罗马法所承认的"家系"或"氏族"之类的关系，却只是抽象的家庭，不是家庭理念本身。很容易懂得，这种情况也应当归咎于罗马法的法律形式主义的弊病。

恩格斯在《家庭、私有制和国家的起源》一书中指出："还在盖尤斯时代，家庭，即遗产，就是按遗嘱传授的。这一用语是罗马人所发明，用以表示一种新的社会机体，这种机体的首长，以罗马的父权支配着妻子、子女和一定数量的奴隶，并且对他们握有生杀之权。"②他又指出："实行所有者甚至在死后也能够据以处理自己财产的遗嘱制度。这种同古代氏族制度直接冲突的制度，在雅典直到梭伦时代之前还没有过；在罗马，它很早就已经实行了……"③无可否认，恩格斯对于罗马法所保障的财产权的任性，以及它在这方面所表现出来的，比希腊制度在伦理上的退步性的深刻揭露，同黑格尔的观点是一致的。当然，同样无可否认的是，恩格斯与黑格尔之间的分歧也是明显的。因为，

① 《法哲学原理》，第180节附释。
② 《马克思恩格斯选集》第4卷，第53页。
③ 《马克思恩格斯选集》，第172—173页。

恩格斯进行这种历史分析的最终目的,为的是从根本上否定一切传统的、建立在私有制基础上的家庭关系。而黑格尔却并非如此。如果扼要地加以概括,可以这样说:黑格尔对家庭的解体和财产继承方面的观点,集中地表现为坚持以爱或婚姻为基础的个体家庭制度,为此就需要尽可能地同罗马法以来的形形色色的家族主义和宗族主义制度实行决裂。这是显而易见的资产阶级的观点,特别是资产阶级的财产继承问题的观点。这种观点,同诸多的资产阶级私法学家们的有关观点相比较,似乎更富于资产阶级性质,即更有利于这个阶级的家庭制度的稳定。不过,另一方面也不能不看到,黑格尔的观点也有其相对肤浅的地方。他没有认识到,在资本主义社会中主要的财产是资本,而资本本身就是绝对自私、绝对任性的东西;资本的人格常常是不顾及法,常常是"六亲不认"的。从某种角度上说,在这方面,资产阶级制度比当年罗马法制度,有过之而无不及。

第八章 国家法

　　在黑格尔的法哲学体系中,国家处于最高的地位。同样,黑格尔对于各部门法的论述,唯有国家法最为详尽。这是一个颇值得注意的事实。

　　国家是阶级社会中最重要的上层建筑,而黑格尔偏偏又热衷于谈论它。这样一来,黑格尔的法哲学、乃至他的一般政治思想的倾向,包括其进步性和保守性、优点和缺点、精华和糟粕,必然会通过关于国家问题的言论而淋漓尽致地表露出来。一个半世纪以来,黑格尔的国家学说或国家法思想之所以引起人们那么大的注意并造成那么大的影响,恐怕这是个重要原因。

　　由于阶级立场的不同、认识的分歧,人们对于黑格尔借助晦涩聱牙的词句表现出来的国家法思想,作了多种多样的、甚至截然对立的解释和评价。这种情况,就是在马克思主义学者中间也存在。其中一派人认为,黑格尔在《法哲学原理》一书里阐发的国家法思想,仅仅是现存的普鲁士封建专制国家的临摹品,基本上是反动的。另一派认为,黑格尔的国家法思想基本上属于进步的资产阶级政治法律思想范畴,其保守性是非主导性的。

　　值得重视的是,马克思1843年夏撰写的《黑格尔法哲学批判》,几乎全部是逐节批判《法哲学原理》中的国家法部分的;1843年末至1844年初,撰写的《〈黑格尔哲学批判〉导言》,也是集中批判黑格尔国家学说的。马克思的两篇著作,是我们正确理解黑格尔国家法思想的指南。不过马克思的著作并不是很通俗易懂的,人们对书中的一些重要观点,也有不同的解释。

　　笔者坚信,无论如何,马克思的《黑格尔法哲学批判》是我们揭示黑格尔法哲学,特别是国家法哲学的最直接、最锐利的武器。当然,对于马克思的两篇著作,应紧密结合当时的具体历史背景去了解,不应死抠个别词句。

一、国家的概念

(一)国家的界说和本质

　　黑格尔在《法哲学原理》中,开宗明义对国家的概念作了如下的表述:"国家是伦理理念的现实——是作为显示出来的、自知的实体性意志的伦理精神,这种伦理精神思考自身和知道自身,并完成一切它所知道的,而且只是完成它所知道的。国家直接存在于风俗习惯中,而间接存在于单个人的自我意识和他的知识和活动中。同样,单个人的自我意识由于它具有政治情绪而在国家中,即在它自己的实质中,在它自己活动的目的和成果中,获得了自己的实体性的自由。"①这一国家概念的要旨在于说明国家的本质,并指出国家与作为国家成员的单个人之间的精神方面或实体性的关系。

根据黑格尔到处宣传的一贯观点,国家的本质就是伦理理念。伦理理念不仅是自在的,而且是自为的。就是说,它能动地表现自己和认识自己,知道所有低级精神所不能知道的一切,进而使自己外化为现实的存在物。对于各个国家而言,在实体方面,它们都是特殊性的国家概念;在现实方面,它们都是单一性的存在物。而国家理念则是二者的统一,即普遍性的整体。又,理念原本就是精神,就是理性、意志、意识和自由。所以,黑格尔又说:"国家是绝对自在自为的理性东西,因为它是实体性意志的现实,它在被提升到普遍性的特殊自我意识中具有这种现实性。这个实体性的统一是绝对的不受推动的自身目的。"②按照这种观点,国家的最高表现完全不是它的政治的、法律的结构及其职能,而是纯精神性的;清楚些说,是伦理理念自身的区分和统一的反思的恶作剧。

构成国家本质的伦理理念,是精神的绝对永久的、必然的存在。它的合理性,按其内容,是客观自由(即普遍实体性意志)与主观自由(即个人知识和他追求特殊目的的意志)两者的统一;按其形式,个人要把国家这个普遍实体性意志当作被思考的普遍规则和原则来规定自己的行动。国家"表达了自我意识的本质"③,代表"真实的人性"即理性的人性;人被规定要成为国家的成员,成为有理念的人。黑格尔说:"有时间性的人有两种方式可以和有理念的人合而为一,一种方式是由代表道德、法律和理智之类种族共同性的国家把个性否定掉;另一种方式是由个人把自己提升到他的种族,就是由有时间性的人提升到有理念性的人。"④无论如何,个人要成为国家成员是不能避免的。

虽然黑格尔强调国家的本质决定着个人必须绝对地归属于它,但并没有说现实即自为存在的国家一律十全十美地体现国家的理念或国家的合理性,没有说个人在现实国家中果然都过着合乎理性要求的生活。相反,他明确地指出:"作为现实的普遍性,它这国家权力是一种与个别的自为存在相敌对的势力;而作为一般的现实,它发现在内在的本质中还有另一种异己的东西。"⑤这所谓"异己的东西",最刺目的就是被统治者的不幸遭遇。在"野蛮"的国家中固然如此,在"文明"的国家中也到处可见。他写道:"在文明国家的情况里,被统治者实际上在各方面都是依存的,被压迫的,而他们的

---

① 《法哲学原理》,第257节。
② 《法哲学原理》,第258节。
③ 《精神现象学(下)》,商务印书馆1981年版,第49页。
④ 《美学》第1卷,商务印书馆1980年版,第77—78页。
⑤ 《精神现象学(下)》,第8页。

情欲和意图也是完全受外在必然性压抑和限制的——因为在他们的后面的那种市民社会秩序有不可动摇的威力,对这种威力他们简直无法抵抗,而且他们的主子们的专横意志就等于法律,他们也非受它支配不可。现存关系所产生的这些局限就把被统治者的一切独立自足性都破坏无余了。"①的确,这幅文明国家的现实画面是足够凄惨的。

在详细地阐发了其独特的国家概念之后,黑格尔从逻辑上提出了所谓国家的三个推论的系统。第一,个人(个体性),透过他的特殊性(如物质的和精神的需要等,这些特殊性的进一步的发展,就产生公民社会),便与普遍性相结合。在这里,个人是个中介。第二,个人的意志或行动,便使得前述这些需要在社会和法律的范围内获得满足,从而使社会和法律获得满足和实现。在这里,个人的意志和需要是个中介。第三,但是,由以上两点可以知道,只有在国家或法律之内,个人及其需要的满足才能够具有并且获得充分的实现、调节和维持。所以,归根到底,普遍性(国家、政府、法律)是个永久的实质性的中介。② 后来,这套关于国家的推论系统的理论,再进一步被黑格尔本人构成一个简单的数学模式:"政府、市民个人和个别人的需要或外在的生活,是三项,每一项都是其他两项的中项。政府是绝对的中心,个别人那一端在其中与个别人的外在存在结合了;个别人也同样是中项,他们使那个普遍的个人活动起来成为外在的存在,把他们习俗的本质迁移到现实性那一端里去。"③就形式而言,这个国家的概念模式,显然得到当年卢梭《社会契约论》和《爱弥儿》中提出的国家主权模式的启示和影响。卢梭的模式是:国家(主权者):政府 = 政府:公民,亦即政府² = 国家(主权者) × 公民。这个模式的基点是民主主义的人民主权论。而黑格尔的模式则是国家主义或国家至上论,同卢梭是背道而驰的。如同我们在下面会一再看到的那样,这两个模式的对比,可以当作是黑格尔国家理论较之卢梭国家理论所具有的退步性的集中表现。

黑格尔关于国家的概念和本质的观点,是他庞大的国家法哲学体系的出发点。因此,对它的评价,是对于整个黑格尔国家法哲学体系评价的一个关键。在这个问题上,首要的在于如何看待所谓"国家是伦理理念的现实"这个命题。恩格斯在《家庭、私有制和国家的起源》一书中,针锋相对地指出:"国家决不是从外部强加于社会的一种力量。国家也不是像黑格尔所断言的是'道德观念的现实','理性的形象和现实'。毋宁说,国家是社会在一定发展阶段上的产物;国家是表示:这个社会陷入了不可解决的自我矛盾,分裂为不可调和的对立面而无力摆脱这些对立面。而为了使这些对立面,这些经济利益互相冲突的阶级,不致在无谓的斗争中把自己和社会消灭,就需要有一种表面上驾于社会之上的力量,这种力量应当缓和冲突,把冲突保持在'秩序'范围以内;这种从社会中产生但又自居于社会之上并且日益同社会脱离的力量,就是国家。"④列

---

① 《美学》第 1 卷,第 245 页。
② 《小逻辑》,三联书店 1957 年版,第 385—386 页。
③ 《逻辑学(下)》,第 410 页。
④ 《马克思恩格斯选集》第 4 卷,第 166 页。

宁说:"这一段话已经十分清楚地表明了马克思主义关于国家的历史作用及其意义的基本思想。国家是阶级矛盾不可调和的产物和表现。在阶级矛盾客观上达到不能调和的地方、时候和程度,便产生国家。反过来说,国家的存在表明阶级矛盾的不可调和。"①只有"国家是阶级矛盾不可调和的产物和表现"这样的命题,才真正揭示出国家的本质,从而才称得上科学的国家概念。而黑格尔的命题则充满着神秘主义,在哲学上,它是一种客观唯心主义的杜撰;在政治上,它全然抹杀国家阶级性这一最本质的东西。

最后,黑格尔说明,在国家的概念和本质论方面,必须要注意消除"个人的单一性"观点。这种观点的最常见、最流行的说法就是,把国家的使命规定为保证和保护所有权和个人自由。黑格尔认为,这就意味着单个人本身的利益成为人们结合为国家的最后目的,进而意味着是否要成为国家的成员是每个人任意的事情。这个结论完全不符合国家的本质,不符合国家对个人的关系。"由于国家是客观精神,所以个人本身只有成为国家成员才具有客观性、真理性和伦理性。"②人天生被规定要过普遍生活,结合为国家本身就是真实的内容和目的。至于每个人的特殊的满足、活动和行动的方式,都要以这个普遍生活为出发点和结果。

按照黑格尔的分析,这种个人单一性的国家概念和本质论,主要可分为思想单一性和经验单一性两种学说。前者以卢梭为代表,后者以当时的德国人哈勒为代表。

关于卢梭,黑格尔认为,他在探讨国家概念方面作出了自己的贡献。我们知道,卢梭国家学说所贯穿的主线是"意志"论,认为国家是公意或普遍意志的表现。对于这种把意志作为国家原则的论点,黑格尔是非常赞同的。但黑格尔所不满意的是,卢梭意志论是以单个人的意志为基础的,其归结点是保护个人的"天赋自由"和"天赋权利",而不是什么神秘的伦理理念或自由意志的自我现实。黑格尔说卢梭学说导致了双重的恶果。在理论上,它把国家当成单纯个人意志的产物,当成人们随心所欲地订立契约的产物。这样就势必破坏国家这个"绝对的神物及其绝对的权威和尊严"。的确,卢梭国家契约论的理论基础是唯心史观。它不把社会生产方式视为国家制度产生和发展的根据,而强调个人自由意志的作用,用天真的想象代替历史的真实。但黑格尔的指责却是从更错误的、更坏的唯心史观出发的,因而完全不足为训。其二,黑格尔继续说,在实践上,卢梭理论迅速占领人们的头脑,造成了法国资产阶级大革命这样的"人类有史以来第一次不可思议的惊人场面"。对此,黑格尔评论说:"在一个现实的大国中,随着一切存在着的现成的东西被推翻之后,人们根据抽象思想,从头开始建立国家制度,并希求仅仅给它以想象的理性东西为其基础。又因为这都是缺乏理念的一些抽象的东西,所以它们把这一场尝试终于搞成最可怕和最残酷的事变。"③黑格尔一向把

———————————

① 《列宁选集》第 3 卷,第 166 页。
② 《法哲学原理》,第 258 节附释。
③ 《法哲学原理》,第 258 节附释。

卢梭看成法国大革命的旗帜,并一向把对卢梭学说和法国大革命二者的评价一致起来,应当说这是不无道理的。一般地说,黑格尔在青年时代曾是卢梭主义和法国大革命的热情鼓吹者;而在晚年,随着他保守主义思想的增长,对法国大革命(尤其雅各宾专政)的指责也激剧地增长,对于卢梭学说也是这样。但必须指出,黑格尔直到逝世之前,也没有全盘否定法国大革命的积极意义。

关于哈勒的学说,黑格尔则采取无情抨击的态度。哈勒在所著《国家学的复兴》一书中,赤裸裸地借助剥削阶级弱肉强食的逻辑来阐发国家的概念和本质。他扬言:"就跟在生命世界中大欺小、强凌弱等等一样,在动物世界、然后也在人类中重新出现着同一规律,不过采取了较高尚的形态。""这就是上帝永恒不变的规则:有更大权力的进行统治,必须统治,而且将永远统治。"如此等等。总之,国家就是"偶然的自然暴力"。黑格尔指出,哈勒"不是以实体性的东西、而是以偶然事物的领域作为国家的本质","抹杀国家中绝对无限的和理性的东西并排斥思想对它内在本性的了解"。不错,哈勒打着上帝的招牌,兜售个人主义的人性和强权政治,这都是霍布斯和马基雅弗利主义的陈词老调,极其"片面和肤浅",完全不足以揭露国家的本质。但也应当承认,它毕竟从经验上触及到国家权力是对被统治者的暴力这个道理的一隅。就这一点而论,它比黑格尔空洞的伦理理念的现实之类,毕竟多了一点"现实"的色彩。

黑格尔在批判了个人主义国家论之后,继续弹他的老调:"国家是在地上的精神";"神自身在地上的行进,这就是国家"。可见,国家迷信已成了黑格尔法哲学的不可救药的痼疾。

(二)作为历史现象的国家

真正要澄清国家的概念和本质问题,除了分析现存的国家之外,还必须探求国家的产生及其发展的规律。国家为什么会产生,国家是怎样产生的,以及国家在历史上怎样变化的? 这些问题都同国家的概念和本质紧密相关。我们前面讲到的马克思主义经典作家关于国家的实质概念,正是从这些问题入手,占有大量的资料,进行深邃的研究之后,所得出的结论。然而,在黑格尔那里,情形却大相径庭。凡研究黑格尔国家学说的人都会发现,他绝少谈论国家的产生,即或有时躲闪不及,也会用少许的含糊之词加以敷衍,以致使这个问题成为其国家学说中的一个重要的哑谜。在《法哲学原理》中,也没有例外。当黑格尔兴致勃勃地发挥其关于国家概念和本质问题的高论,论证国家是一种永恒的现象时,突然采取先发制人的手段,插进如下一大段话:"现在如果问,一般国家或是每个特殊国家以及它的法和使命的历史上起源是或曾经是怎样的,又如果问国家最初是从家长制关系,从畏惧或信任,还是从同业公会等等中产生出来的,最后如果问,这种法的基础是怎样地在意识中马上被理解而巩固下来的:是把它看作神物或实定法呢,还是把它看作契约和习惯呢,那么,所有这些问题都与国家的理念无关。这里,我们仅仅在谈对国家的哲学上的认识问题,从这一观点说,以上这些都是现象,是历史上的事物。"①黑格尔一口气罗列出来了正是人们期望他作出确切回答的三个重要问题之后,就这样用一句话搪塞过去了。人们能够理解黑格尔这里的苦衷:原来他所谓的永恒国家理念,同国家起源及现实发展规律是根本对不上号的,因而与其使自己陷于尴尬的窘境,莫如索性溜之大吉。尽管这样,他不可能不对自己说到的三个问题,零零星星地表示自己的看法。那么,在黑格尔看来,作为"历史上的事物"的国家"现象",究竟是怎样的呢?

按照通常的理论思维,要揭示国家的起源及其历史规律,必须先弄清国家之前的人类社会情景即所谓人类自然状态。早在黑格尔以前,西方资产阶级启蒙思想家们就相继对于这种自然状态进行过系统地描绘和论述。其中,最具有典型性的是英国的霍布斯和洛克及法国的卢梭三人的观点。霍布斯说,人性是凶恶的,在自然状态中"人对人是狼",所以那时人们之间存在的只能是普遍的战争状态。洛克承认那时存在战争状态,但并不是普遍的而是个别现象,自然状态基本上是自由、平等和和平的状态。而卢梭则认为,那时由于生产和文化的落后,没有私有财产,也没有供人们运用或滥用的智慧,所以人们相互都处于绝对的自由和平等的关系中,从这一点上可以把原始状态称作人类的"黄金时代"。洛克和卢梭还一致认为,人们在自然状态中的自由和平等都是天赋的。这三位思想家虽然对自然状态的说法有所不同,甚至彼此对立,但他们最终都肯定自然状态下的人们在自然法的启示之下,通过共同订立契约建立了国家。黑格尔在他们启迪之下也承认有自然状态,并且多次地对它加以评论;但他的自然状态学说又独具特点。一般地说,在黑格尔的自然状态学说中,与霍布斯观点相一致的地方较多,而对于洛克尤其卢梭的观点则批评多于汲取。他断然拒绝并系统地反驳美化人类自然状态及天赋自由之类的观点,指出,"有些人主张,在一种原始的'天然状态'中,自由和正义是在完美的方式中存在的、或者已经存在的。然而这种说法,不过是悬想在理论的反省的朦胧中,关于历史上存在的一种假定的反省"②。他又指出,人类在天性上是自由的这句话,在一种意义上是不错的;就是说,依照他的概念,也就是依照他的使命,他是自由的。但是,这不能成为美化自然状态的根据。美化自然状态的理论"没有充足的佐证"。"我们在实际的经验上发现的这样一种自然状态,恰好符合了一种纯属天然状况的'概念'。'自由'如果当作原始的和天然的'观念',并不存在。相反的,'自由'要靠知识和意志无穷的训练,才可以找出和获得。所以天然状态不外乎是无法的和凶暴的状态、没有驯服的天然冲动的状态、不人道的行为和情感的状态;社会和国家当然的产生了限制……我们应当把这样的限制,便看作是(人类)解放的必要条件。社会和国家正是'自由'所实现的情况。"③最后,黑格尔还告诫人们,"不可重

---

① 《法哲学原理》,第258节附释。
② 《历史哲学》,三联书店1956年版,第98页。
③ 《历史哲学》,第80—81页。

蹈卢梭的覆辙"①。从这些理论中,不难看出,虽然黑格尔如何挖空心思地力图把人类自然状态同自己玄虚的国家概念挂起钩来,但毕竟带有浓厚的历史感,讲出了不少真实的情况,这里面是有合理的成分可取的。

在西方,传统的神学主义国家起源论,一直有广阔的市场。在黑格尔时代的德国,这种理论尚有很大的势力,特别是它受到普鲁士官方的严格保护。所以,如何对待它,不能不说对黑格尔是一个重要的考验。黑格尔没有随风流俗,但又极其谨慎,他指出,有些人"说到人类原始的乐园的情形,像这样的理想早就被神学家们发挥过了——例如说,上帝曾用希伯来语同亚当讲话,如今它又拿来修饰一下,以适应他的需要"。"但是《圣经》所叙述的原始状况,一部分只是大家知道的少数特征,然一部分或者是人类的一般——人类本性的一般——或者是把亚当假定为一个个人,因此,也就是一个人格,而在这一个人,或者仅仅这一对人类夫妇内,表现了当时所有的和已成的原始状况。《圣经》所记载的并没有教我们推想到,曾经有一个民族和那个民族的一种历史的状况,存在于那种原始的形态里;它更没有证实给我们,这个民族有一种充分发达的对于'上帝'和'自然'的知识。"②在这里,作者有说服力地戳穿了神学思想家们企图用《圣经》中虚构的故事来说明人类自然状态、进而说明上帝创造国家的荒诞无稽。进而,黑格尔又驳斥了圣·奥古斯丁《忏悔录》系统宣扬的国家起源于人类"原罪"的观点。他说,科学和宗教"这两种规定的结合就是人们所谓的原始素朴状态。那时精神和自然是统一的,精神的眼睛直接长在自然中心,而意识所持的分离观点却是脱离永恒神圣统一的原罪"③。意思是,精神依附于自然的状态就是人类的原始的或自然的状态;反过来,精神摆脱自然而能自我认识时,人类就由自然状态进入政治状态或国家状态。而这两种情形,都同人类"原罪"是无关的。

认为国家起源于家庭的所谓家长制度论,其历史也很悠久。它在古希腊时期的突出代表是亚里士多德。他在《政治学》一书中断定,从时间顺序上,人类先有家长制家庭,然后由若干家庭组成村落,再由村落组成城邦(国家)。但从实体关系上,国家是在先的;因为家庭和村落只是国家发生的动力因,而国家作为目的因早已存在于家庭和村落之中。这种家长制度论,到了罗马帝国,尤其黑暗的中世纪,一直被用以论证君主专制主义。在英国资产阶级革命时期,反动分子菲尔麦等人还用它来维护斯图亚特王朝的统治,对抗革命。所以,他们受到进步思想家洛克、汉弥尔顿、卢梭等人的强烈抨击,是理所当然的。我们发现,黑格尔在这方面受亚里士多德的影响很大,——当然又不完全相同。从根本上说,黑格尔认为,作为客观精神的伦理理念或国家理念,其运动是使本身客观化和通过各个环节的形式进行的。家庭就是这种实体性的第一个环节,也可以说是直接的或自然的国家理念。然后,再经过市民社会这个"外部国家",最

① 《历史哲学》,三联书店 1956 年版,第 393 页。
② 《历史哲学》,第 98 页。
③ 《自然哲学》,商务印书馆 1986 年版,第 11 页。

终形成了政治国家。同亚里士多德相区别的,是黑格尔用"国家理念"代替了"国家目的",并用"市民社会"代替"村落"作为家庭和国家之间的中介环节。因此,像对待亚里士多德一样,必须抓住家庭这个环节,才能把握黑格尔关于现实国家起源的学说。

黑格尔指出:"史前时代的一种人民,还只是一个民族或部落,还没有形成国家,还不追求本身的固定目的,终于被时间的威力所淹没掉。"①散在于这种原始组织之中的,是各个以血缘关系为基础,依靠成员之间的爱和信赖维系,把每个人束缚在一起的家庭。在那里是"家庭精神"("家神")主宰着。家庭的统一体,在本质上是一种感觉的、在天然方式范围内的统一;它推行满足身体舒适和直接生活需要的目的的职能,而严格地同推行满足伦理、法律、所有权、自由、共同精神目的的职能之政治组织相区别。那么,这些原始人怎样才产生了政治智慧,追求政治组织呢?黑格尔模仿当年德谟克里特的说法,认定是善良的神灵普罗米修斯所赐予的。② 这种政治组织的最初的形态,就是家长制度的国家。黑格尔说:"家长制度的基础是家族关系;这种关系自觉地发展为道德(伦理)的最初形式,继之而起的国家道德便是它的第二形式。""从家庭制度扩大为大家长制度时,便超过了血统关系的结合(这是那种基础的天然方面),团体分子必然跳出了这种血统关系的范围,进入独立人格的地位。我们要想广泛地观察大家长制的关系,就须特别注意到'神权政治的形式'。凡是大家长制的部落,它的元首也就是它的祭司。"③在大家长制度下,家庭已经发展到了一个种族或者民族的地位,所以其中的团结已经不再是一种爱和信赖的单纯结合,而已经成为"一种服务联系"。这表明,"民族精神"已代替"家神"而成为人类的主宰。二者相比,"家神是内部和下级的神;民族精神(雅典娜)是认识自己和希求自己的神物;恪守家礼是感觉和在感觉中体现的伦理;至于政治德行是对自在自为地存在的、被思考的目的的希求"④。民族精神就是伦理理念在各个国家中的体现,就是国家的灵魂。

尽管家长制国家已经具备了国家的实体、功能和形态,但它尚属于没有得到充分发展的国家,"许多涵蕴在国家概念内的种种功能尚未达到名副其实的宪政机构"⑤。在黑格尔的意义上,古东方国家及西方古代和中世纪时期的国家,它们虽有不同程度的发展阶段的差别,但一般地都划入家长制国家的范围。只是到近代,国家才实行立宪制度、从而才变成宪政机构。

还值得予以注意的是,在黑格尔关于国家的起源和发展的学说中,被他称之为"社团"的社会组织具有重要的意义。这种社团之所指十分广泛,包括大家长制度以及所谓阶级、阶层、等级、同业公会等等。他对于社团的具体论述是:"'自由'这个元素转入

---

① 《美学》第 2 卷,商务印书馆 1982 年版,第 198 页。

② 《美学》,第 200 页。

③ 《历史哲学》,第 81、82 页。

④ 《法哲学原理》,第 257 节附释。

⑤ 《小逻辑》,第 276 页。

社会关系中,只能造成一些民众的社团;因此,这些社团结为一个整体的时候,全社团中每一分子都是一个自由人。""两重关系——社会中的个人自由和集团的联系——的结合,同国家的形成有着主要的关系。在这里各项义务和权利不再听凭个人的任意,而是确定为合法的关系了;这样,自然使国家成为全体的灵魂,始终作全体的主宰——从国家引出各种肯定的目的,国家给了政治行为和政府职员合法权力——同时一般的决定构成了永久的基础。"①他又说:"一个国家就是不完善的,如果这个国家尚没有达到阶级与职业的确定区分,并且如果在这国家里那性质上各不相同的政治的和行政的功能,并没有发展出特殊的机构去加以治理,如像那高度发展的动物的机体,均有特殊的机构以行使感觉、运动、消化等功能一样。"②将这几段话概括起来,就可以知道,社团的意义主要在于:第一,它们把单个人集结为整体,就能保证单个人所不可能实现的自由(理性)。这里体现出对于自由的辩证理解。第二,它们限制单个人的理性,而把人们相互关系确定为权利与义务的法律关系,就为国家的形成奠定牢固的基础。因为,国家恰恰是要把其成员的关系确定为权利、义务关系的法的最高形态。第三,它们将保障国家在社会生活领域和自身权力领域的"区分",使社会机体和国家机体都能得到健壮的发展,坚强而有力。这第三点,显然包含着近代启蒙思想家们有关国家机关的职能分工及其相互制约平衡理论的影响。尤其不可忽略的是,在黑格尔的社团论中,所谓"同业公会"被摆到最为醒目的地位。他设想的同业公会不是封建行会组织,而是"孤立工商业的伦理化"即资产阶级的经济组织或职业组织。据说,"除家庭以外,同业公会是构成国家的基于市民社会的第二个伦理根源。"③基本理由之一,在现代国家条件下,公民参加普遍事务的活动是有限度的;而这种不能经常由国家提供的普遍物,同业公会却可以提供。这样就可使工商业获得提升,"获得了力量和尊严"。④简言之,黑格尔设想,一旦建立这种同业公会,资产阶级就能充分地参与国家管理,把国家变成理想的资本家集体的国家。

最后,黑格尔把作为历史现象的国家的发展规律,进行了扼要的概括。他认为,那些真正独立的国家,它们在发展上的抽象而必然的过程如下:首先,它们从王权开始,这个王权是家长制的王权或者军事武装的王权。其次,在这种王权的基础上,各社会集团的特殊性和单个人的个别性必然要伸张其自己,从而便造成贵族政体和民主政体的国家。在终极的阶段上,这些特殊性和个别性又要受到一个单独权力的制服。这个单独的权力就是君主政体。只有在君主政体(指立宪君主制而非君主专制制)的国家里,那些特殊性和个别性,才能可靠地保障其独立地位。"确切点说,普鲁士国家就是

① 《历史哲学》,第398、399页。
② 《小逻辑》,第186页。
③ 《法哲学原理》,第255节。
④ 《法哲学原理》,第255节补充。

这种建筑在理智上的国家。"①黑格尔对于国家发展必然性论述的牵强附会和非历史真实性,以及屈从于普鲁士式君主立宪制的保守性,都反映了他所代表的德国资产阶级的先天软弱和动摇性。

二、现代国家的原则

(一)私人利益和国家利益的统一

国家不仅是伦理理念的现实,而且是具体自由的现实。所谓具体自由表现在,个人的单一性及其特殊利益获得完全发展。它们的权利获得明白的承认,而且还通过自身过渡到普遍物的利益,认识和希求普遍物,承认普遍物作为自己的实体性精神,把普遍物当成最终目的来活动。正由于这样,所出现的结果必然是:普遍物不能离开特殊利益、知识和意志而发生效力和最终完成;单个人也不是仅仅作为私人和为了自己而生活。在作为主观自由现实化的国家的命题中,国家虽然是个归结点,但单个人及其自由却是前提。就是说,单个人被承认有自己的观点、意志和良心,其内心生活受到尊敬。

在黑格尔的笔下,像这样的一切系于普遍性和特殊性相统一的国家,正是现代国家即资产阶级宪政国家的形象。他以感叹的语调说:"现代国家的原则具有这样一种惊人的力量和深度,即它使主观性的原则完美起来,成为独立的个人特殊性的极端,而同时又使它回复到实体性的统一,于是在主观性的原则本身中保存着这个统一。"②现代国家的本质就在于普遍物是同特殊性的完全自由和私人福利结合一起的。由于国家(普遍性)和私人(特殊性)这两个环节都拥有自己的力量,国家就变成一个肢体健全的、真正有组织的国家。

与现代国家不同,以前的国家都是"不成熟的国家"。在那里,国家的概念还被蒙蔽着而不能得到显现,单个人即它的公民没有达到自由的独立性,主观目的必须同国家意志完全一致。亚洲君主专制统治下的人民,每个人没有内心生活,没有权能;他们的意志就是他们主人(君主)的意志。因此,严格说,国家还不能算作一种普遍物。古典的古代国家(希腊和罗马国家)中,普遍性出现了,但特殊性还没有解除束缚而获得自由,这表现在自由民浓厚的城邦观念,特别是表现在大多数人还是奴隶的事实上。因此,特殊性还不能回归普遍性,即回归整体的普遍目的。在没有脱离前资本主义窠臼的普鲁士国家里,黑格尔大力地论证所谓现代国家的优越性,指责旧国家制度的不合理性,是完全符合历史潮流的。但是,同样明白的是,他所刻画的特殊性的自由、意志、知识、尊严和福利,丝毫没有越出资本的属性。更何况,他还给这种特殊性加上了

---

① 《哲学史讲演录》第 1 卷,商务印书馆 1983 年版,第 2 页。
② 《法哲学原理》,第 260 节。

一道普遍性的(国家主义的)枷锁。

(二)权利与义务

黑格尔强调,权利和义务是同国家紧密相连的概念,或者径直说是个国家概念。他敏锐而正确地看到这样一点,即从罗马法学家以来,特别是在资产阶级法律思想家那里,一向解释成纯粹调整私人间利害关系的私法,却别开生面地被孟德斯鸠《论法的精神》一书肯定为也依存一定的国家性质。从孟德斯鸠的观点出发,他对于国家同私人权利和福利(它们直接存在于家庭和市民社会的领域)的关系,提出了一组二律背反的命题:其一,国家是私法权利的"外在必然性",它们本质上都由国家所规定,都要从属并依存于国家;其二,国家又是私法权利的"内在目的",是私法权利最终追求的东西。总之,国家是一个绝对的中心。

按照黑格尔的观点,分别地说,义务,首先是个人对他认为是实体性的、绝对普遍的东西(国家)的关系。就是说,他之所以要尽义务,是由于考虑到这是国家及其法律的要求使之不能不如此。至于权利则相反,它总是国家这种实体性东西的定在,属于个人特殊自由的领域,他可以自由地去享受或者不享受。不过,有一点是万不可以忽略的,即权利永远是通过伦理的中介,相应于自己对国家所尽的义务而得到的。所以,个人特殊性的权利也包含在伦理性的实体性之中。正是从这个意义上,黑格尔附和毕达哥拉斯派流传下来的一句名言,说"个人只有成为良好国家的公民,才能获得自己的权利"①。"好公民",无非是能尽义务的公民。一言以蔽之,"在普遍意志跟特殊意志的这种同一中,义务和权利也就合而为一。通过伦理性的东西,一个人负有多少义务,就享有多少权利;他享有多少权利,也就负有多少义务"②。不仅在抽象法领域中义务和权利是统一的,在道德领域中也应当是统一的。

义务和权利的统一或同一性,丝毫不意味着二者是一回事;它们原来就不是等同的。并且,又因为国家中不同环节的实现具有独特的形态和实在性,从而义务和权利的差别又会重现出来。在这种情况下,同一只能理解为它们各观的自在的关系上的同一,即形式上的同一,而在内容上是各不相同的。因此,在家庭这个环节中,儿子对父亲享有的权利,其内容与他所应尽的义务是不相同的。又如,在公民对君主和国家相互关系的环节中,公民享有的权利与其应尽的义务也不相同。黑格尔还说到,在私法和道德的领域,由于它们不是直接的国家伦理性东西,所以缺乏权利和义务彼此之间关系的现实必然性。私法和道德的规范,在内容上只表达"抽象的"等同;就是说,它们没有指明特定的主体,因此,对某个人说来是权利,对别人说来也是权利,对一个说来是义务,对别人说来也是义务。那么,权利和义务的绝对同一和内容上的真实的等同,是否存在呢? 黑格尔断言是存在的。那就是"人类人身自由的原则"。只有它具有完

---

① 《法哲学原理》,第153节补充。
② 《法哲学原理》,第155节。

全普遍的和无限的规定性,成为义务和权利的唯一原则。自由的人,自然地赋有义务和权利。为此,黑格尔说:"奴隶不可能有义务,只有自由人才有义务。"①"奴隶没有任何义务,因为他们没有任何权利,反之亦同。"②

黑格尔反对片面强调义务,漠视权利,认为权利是非本质的甚至是无价值的环节的倾向。他说,从伦理理念上考察,权利环节同样是本质性的,实现权利是绝对必要的。因为,个人无论采取什么方式履行其义务,都必须同时找到自己的利益、满足或打算。由于他在国家中的地位,他的权利必然产生;而且正由于这种权利,国家事物才会成为他自己的事物。正确的情况,不应该是把个人权利或特殊利益搁置一边甚至加以压制,而应该使它同普遍物(对于国家的义务)相一致,两者都被保存着。个人,就其义务而言,是受人制服的;但他作为公民,在履行义务过程中获得了权利,他的人身和财产获得保护,福利得到照顾,他的实体性的本质得到满足,找到成为国家整体成员的意识和自尊感;一句话,他保持了生命和生活。抽象地说,国家的利益(普遍物的利益)无非是把它要求公民的职务和效劳,作为义务来完成而已。

至于义务与自由的关系,则是:义务只是对于没有规定性的规定性或抽象的自由,对自然意志的冲动,对于任意规定没有规定性的善的道德冲动,才显得是一种限制。而实际上,在国家的伦理性的义务中,个人毋宁说获得了解放,因为他达到了实体性的自由。黑格尔把这样的义务,称之为"作为向自由前进的义务"。他指出,"当人们说,我们要自由,这句话的意思最初只是:我们要抽象的自由,因此国家的一切规定和组织便都成了对这种自由的限制。所以,义务所限制的并不是自由,而只是自由的抽象,即不自由。义务就是达到本质、获得肯定的自由"③。这样看来,义务不仅同权利相一致,它同自由也是一致的。权利的实体内容就是自由。

黑格尔一再强调,权利与义务相结合的概念是最重要的规定之一,并且是国家内在力量之所在。假如所有的人都死抱住权利、都以个人任性为准则,那就回到了霍布斯式的自然状态,假如一部分人只享受权利(理性的权利),一部分人只负担义务(非理性的义务),那就回到了奴隶制度或农奴制度。而不管哪种情况,整体都要瓦解,都是同现代国家的原则不相符合的。

几百年来,在资产阶级思想家们当中,关于权利与义务的性质及其相互关系问题,一直是一个纠缠不清的问题。究其原因,很重要的一点就是他们陷入了形而上学方法论的泥潭。而黑格尔的辩证法,则显示出其卓越的威力。从理论上说,他反对把权利与义务当成脱离国家而孤立的东西,反对把二者对立起来,反对抽象的权利或义务论等等,都是非常科学的。遗憾的是,黑格尔没有看出,权利与义务的一致性作为所谓现代国家即资产阶级国家的原则,那仅仅是法律上或形式上的东西。事实上,在现代国

---

① 《法哲学原理》,第155节补充。
② 《法哲学原理》,第261节附释。
③ 《法哲学原理》,第149节补充。

家中,权利是依照资本的多寡进行分配的,权利就是资本的理性;靠出卖劳动力果腹的无产者依然没有从根本上摆脱奴隶的命运,——只不过不是人身依附的奴隶,而是雇佣奴隶罢了。

（三）国家与家庭、市民社会

黑格尔的出发点是把家庭和市民社会看作属于国家的概念领域,看作国家的有限性的领域。国家之所以要把自身分为这两个领域,为的是超出它们而分为"自为的无限的现实精神"。于是,国家便以个人的"情势、理性和本身使命的亲自选择为中介",把自己"有限的现实性的材料"(即构成国家的国事、家庭和市民社会的现实性或现象)分配给家庭和市民社会。其中,充当"中介"的所谓"选择",就是选择职业。家庭和市民社会的具体状况,同国家理性无关,而是直接地取决于构成这个群体的个人的职业状况。黑格尔分析说:在柏拉图理想国里,主观自由还没有被承认,个人的职务由官府来分配;在许多古东方国家,职业分配决定于出生门第。但是,他认为,现代国家重视主观自由,所以坚持个人自由选择职业的原则。的确,职业自由是资产阶级的要求,它已普遍地上升为资产阶级国家的宪法原则。不过,这并非根本性的东西。

马克思在《黑格尔法哲学批判》一书中指出,黑格尔这番议论最值得注意之处在于,它是"集法哲学和黑格尔全部哲学的神秘主义之大成"。因为,国家与家庭、市民社会的关系,涉及到认识论、尤其历史观的根本问题;而黑格尔恰恰在这个问题上集中暴露了其客观唯心主义的错误。家庭和市民社会的基本属性,在于它们是一定经济关系及由此产生的阶级关系的直接形式。因此,正是家庭和市民社会的现实性质决定了国家的性质,正是它们的现实意志决定了国家的意志。这是历史唯物主义关于经济基础与上层建筑相互关系的基本原理。马克思指出:"政治国家没有家庭的天然基础和市民社会的人为基础就不可能存在。它们是国家的必要条件。但是在黑格尔那里条件变成了被制约的东西。规定其他东西的东西变成了被规定的东西。产生其他东西的东西变成了它的产品的产品。"①从认识论和方法论的角度上说,黑格尔把国家理念变成独立的主体,而家庭和市民社会对国家的现实关系变成了具有想象的内部活动,因而走上了"逻辑泛神论的神秘主义"的邪路。这儿必须强调,马克思的这些批判,命中了黑格尔法哲学,尤其国家法思想的要害。

按照黑格尔的观点,如果说国家同家庭和市民社会的相互关系中存在的第一个推移是国家到家庭和市民社会的话,那么,其第二个推移便是家庭和市民社会到国家,即本身就是国家精神的这两个领域的精神,现在回过头来再把自己当作国家精神来看待,并且变成作为家庭和市民社会实在内容的那种自为的现实的东西。在第二个推移过程中,黑格尔仍然乞灵于个人这个中介。他说,构成家庭和市民社会的个人,包含着双重要素:第一,他是自为的个别的人,能够通过存在于家庭和市民社会领域中的国家

---

① 《马克思恩格斯全集》第 1 卷,第 252 页。

制度(它们的法规),即通过潜藏他内部的普遍物,直接地获得意识到自己本质的权利;第二,他是具有普遍性的实体性的人,能够通过两领域的制度,在同业公会的范围内给与其职业和活动的机会中,间接地获得意识到普遍性的权利。从个人的这双重要素中可以看到,两领域中的国家制度是极为重要的:它们构成坚固的国家的基础,又是个人信任忠诚于国家的基础。黑格尔说,"理性的规律和特殊自由的规律必须相互渗透"。这就是,国家以为公民谋幸福为目的,公民以归属国家为目的。否则,"国家就等于空中楼阁","就会站不住脚的"①。据说,这种客观的必然或规律,是存在于自由(意志)的形态之中的。黑格尔这第二个推移,"不是从家庭的特殊本质等等中引申出来,也不是从国家的特殊本质中引申出来,而是从必然性和自由的普遍的相互关系中引申出来的。这正是黑格尔在逻辑中所玩弄的那种从本质领域到概念领域的推移"②。换言之,黑格尔的论述全然抹杀了特定的个人、家庭、市民社会及国家的阶级本质,而把它们的联系一律当作精神方面的逻辑关系;到头来,还是说明不了什么东西的。这是他的超阶级国家观的生动例证。

(四)政治情绪和政治制度

黑格尔逻辑学中一个重要原理,认为实体性的关系是必然性的关系,即实体在现象上划分为独立的,但本质上被规定的多种现实性领域或活动领域。现在,他把这个原理搬来说明国家理念的运动。他说,这种必然性的运动表现为两个方面:国家的主观实体性,是我们的政治情绪;其客观实体性,是政治制度,或叫政治国家、国家制度及国家机体等。这政治制度是国家在自身中把自身组织起来,或在自身中设定自身的差别(区分),通过这种区分再返回到国家理念,完成它的"圆形运动"。这里,重要的是,像黑格尔在其他地方一样,照例地把理念当作主体,而把真正的现实的主体(如"政治情绪"即人民)变成了谓语。事实上,国家的发展都总是在谓语这方面完成的。

1. 政治情绪。

所谓政治情绪,就是爱国心。而爱国心是人们从国家理念这个"真理"中获得信念并成为习惯的意向,从而就是一种对国家的信任。人们何以会爱和信任国家呢?黑格尔回答说:那"只是国家中的各种现存制度的结果,因为在国家中实际上存在着合理性"③。具体说,人们意识到"我的实体性的和特殊的利益包含和保存在把我当作单个的人来对待的他物(这就是国家)的利益和目的中,因此这个他物对我来说就根本不是他物。我有了这种意识就自由了"④。马克思认为,这里"对政治情绪即爱国心作了很好的描述"⑤。好就好在它有力地暴露了黑格尔国家学说本质之所在,就是"伦理理念

① 《法哲学原理》,第265节补充。
② 《马克思恩格斯全集》第1卷,第254页。
③ 《法哲学原理》,第268节。
④ 《法哲学原理》,第268节。
⑤ 《马克思恩格斯全集》第1卷,第255页。

的现实在这里成了私有财产的宗教"①。在有产者的国家中,我的实体性和特殊利益之所以包含和保存在国家的利益和目的之中,就因为我是有产者。反过来,作为有产者的国家之所以能包含和保存我的利益,就因为它是有产者的国家,因此,国家的实体性,当然就是我的实体性了。还需补充的一点,当时的普鲁士国家,其意志"被土地的权力所压抑并屈从于它所附着的莫测高深的因素"。从这个意义上,也可以说,国家又是依赖于有产者的,于是问题便很容易理解了:政治情绪无非是有产阶级对于为它服务的国家的热爱和信任,是它同自己工具之间的一致性。

为了渲染政治情绪的高尚,黑格尔还求助于当年柏拉图在《理想国》中宣扬的区分所谓"知识"与"意见"的说法,认为政治情绪是理性的意识,而具有盲目爱国情绪的缺乏教养者表现出来的仅仅是"意见"而已。但不论如何,"需要秩序的基本感情是唯一维护国家的东西,而这种感情乃是每个人都有的。"这个论断是用以掩饰现代国家的有产阶级的本质的虚伪言词。

2. 政治制度。

国家有机论是西方政治思想的传统流派之一。它对黑格尔也发生了影响。他说,"国家是机体"。② 它是理念向各种差别的发展,即区分为"各种不同的权力及其职能和活动领域"。这就是国家在创造自己和保存自己。这种机体便是政治制度。与此不同的,黑格尔反对两种情况:第一,如果不对国家的权力、职能、活动加以区分,那么,它就将是一个没有活力的僵硬物,不能创造自己,从而也不能保存自己。这个论述是指向封建专制主义或极权主义国家政体的。第二,如果被区分的权力、职能及其活动变成一种机械的划分,各闹独立性,自由散漫,那么,就势必与国家脱节分离,使国家不再成为机体,而导致国家的崩溃。这个论述是指向资产阶级思想家中间流行的那种片面强调权力分立的观点的。

尽管,如马克思一再揭露的那样,黑格尔论述中充满同义反复,并且装腔作势地把现代国家的一些经验事实冒充哲学的发现,但是毕竟不能否认,他"把政治国家看做机体,因而把权力的划分不是看作机械的划分,而是看作有生命的和合乎理性的划分,——这标志着前进了一大步"③。就是说,黑格尔不仅比专制主义思想家们高明,也比许多热衷鼓吹"三权分立"论的思想家们高明。辩证法使他认识到,国家权力的划分或区分,只不过是统一的国家权力之下的不同职能和活动的分工和合作而已。因为,问题是如此明白,任何统治阶级的权力都是统一的,不容许分割的。硬说国家权力可以分割,硬说国家的不同职能部门相互对立,那就是一种骗局。可见,马克思在黑格尔关于国家机体或政治制度的"露骨的神秘主义"论述中指出这个合理性观点,是很值得注意的。

---

① 《马克思恩格斯全集》第 1 卷,第 373 页。
② 《法哲学原理》,第 269 节补充。
③ 《马克思恩格斯全集》第 1 卷,第 255 页。

（五）国家的目的

黑格尔说："国家的目的就是普遍利益本身，而这种普遍利益又包含着特殊的利益，它是特殊利益的实体。"①接着，他作了三点说明：第一，上述情况是"国家的抽象的现实性或国家的实体"。即关于国家目的这一论断，是国家意志的本质对象，是国家生存的原素。因为，没有这一目的，国家便不可能是现实的国家。但这仅是抽象的规定。第二，国家的抽象的现实性和实体性，是"国家的必然性"。因为，单纯的国家目的和单纯的整体存在，只有通过各种被划分的国家权力才能实现出来。第三，国家的实体性是精神，有教养的自我认识的精神。所以，国家才能确定自己的上述目的，才能区分自己的权力和活动，借此以返回自身。

按照科学的观点，假如把作为统治阶级意志集中表现的国家意志或现实的精神当成出发点，那么，"普遍目的"（为统治阶级的整体利益服务）就是国家意志（精神）的内容，各种不同的权力是它实现自身的方式，是它的实在的或物质的定在，而这种定在的性质应从它的目的的本性中产生出来。然而，在黑格尔那里，情形正好是颠倒的。国家的目的和各种权力，被说成是超现实的实体的特定"存在方式"；这样一来，目的、权力都成了神秘的东西，成了脱离了现实的存在，能动的或所谓有教养的精神变成了毫无意义的东西。换言之，具体内容即现实规定，成为形式上的东西；而完全抽象的形式规定，成为具体内容。这是政治的超阶级观点和逻辑的形而上学相结合的又一例证。"在这里，哲学的工作不是使思维体现在政治规定中，而是使现存的政治规定化为乌有，变成抽象的思想。""不是用逻辑来论证国家，而是用国家来论证逻辑。"②虽然如此，就国家学说这个方面来看，仍然有其可取的、现实的东西。黑格尔所讲的国家"概念中的这些差别在这里构成'国家活动领域'的各种差别，并且形成'巩固的规定'，即国家的'各种权力'——这个补充命题是法哲学的财富，是政治经验的财富"③。但这个含有合理成分的法哲学原理，也仅仅是对逻辑学的"补充"而已。

总而言之，黑格尔着力加以论述的现代国家的诸关系或诸原则，最终都被他弄成抽象的、非现实的、超阶级的关系或原则。

（六）国家与宗教

在欧洲，自基督教产生以来，一直存在着它与国家之间的纷争。这个情况不仅影响到政治生活，而且影响到一切领域。所以，国家和宗教的关系，必然成为国家学说中一个无可回避的重大问题。当黑格尔以其国家目的论归结了现代国家的诸原则之后，说"这里正是谈论国家对宗教的关系的适当场合"时，是有他的道理的。因为，不谈论这个问题，有关现代国家原则的论述就会出现很大的漏洞。

---

① 《法哲学原理》，第 270 节。
② 《马克思恩格斯全集》第 1 卷，第 263 页。
③ 《马克思恩格斯全集》第 1 卷，第 264 页。

很容易想到,一个人对于国家和宗教关系持有什么观点,取决于他对宗教的态度。在这方面,黑格尔前后有很大的变化。他晚年虽然仍保留着青年时代对宗教的某些批判精神,但总的趋向是愈益变得保守了。现在,我们要探讨的正是他的晚年作《法哲学原理》中的观点。

1. 宗教含有国家的本性。

黑格尔认为,要弄清宗教和国家之间关系的本质,必须首先联系宗教的概念。他说:"宗教以绝对真理为其内容,所以最高尚的情绪就是宗教情绪。作为直观、感情、表象式的认识,宗教集中其事物于上帝,上帝是不受限制的原理和原因,是万物之所系,所以宗教要求万物都被放在这一关系上来理解,并在这一关系中获得它们的确认、论证和证实。"①显而易见,这个精心炮制出来的宗教概念,完全是对于宗教,尤其是基督教的赞歌。如同列宁所说,是"庸俗不堪的僧侣的唯心主义乱吹基督教的伟大(其中有摘自福音的引文!!)。讨厌之至,臭不可闻!"②

黑格尔正是以此为根据,得出了"国家需要宗教"的两个最重要的观点:第一,宗教是国家的基础。他论证:"当我们说,国家是建筑在宗教上面——国家的根是深深地埋在宗教里的——我们主要是说,国家是从宗教产生的;而且现在和将来永远会如此产生的;换句话说,国家的各种原则必须被看作在本身和为本身是有价值的,而且只有当它们被认为是'神的本性'的各种决定的表现时,它们才能够有价值。因此,宗教的形式决定了国家的形式和宪法。"③第二,宗教使国家的存在获得"最高的证明"。因为,宗教专以兜售上帝为营生,"而这种内容是跟伦理原则和国家法律紧密地联系在一起";"当它的教义触及客观真理以及伦理性东西和理性东西的思想时,就在这种表达中教会直接过渡到国家的领域"。就是说,唯有凭借宗教或教会的媒介,才能把神圣性注入国家之中。这两点"理由"相当坦率而清楚地说明了,为什么"文明的"资产阶级的政权老是向愚昧的宗教势力献媚!

但黑格尔毕竟是国家主义者,为此,再前进一步,他就赶忙声明:国家对宗教的依靠,只能到这儿为止。往下,二者就分道扬镳。既然国家变成神的意志,那么,它就是当前的、具有现实组织形态的"地上的精神",从而便不允许在国家面前无限地夸张宗教的作用。于是黑格尔便着手驳斥两种来自宗教势力的情绪。首先,反对"宗教狂热"。国家作为伦理理念的现实,是一种已经发展成为具有强大的牢固的各种权力和法律制度的机体。但宗教作为表现对绝对精神(上帝)的关系,仅限于以感情、表象、信仰等等较低的认识和纯内心的形式,而没有稳定的外在性。因此,信仰宗教的人,往往容易把认识停留在本质上而不使之达到定在,或停留在抽象的善而不使之上升为善的事物。假如用这种宗教的认识水平和方式来对待国家,就会产生宗教狂热。他们将会

---

① 《法哲学原理》,第270节附释。
② 《列宁全集》第38卷,第349页。
③ 《历史哲学》,三联书店1956年版,第91页。

把国家权力组织和法律秩序,当成妨害人们宗教的内在情绪和观点的异物而加以排斥,反对家庭和市民社会中的财产、婚姻、劳动等现实关系。这种让人们只听从任性和激情摆布的要求,必定要使国家陷于动荡不安和分崩离析。其次,反对"论战式的虔诚"。另有一些宗教信徒们,虽然表面上能够服从国家权力,适应法律制度,但却把这视为自己的屈服或忍受藐视。因此,一有机会,他们就公开发泄。尤其在现代,宗教心往往被搞成一种"论战式的虔诚"。黑格尔指出,这不过是他们没有教养的、没有达到成熟意见的虚荣心的表现,说明他们的软弱。如果他们真有力量,那就不应当保持沮丧抑郁的心情和自负傲慢的态度,不应当虔信手头已掌握洞悉国家权力和法律制度本性的一切条件;而应当把自己的主观性提高到对客观真理的认识及对客观权利和义务的认识,从而摆脱愚昧无知状态。不难看出,当宗教同国家出现裂痕和分歧时,黑格尔是坚决维护国家的。

2. 国家对教会的维护和监督。

依照黑格尔的观点,既然宗教是国家的基础和国家存在的最高论证,而且它又可以在人的内心深处保证国家"能够找到安宁"①及完整统一的因素,那么就可以说国家应当全力地支持和保护教会并使它达到宗教的目的。这表现在,国家要满足教会因教化事业举行仪式和宣传教义所需的地产和财产以及为教会服务的人员。更为重要的,国家应当要求所有公民都能加入一个利于自己的不论什么样的教会。与此相关,黑格尔积极主张宗教信仰的宽容政策。他认为,一个组织完善的国家或强国,对于宗教信徒们触动国家细节的事情可以完全不予理会;即令有人基于宗教信仰而不承认某项国家规定的义务(比如征兵),如果不是数量巨大,也可以容忍,而采取其他代替或交换的消极办法来使他们完成义务。黑格尔还专门称赞了西方发达国家对于犹太人的宽容政策,认为尊重犹太人的人格、信仰和权利可以使他们产生自尊感和平等感,对于国家是有利的。

此外,国家还要对教会实行监督。由于教会拥有财物和供职人员,并进行宗教活动,就使它内心生活进入尘世,即进入国家的领域。这样,它就必须"直接受治于国家法律",就是说,教会就负有服从社会秩序的义务。教会及其人员不能免受国家行政的管辖和来自警察方面的公共权力的监督。它不应当享有有别于一般社会组织和成员的特权,不应当干预非教徒的诸如婚姻、宣誓方面的事项。

说到这里,黑格尔断然驳斥以宗教教义来对抗和藐视国家的企图。他指出,教会方面会认为自己拥有绝对精神,而国家是一般精神,把国家当作它的一部分;会认为自己是神的王国,至少是天国的进阶和前院,而把国家看作尘世的或空幻和有限的王国;会认为自己是目的,而国家不过是手段。以此为理由,它就相应地要求国家不仅应保证教会传播教义的完全自由,并且应无条件地尊重传教本身而不问其性质如何。针对

———————————

① 《历史哲学》,第482页。

教会的这种野心,黑格尔说道:第一,国家也有自身的教义,即采取思想形式的国家制度和法律制度。这是合理的意识和体系,因此是不允许任何力量破坏的。第二,教会教义的外部表达,在内容上直接牵涉到国家原则和法律,从而国家不能不加以干预。黑格尔的这一论战富有现实的色彩,显得十分明快、有力。

3. 国家是比教会更高的精神要素。

在黑格尔看来,认识国家和宗教关系的另一个重要之点,是必须澄清二者究竟哪一个代表"更高的精神要素"或"自在自为的真理的要素"。

在这个问题上,黑格尔强调,首当其冲的是要坚决打破长期以来的偏见,即认为宗教是最高的精神和独尊的要素,因此它应被安置在国家的彼岸,而国家则不过是个自在自为的俗物,仅仅属于人们的急难的组织。他指出,这种观点所反映的是历史上野蛮时代的状态。那时,一切更高精神要求统统集中于教堂,而国家只是依据暴力、任性和激情的尘世统治,所以国家和宗教的这种抽象的对立成了现实界的主要原则。但是,这样的观念和状态同现代是不相容的。

黑格尔还强调,为了正确回答这个问题,靠一般的见解、靠宗教家的见解都莫能为力,唯有哲学(当然是黑格尔的哲学)才能加以认识。他说,教会和国家在内容上均具有真理和合理性,没有对立,只是在形式上有别。更具体地说,如上所述,作为宗教的普遍对象的是现成的内容即上帝;个人对这个对象的关系是以这种权威为基础的义务;对这个对象的认识不是借助思维和概念,而是感觉和信仰。特别是当教会传播教义时,往往以礼拜的形式的东西为主,有教养的意识为次。这一切都表明它是较低水平的精神要素。国家则不同。它同教会相比,处处都表现为"认识的主体"。它是伦理理念的实体和自我认识,它的真理性和合理性都被思维的意识加工成为普遍形式的法律,因而它无须再借助感情和信仰。另外,国家也无须借助自身之外的权威,它就是权利和形式,有权使这些形式发生效力(成为国家的强制力),来对抗任何个人的主张,其中包括对抗"从科学的水平下降到意见和演绎推理",也包括对抗教会的种种违背国家意志的主张。黑格尔专门说到:当教会提出一些自恃自负的见解无伤大局时,国家可以把它们视为没有真实力量和权力的东西而不予理睬,一旦教会"这种坏的原则的意见把自己形成为腐蚀现实的一种普遍的实在时,国家必须反对它"。所以,当教会鼓励国家教育机关转而反对国家时,就是这样。最后,黑格尔还解释道,国家权利的种种形式的原则,其本质是思想亦即自由。所以,一切自由的东西,如思想自由和科学自由都源出于国家,它们永远在国家一边,而不在教会一边。教会惨无人道地下令烧死伟大的科学家乔尔丹·布鲁诺,百般迫害阐述哥白尼太阳系学说的伽利略等罪行,就是明证。一言以蔽之,"对于'国家'的意见必须被认为是最高而最神圣的;假如'宗教'被看作是比这种意见更高和更神圣的时候,这个宗教就不能够包含外于'宪法'〔即国家原则]或者反对'宪法'的任何事物"①。在这方面,黑格尔是毫不含糊的。

4.国家和教会应当分立。

黑格尔像一般的进步资产阶级思想家一样,是国家与宗教的分立的倡导者,反对形形色色的政教合一论或国教论。他承认,如果国家和教会在原则和人们的情绪上是统一的,那么,二者在意识形式方面会形成一种本质的"特殊实存"。例如,古东方专制制度就是这样一种实存。但是,在那里,名义上是国家与教会的统一,却没有精神的价值。也就是说,没有真正表现为法、自由及有生气的那样的自我意识形态的存在,有的是愚昧、野蛮、恐怖和奴役。政教合一,在西方,尤其在中世纪,也是非常黑暗的。正是针对欧洲的教训,黑格尔指出:"如果说在民族分离情况下宗教上的共同性向来不曾阻止战争,并把这些民族联合成为一个国家,那么在我们时代宗教上的不同也没有使一个国家东离西散。国家权力作为纯粹国家法权必须使自己和宗教权力及其法权分离开来,充分保持独立存在,并善于自处,准备不需要教会,并使教会再回到教会起源时从罗马国家取得的同国家权力分离的状态。"②

在理论上,黑格尔则认为:"如果国家作为精神的认识自身的伦理现实而达到定在,那么,它的形式必然与权威和信仰的形式有所区别,而这种区别只有教会在它自身内部达到分立时才能出现"。③ 在他看来,马丁·路德的宗教改革后的新教就达到了这种"自身内部的分立",即它退出政权而回到信仰领域中去。这样一来,国家便超脱教会的羁绊而达到形式上的原则,进而达到其实存。任何认为政教分立是一种不幸的观点,都是错误的。黑格尔说:"'国家'法制和宗教的完全分离,是一种基本的智慧,因为如果有了一个'国家宗教',结果常常会造成执迷和伪善等等事情。"④只有政教分立才能有国家、真正的国家,并有真正的合理的宗教,所以这是两者所能遇到的"最幸运的事情"。黑格尔的理论是蹩脚的,但又是很实际的。

三、国家政体

(一)国家权力的整体和区分

我们已经知道了,国家的概念的本性要求使自己成为机体,即成为一个国家制度的体系,因此它就必需区分自己并规定自己的职能和活动。只有这样才是合乎理性的国家,现代国家。进一步又知道了,由于区分的结果,每一种权力或每一国家职能部门,又都是一个包含着其他权力或职能部门的整体;并且,在最后,它们包含在理想的、构成一个单个整体的国家之中。就是说,它们的差别之所以能够成为本质的、实在的

---

① 《历史哲学》,第495页。
② 《黑格尔政治著作选》,商务印书馆1981年版,第33页。
③ 《法哲学原理》,第270节附释。
④ 《历史哲学》,第495页。

合理性的诸环节,归根结底是源于统一的国家权力划分的原则。

黑格尔说,对于国家权力区分的真正哲学认识,不是来自抽象理智即从抽象的推论、目的、根据和功利出发,不是来自家庭的启迪即从心情和灵感出发;而是从国家概念本身出发,即从黑格尔的逻辑学出发。因为,只有这种逻辑学才能指出,国家理念自身如何进行自我规定,设定普遍性、特殊性和单一性诸抽象环节。如同马克思指出的,黑格尔的观点是:"国家区分和规定自己的活动不应根据自己特有的本性,而应根据概念的本性,这种概念是抽象思想所固有的被神秘化了的动力。因此,国家制度的理性是抽象的逻辑,而不是国家的概念。我们得到的不是国家制度的概念,而是概念的制度。不是思想适应于国家的本性,而是国家适应于现成的思想。"①实际上,同抽象理智和启示论一样,黑格尔的认识也是唯心主义的。

黑格尔驳难的重点,是抽象理智对于国家权力区分原则的领会。他指的是17—18世纪欧美资产阶级革命以来所流行的三权分立和牵制平衡的观点,尤其是由汉弥尔顿所集中和由美国1787年宪法所体现的观点。黑格尔指出,这种观点,一方面,把国家中存在的各种权力看作是"彼此绝对独立的规定,而这是错误的";另一方面,认定"各种权力的相互关系是否定的,彼此限制的,而这种解释是片面的"。② 持有这种观点的人,视每种权力为"自为存在着的""独立自主的东西";而且,每一种权力都敌视和害怕其他权力,它们的职能就是彼此反对、抗衡,以便造成普遍的均势。或者说,相互间狡猾地建筑"堤坝"以对抗相反的"堤坝"。黑格尔谴责,这是市民社会中市侩们具有的"贱民观点的特征"。就是说,他们把自身的自私心和猜忌心拿来说明各种国家权力的关系。他们根本不懂得,国家权力的"绝对渊源"是国家的自我规定,同任何其他目的和功利无关。明白的情况是,相互独立的东西不可能形成统一,而必然发生斗争。其结果,无非两者之一:或者国家整体崩溃掉,或者由其中的一种权力控制其他权力,造成新的权力统一。举例说,在法国革命过程中,时而立法权吞噬行政权,时而行政权吞噬立法权,其间就没有提出某种调和的道德要求的余地。由此可见,国家权力的统一,从最终意义上说是不可避免的,而在这里任何感情因素,哪怕是伦理性感情都是无能为力的。

必须承认,黑格尔关于国家权力的统一和区分的论点,不仅是辩证法的一种生动的运用,而且一定程度上反映了客观真理。虽然结合具体历史背景来分析,有时(如英、法两国资产阶级革命过程中)所谓权力的分立反映着不同阶级力量之间的抗衡和斗争,但最后总是要归于统一的,而分立则是暂时的。否则,资产阶级专政便无法维持下去,便会瓦解。黑格尔不懂得阶级分析,但这不妨碍他也能提示出一些合理的见解。

(二)政治国家的三种权力

那么,对于有机的整体国家权力,应当怎样区分呢? 在这个问题上,黑格尔借鉴了

---

① 《马克思恩格斯全集》第1卷,第267页。
② 《法哲学原理》,第272节附释。

欧洲历史上的三权论。早在二千余年前,亚里士多德在《政治学》中就说到,任何国家都有议事(立法)权、行政权、司法权。这个看法,后来被罗马的波利比所发挥。17世纪英国的洛克认为司法权应包括在行政权之中,此外提出了对外权。而到孟德斯鸠那里,复又把对外权归属行政权,恢复了立法、行政、司法的三权论;1787年美国宪法恰恰是孟德斯鸠三权论的活样板。卢梭虽然反对三权的分立论,但并不否认这三种权力的存在和区分。黑格尔则在这种种说法的基础上,进行了自己的论述。他说:"如果人们惯于谈论三权即立法权、行政权和司法权的话,那么其中第一种相当于普遍性,第二种相当于特殊性,但司法权不是概念的第三个环节,因为概念固有的单一性是存在于这些领域之外的。"①就是说,国家概念自身的单一性不是司法权而是所谓王权;司法是被他当作市民社会的权能处理的。于是,黑格尔造出立法权、行政权、王权的三权论。这正好可以附会于他的逻辑学三分法。稍微具体些说,就是:立法权,是规定和确立普遍物的权力;行政权,是使各特殊领域和个别事件从属于普遍物的权力;王权,是作为意志最后决断的主观性权力,它把被区分出来的各种权力集中于统一的个人,因而它就是整体即君主立宪制的顶峰和起点。尽管黑格尔反对关于理想国家的言论,但他的三权论及其解释,又何尝不是他的理想国家的方案呢。在这里,值得注意的是,立法权虽说代表普遍性并且排在首位,但并不意味它是国家的最高权力或主权。相反,黑格尔强调排在最后的王权。由于它是国家权力整体的"顶峰和起点"。所以他在展开论述三权时,整个排列的顺序便颠倒过来,对王权首先加以考察。这可以看作是黑格尔三权论的一大特征。

(三)政体论批判

在国家政体问题上,黑格尔所设定的前提和他所得出的实际结论之间,存在着明显的矛盾。他的一贯前提是认为国家政体即国家形式是无关紧要的,而结论却是最坚定的、排他的君主立宪主义,而且还是他所想象的普鲁士式的君主立宪主义。

还在黑格尔的早年即1802年,他在《德国法制》这篇论文中就详细地说明:"一群人要形成个国家,为此必不可少的是他们所能形成共同防御和国家权力。至于由此产生的效果和结合的各方存在的形式,或与一群人形成权威力量相应的特殊法制,那是无足轻重的。有关这类形式和方式的,一般都可能以极多样的方式而存在,在特定某一国家这方面甚至可能出现一种完全无规则和非齐一的状态。""整个国家权力如何存在于一个最高结合点上,其方式和形式应算作国家现实的一个属于偶然情况的部分。掌权者是一个人还是数个人,这个人或这些人是生而就处于这种尊严地位,还是选举而成,对一群人能构成国家这唯一必然的东西来说是不相干的。"②到了他撰写《法哲学原理》一书时仍然认为:现代世界以主观性自由为原则,一切国家制度的形式都可以

---

① 《法哲学原理》,第272节补充。
② 《黑格尔政治著作选》,第29—30页。

容忍这一原则。所以,提出君主制与民主制哪种形式为好,便是"无意义的问题"。但实际上,他并不是真的这样看待政体的。

很难否认,黑格尔政体理论深受洛克和孟德斯鸠的君主立宪论,甚至深受现实英国国家制度的影响。但是,黑格尔是力图适应德国的情况进行改造的。就是说,它是德国的翻版。其特色在于把君主立宪制抬到更高的地位,而把民主制压到更低的地位。

黑格尔认为,"国家成长为君主立宪制乃是现代的成就"①,它使实体性的理念获得了无限形式的主观自由。国家权力实现了完美的自我区分,以至于使这一切化为世界历史的内容。这三言两语便把君主立宪制捧到了吓人的高度。

然而,对于现代国家中影响更大并被广泛采用的民主制(当然是资产阶级民主制),黑格尔却到处加以贬低乃至攻击。他反对民主制的理由,主要有两个方面:首先,他认为人民是无知无能的"原子式的群氓"。"群氓怎能通过自身或别人,通过善、思想或权力而达到一种国家制度,那只得听其自便了。因为概念与群氓是根本风马牛不相及的"②。他还说,民主制"这是一种危险的虚伪的偏见,以为只有人民才有理性和识见,才知道正义是什么东西;因为每个人民的党派都以人民代表自居,然而国家组织这个问题乃是一个高深的学术工作,而不是人民的工作"③。其次,他总是把极端民主化或资产阶级民主制实践中的弊病,当作否定民主制的根据。如说什么"通过代表人的选举方式,赋予民主制原则以进一步的扩展,并且几乎是完全放之任之。这将使这种成分以近乎完全不受约束的形式进入国家制度"④;说什么"民主制度要依靠演说","演说使各种情况归结到权力和法律上面",而"国家的目的,国家行政和法制的最好方式,在煽动家中间,是动摇的"⑤;他甚至把公民们的自私、爱争吵、轻浮、虚荣、没有信仰和知识、爱说闲话和大话等,也同民主制联系到一起。⑥ 这一切,显然是没有说服力的成见。

黑格尔的观点,还表现在他对各种有影响的政体理论的批判。

1. 关于君主制、贵族制、民主制的区分。

黑格尔认为,这种古老的区分"是以尚未分割的实体性统一为其基础的",即自由意志还仅仅表现为一个单一的整体。换言之,这统一由于没有发展到内部划分,也就没有形成一个机体,从而缺乏深度和具体的合理性。这时,国家制度的差别只存在于不同国家之间,也就是外部的差别。因此,这种区分,从古代的观点来看,有其真实

① 《法哲学原理》,第 273 节附释。
② 《法哲学原理》,第 273 节附释。
③ 《历史哲学》,第 83 页。
④ 《黑格尔政治著作选》,第 130 页。
⑤ 《哲学史讲演录》第 2 卷,第 10—11、24 页。
⑥ 《美学》第 3 卷(下),第 290 页。

性和合理性。而同现代国家相比,都是不真实、不合理的。它的缺陷具体地表现在数量论上,即说君主制是一人掌权、贵族制是少数人掌权、民主制是多数人掌权。黑格尔说,这种被奉为国家制度最高标志的数量观点,在君主立宪制度下就降格为国家权力的各个环节:君主(王权)是单一的人,行政权是一些人,立法权是多数人。这三种权力是依次地或历史地出现的或区分出来的。唯有到达这种区分,国家权力才真正是合理的现代国家权力。相反,上述的数量论是不能表示国家概念的,完全是肤浅的。另外,黑格尔也不赞成套用历史上"混合政体"观点来谈论现代的君主制,说它包含民主要素和贵族要素等。他的回答很简单:"这些规定,既然发生在君主制中,就不再是什么民主的和贵族的东西了"。就是说,混合政体论依然没有摆脱数量论,因而现在又要用数量观点来分析君主立宪制。黑格尔用数量论来概括欧洲两千多年来的政体区分理论,是相当精辟的。它确实抓住了这种理论的形式主义特征。在黑格尔的批判中,还体现了他的深刻的历史感。正像他喜欢说的,在专制制度国家里,只有君主一人意识到自己是自由的;在奴隶制度国家里,只有少数人意识到自己是自由的;在现代国家里,每个人都意识到自己是自由的。他论述政体的历史发展,显然也包含这个意思,并与此相一致的。黑格尔的观点当然是有毛病的。但它的可贵处在于,力图突破国家政体研究方面的形式主义束缚,而深入探讨国家的本质。

2. 关于费希特的"监察制度"论。

与政体方面的数量论者不同,费希特在所著《自然法》一书中说:"所有这些形式都是合法的,只要存在着监察制度就行,并且它们都可能在国家中创造和维持普遍的法。"黑格尔指出,这种看法是把国家从头到尾表述为抽象的东西,仿佛由国家自己在统治和命令着,而不通过人,所以才认为对国家中为首的人数漠不关心。按照黑格尔观点,国家中为首的人数的差别,在极其简单的社会状态里确实意义不大或根本没有意义。言下之意是,在复杂的、发达的社会状态里却不是这样。的确,这是黑格尔关于政体问题的一贯思想。例如,他在谈到直接民主与代议政治的关系时,就讲过这样的话:"我们的国家既然如此之大,而人民又如此之众,直接行动当然是不可能的,所以民众只有用选举代表的间接方法,来表示他们对于有关共同福利的事项的同意;换句话说,在一般立法事项上,应该由人民推派代表。"① 这也间接证明,黑格尔是重视国家中掌权人数多少的问题的。另外,黑格尔还指出,费希特的监察制度论依然导源于三权分立和制约平衡理论。因为,他所发明的监察制度,归根结底,无非是用来对抗国家最高权力的一种抗衡力量。这个分析是合乎道理的。除此而外,黑格尔又先发制人地说道,有人可能认为国家理念对于君主制(非黑格尔意义上的)、贵族制、民主制三种形式是丝毫没有作出差别的。他回答,理念这样对待它们,是出于跟费希特相反的意义。即费希特认为它们中的每一种都可以,而理念则认为它们中的每一种都不符合理性的

---

① 《历史哲学》,第 88 页。

发展。所以,要问这三种形式中哪一种最可取,就成了无从谈起的问题了。总之,黑格尔强调,只能从历史观点来谈这些形式。如此看来,费希特和黑格尔各自采取的是两种极端的态度,两种片面性。当费希特说三种形式均可,只要有监察制度就行的时候,追求的是资产阶级的现代国家制度,这在当时德国的条件下有进步的意义;但他对三种形式确实是缺乏本质的、历史的分析。而黑格尔呢,当他强调对三种形式作本质的、历史的考察时,他是正确的;但他不承认这三种形式的区分不仅过去而且现今也有现实意义,便不免过分了。

3. 关于孟德斯鸠的政体原则论。

孟德斯鸠是黑格尔所一贯敬重的人物。他在所著《论法的精神》一书中提出并详尽地论证了政体原则的学说。他说,民主制的原则是品德,即人人为公共着想的精神;贵族制的原则是节制,即在作为统治阶级的贵族内部能相互谅解和妥协的精神;君主制的原则是荣誉,即激发人们为个人利益和荣誉而竞争奋进的精神;暴君制的原则是恐怖。每种政体都会由于其原则的丧失,而归于消灭;至于暴君制,它本来就是不稳固的,随时都可以垮台。对于孟德斯鸠的这套说教,黑格尔认为是表达了深刻的见解,是正确的陈述。但是,他又赶忙提醒人们不要对孟德斯鸠的观点发生误解。为此,他逐一地予以评述。首先,关于民主制的原则。黑格尔认为,孟德斯鸠说的品德就是情绪,即民主制是建立在情绪之上,或者建立在纯粹实体性的形式之上的。当时,自由意志的合理性,还存在于民主制度之中。但这带有暂时的性质。接着,黑格尔便援引孟德斯鸠的另一些说法,即17世纪的英国,由于国家领导人缺乏品德,建立民主制的努力就变得软弱无力了。黑格尔还补充孟德斯鸠的论点,说在一个比较发达的社会状态中和特殊性或经过区分了的权力业经发展而成为自由的情况下,亦即在现代的国家中,国家为首者的品德是不够的,还需要以合乎理性的法律形式来代替情绪的形式;这样才可使国家整体有力量,把自己团结起来,并且赋予各区分的权力以积极的和消极的权利。黑格尔这样提出问题,显然是同他认定民主制必然导致极端民主化的根深蒂固的偏见分不开的。说到这一步,黑格尔仍嫌不足。于是他继续消除人们的"误解":不要认为品德的情绪属民主制所独有,在君主制中就没有或不必要了;不要认为品德同国家机体的法律所规定的活动是相互对立和互不相容的。应该指出,黑格尔解释中的第一点完全同孟德斯鸠的原意相反,因为孟德斯鸠清楚地指出君主制是不需要品德作为原则的;其第二点,则是无的放矢。第二,关于贵族制的原则。黑格尔指出,贵族制以节制为原则这一点本身就意味着,在那里公共权力与私人利益一开始就是分离的,但他们又互相直接接触,所以这种国家制度时刻都会"直接堕入暴政或无政府这个最残酷的状态中(可以从罗马史中见到),而毁灭自己"。无疑,这个分析是颇为雄辩的。只是其中的"无政府"状态,含有诽谤民主制之嫌。最后,关于君主制的原则。黑格尔断言,以荣誉为原则的君主制,不是一般家长制或古代君主制。因为这类制度对于其所属成员是无荣誉可言的专横;不是立宪的君主制,即所谓"建成为客观国家制度的那种组织";它仅仅指封建君主制,并且是割据式的国家。由于这种君主制的国家生活建立在特权人格上,而且大部分为巩固国家存在所必须做的事情都取决于这些特权者的偏好,所以服务于国家的任务不是他们的义务的客体,而是他们的"表象"和"意见"的客体。"这样一来,维系国家统一的便不是义务而是荣誉。"黑格尔对于封建君主制的抨击,真是人木三分。但他所说的这种君主制,并不是孟德斯鸠所说的君主制,倒很像孟德斯鸠所说的一群暴君的集合体。因为,谁都知道,孟德斯鸠说以荣誉为原则的君主制,恰好是黑格尔渲染的现代君主制即君主立宪制。看来,可能是基于两个原因,黑格尔才故意把孟德斯鸠所指的君主制加以歪曲的解释:一是他觉得孟德斯鸠笔下的立宪君主制过分地以英国君主制为模特儿,而众所周知,它是历来为黑格尔所不满意的;二是他借此来发泄对现时德国封建割据状态的不满,因为,人们一眼便可看出,他的解释中所指的,正是现实德国的国家制度。真是醉翁之意不在酒。至于暴君制的原则,这对于黑格尔说来,早已是不言而喻的事。例如,他在《逻辑学》一书中就指出:"对于国家说来,由于专制国家和暴君政府的事例,便缺少保护生命和财产这个本质性。"①所以,以至于没有必要认真地把它当作一种国家政体来阐述。

(四)构成合理性国家制度的因素

以胡果、萨维尼、普赫塔为代表的德国历史法学派坚持的一个基本观点,就是认为国家制度和法像风俗和语言一样,为民族精神历史作用的产物。不管黑格尔在总的方面同德国历史法学派有何等巨大的分歧,但对于这一观点,他却是扎实地接受下来,并大力地予以发挥的。它正是黑格尔政体论的一块重要的基石。

黑格尔认为,国家不是被谁制造出来的东西,而是多少世纪以来的理念的作品,即理念在某一民族中获得了发展的产物。他说:"作为民族精神的国家构成贯穿于国内一切关系的法律。同时也构成国内民众的风尚和意识,因此,每一个民族的国家制度总是取决于该民族的自我意识的性质和形成;民族的自我意识包含着民族的主观自由,因而也包含着国家制度的现实性。"②由此可知,每个民族都有适合于自身一定发展程度的国家制度。也可以知道,国家制度不仅仅是一个思想上的事物,它又是一个现实的事物。根据这些道理,便不可能先验地把一种哪怕是更合理的国家制度强加给一个民族。例如,拿破仑就曾试图先验地把更为合理的一套国家制度塞给西班牙人,结果弄得很糟糕,碰了钉子;原因就在于,当时的西班牙人还没有被教化到这样高的水平。即使一个国家内部,有个别人能够提出符合时代要求的先进国家制度,而全体群众没有这种要求,那么也是不能实现的。黑格尔多次地说过,古雅典国家的苏格拉底,就遭到了这样的不幸。以上所讲的国家制度与民族精神之间的关系,也就是国家制度的"历史制约性"。

---

① 《逻辑学(下)》,第502页。
② 《法哲学原理》,第274节。

　　强调国家制度(包括国家政体)的历史属性,强调它与民族实际状况的密切联系,反对国家制度研究的先验主义等等,都是无可非议的。可以非议的是,黑格尔在这个问题上犯了德国历史法学派理论家们所犯过的错误。他空洞地玩弄民族精神的词句,把民族精神说成是理念的东西或教化的东西,从而建立在民族精神基础之上的国家制度就变成难以理解的自在自为的"神物"。本来,国家制度的历史制约性表现在它被一定的社会生产方式以及由此产生的阶级关系所决定。而黑格尔却根本无视这一点,这样他就必然散布庸俗的观点。如果真正地用进步的历史观点,如果把抽象的所谓民族精神了解为占据民族中绝大多数的人民群众的奋进精神和自我意识,那么便会有同黑格尔相反的说法。这就是马克思指出的:"由此只能要求产生这样的一种国家制度:它是一个决定性的起点和原则,它本身具有和意识的发展一同进步、和现实的人一同进步的能力。但是这只有在'人'成为国家制度的原则的条件下才有可能。"①意即要求一个新型的社会主义的国家制度。这段话,一方面表现马克思本人已经实现了向共产主义的转变,另一方面则尖锐地揭露了黑格尔政治思想的阶级局限性。

　　在黑格尔看来,国家制度除了历史的制约性以外,还有地理的制约性。后者虽然不是构成合理性国家制度的最主要的因素,但至少是一个不可缺少的因素。正因为如此,黑格尔多次地甚至用了相当的篇幅来说明。打开欧洲政治思想史便可知道,认为地理环境决定国家制度的观点,是源远流长的。从柏拉图和亚里士多德开始,到16世纪法国布丹《简明历史认识方法》一书问世,这种观点从未间断过。尤其18世纪的孟德斯鸠,在这方面享有盛名;一定意义上,卢梭也如此。这些都是黑格尔地理环境论的渊源。他认为,地理环境,其中包括山区、平原、沙漠、海洋以及气候等,是直接决定国家制度的民族精神的自然基础和活动场地。他说:"助成民族精神的产生的那种自然的联系,就是地理的基础;假如把自然的联系同道德'全体'的普遍性和道德全体的个别行动的个体比较起来,那么,自然的联系似乎是一种外在的东西;但是我们不得不把它看作是'精神'所从而表演的场地,它也就是一种主要的,而且必要的基础。"②至于地理条件怎样经过民族精神而影响一个国家的政治制度或宪法、法制的问题,黑格尔前前后后的说法还是相当一致的。例如,《逻辑学》里写道:"假使其他条件都相同,但由于大小的区别,国家就会有不同的质的特性。法律与宪法,当国家的领域与公民的数目增长时,会变成某种别的东西。国家有它的大小尺度,如果勉强超出这个尺度,国家便会维持不住,在同一个宪法之下分崩离析,这个宪法只有在另一领域范围中才会造成国家的幸福与强盛。"③以后,他在《哲学全书》中复又谈到:"在某种限度内,一个国家的宪法可以认为既独立于亦依赖于面积的大小,居民的多少,以及其他量的特性。譬如,当我们讨论一个具有一万方英里面积及四百万人口的国家时,则我们毋庸迟疑

---

① 《马克思恩格斯全集》第 1 卷,第 268 页。
② 《历史哲学》,第 123 页。
③ 《逻辑学(上)》,第 405 页。

地当即可承认几方英里的面积或几千人口的增减,对于这个国家的宪法决不会有重大的影响。但反之,我们必不可忘记,当国家的面积或人口之不断地增加或减少,一达到某一极限点时,除开别的情形不论,只是由于量的变化,就会使得宪法的质不能不改变。瑞士一小邦的宪法决不适宜于一大帝国,同样罗马帝国的宪法如果移置于德国一小城,亦不会适合。"①其他的自然条件的差异,可以此类推。如同列宁指出的,黑格尔自觉地借助这类实例来论证从量到质的转变,即"渐进过程的中断"或"飞跃"。② 但列宁根本没有说黑格尔的例子本身是符合科学的。实际上,黑格尔当作国家制度或宪法的质的转化的例证,恰恰不能说明是质的转化,仅仅是国家具体形式方面的变化。而相对于国家本质(阶级性),国家形式问题仍是个量的领域。不能否认自然条件对于一个民族国家的发展,包括这个国家制度的具体特征及国家形式,是有作用的。但它不起决定性的作用。决定作用是各该国家一定历史时期的物质生活方式和阶级状况。对此,马克思主义经典作家已有详细的分析和说明,而且这也是人类文明史反复证明过了的事实。

我们已经看到了,黑格尔关于构成合理性国家制度的两个要素——历史(民族精神)的要素和自然(地理环境)的要素的论点,是软弱无力的,经不住推敲的。关键在于他把影响国家制度的非本质性的东西,说成是本质性的。因此,说到底,他还是无力解决他所提出的主题。

四、王权

(一)王权的概念

王权,是包含国家整体的、绝对自我规定的权力。

按照黑格尔的观点,在精神中全部杂多的东西只是作为理想性(统一)而存在的。同样,作为精神的东西的国家,首先把自身展现为杂多的东西即各个环节,但最后又通过单一性来表现自身的理想性或统一。最单一的东西,当然同时是最能代表普遍的东西,就是自我。这个自我就是君主。所谓王权,就是被黑格尔解释为立宪的君主拥有的权力。

王权包含着的国家整体的诸环节是:其一,"国家制度和法律的普遍性"。这意思不是说君主是"这一"环节的主人或主体,而是说王权是作为国家主权的权力。其二,"作为特殊对普遍关系的咨议",即王权是指导行政的权力。其三,表现"王权本身的特殊原则"的"作为自我规定的最后决断的环节"。黑格尔强调,"这种自我规定是其余一

---

① 《小逻辑》,第246页。
② 《列宁全集》第38卷,第128—130页。

切东西的归宿,也是其余一切东西的现实性的开端"①。

为了把握黑格尔关于王权的概念,有必要把他此前论述意志的一段话联系起来,即意志一旦给自己以单一性形式,便构成意志的决定,而只有作出决定的意志才是现实的意志。② 这样就可以知道,王权就是"现实的"(个人的)意志。再进一步,黑格尔在阐述君主的"最后决断"和"自我规定"的王权环节时,仅仅说它是前两个环节的"归宿"和"开端",而没有说王权对于前两个环节的依赖关系,这就表明王权即是"现实的意志"或任性。正是从这个意义上,马克思说,"'任性就是王权',或'王权就是任性'"③。这句话对于黑格尔的王权概念是极为有力的揭露。

从这种王权的概念出发,黑格尔接着指出了所谓王权的特征:王权的理想性(统一性),亦即主权性;王权作为君主自我确信的主观性;作为王权的单一人格的君主其肉体出生的自然性。对这些特征,他都进行了大篇幅的论证。

(二)君主的理想性

王权的第一个特征,是代表国家的理想性或统一性。而国家理想性,即君主的理想性。这也是政治国家的基本规定。其内容有以下两个侧面。

1. 各国家权力和职能部门都要服从国家的整体。

在国家的实体性的统一中,通过国家的各个部门表现出来的各种特殊权力和职能虽然被消融在一起了,但是也被保存下来。它们被保存下来的涵义在于:它们只应该有整体国家理念所规定的那样大的权力;它们的力量是来自整体的力量,它们是这个整体的流动部分,即以整体的需要而变动着。一句话,它们都以整体作为简单的自我,作为生命。延伸一些说,国家的这种理想性,对于一切个别的等级、同业公会等等也是适用的。它们尽可以各自主张独立,但同时却被扬弃或牺牲而转入国家整体之中去。黑格尔所讲的这番有关国家理想性的道理,其实早已包括在他的有关国家机体的理论里面了。如同马克思所指出,这个道理是"理所当然的事情","因为国家必须由有意识的理性来统治,实体性的、仅仅是内在的、因而仅仅是外在的必然性,'各种权力和职能'的偶然(交织),不能认为是合乎理性的"④。从现实的情况看,任何国家都毫无例外地由统治阶级的意志或"有意识的理性"支配,而这种意志在总体上又是永远不可分割的即统一的。而国家的各个权力和职能部门的设立及其地位,都必然地以统治阶级意志为转移。

2. 国家的权力和职能不可能是私人的财产,它们永远属于国家。

黑格尔强调这样一个同义反复的命题,即国家的特殊职能和活动是专属于国家的,从而它们是国家财产,而不是私有财产。但是,他接着说,国家的职能和活动又和

---

① 《法哲学原理》,第 275 节。

② 《法哲学原理》,第 12 节。

③ 《马克思恩格斯全集》第 1 卷,第 269 页。

④ 《马克思恩格斯全集》第 1 卷,第 269 页。

个人发生联系,因为它们只有通过个人才会发生作用。不言而喻,这些个人就是国家中担任官职的人们。某些人之所以能够充任运用和实现国家职能和活动的官职,并不是由于他们天生的个人人格或肉体的个人,而是由于他们具有"普遍的和客观的特质"即国家特质。就是说,他们由于受过教育和特殊的训练,具有符合作为国家官员需要的能力、才干、品质。既然国家的职能和活动是属于国家的,而官员仅仅是负责运用和实现它们的,因而官职也同样不可能是私人财产。它们不能出卖,也不能继承。黑格尔举例说,像法国出卖议会席位、英国出卖军职的现象,那是落后的、不完备的中世纪封建制度的产物,在现代国家中是不应当允许的。黑格尔的这些观点,反映着德国资产阶级反对封建等级特权制度的进步要求的一面,是有其合理性的。不过,在这些议论中却包含着一个根本性的错误。那就是黑格尔认为国家的职能和活动"是以外在的和偶然的方式同(官吏)这种特殊的人格本身相联系"①。这表明,黑格尔是离开官吏这些特殊的人来抽象地、孤立地考察国家职能和活动,把二者视为对立的。他抹杀了这样的事实:国家职能和活动,是由国家官吏代表的统治阶级的人的职能和活动;国家职能等,只是作为统治阶级的人的社会阶级特质的存在和活动的方式。正因为国家是统治阶级的国家,所以考察国家官吏也应当着眼于他们的这种社会阶级特质,而不应着眼于他们的私人特质。

上面谈到的两项规定,就构成国家的主权。由于国家职能和权力的各部分,在自身之中和在诸官吏之中都缺乏独立和稳固的根据,相反它们本于国家统一或简单自我之中,亦即国家主权之中;因此,主权就是一切国家职能和权力的理想性。主权是国家对内的最高权力,但却并非专制,不是赤裸裸的权力和空虚的任性。黑格尔说:"专制就是无法无天,在这里,特殊的意志(不论是君主的意志或人民的意志——Ochlokratie)本身就具有法律的效力,或者更确切些说,它本身就代替了法律;相反地,主权却正是在立宪的情况下,即在法制的统治下,构成特殊的领域和职能的理想性环节。"②在他看来,主权所表示的恰恰是国家的各领域、各环节都受国家整体的目的或福利所规定和支配。很显然,黑格尔是以近代资产阶级的法制主义和宪制主义观点来解释国家主权的。仅此一点便足以驳斥这样一种偏见,即把黑格尔的国家主义、集权主义同专制主义混为一谈。黑格尔继续说,国家主权的这种理想性是这样表现的:在和平的情况下,它或者依靠"来自上面的直接影响",迫使各领域和职能沿着整体轨道前进;或者依靠各领域和职能的自私自利倾向的相互制约,而达到对整体的保存(这里显然含有黑格尔一再反对的制衡的影子)。在内部或外来的灾难的情况下,主权使一切权力集中于一身,因而达到它"特有的现实性"。如此看来,主权的理想性作为理念或内在必然性,无非是一种无意识的盲目的实体,也正因为这样,它就需要借助另一种现实的形式,即

---

① 《法哲学原理》,第277节。
② 《法哲学原理》,第278节附释。

采取单一人格化的形式,使自己成为自觉的实体。最后,黑格尔还指出,主权的理想性、因而真正的主权是现代国家才具有的。在封建割据君主制度下,国家只有对外的主权,而没有对内的主权。因为,其一,那时国家各种职能和权力划归独立的同业公会和自治团体,而国家则仅仅是这样一些社会组织的简单的集合体;其二,归根到底,这些职能和权力成了大大小小封建领主的私有财产,一任他们意见和各种偏好来拨弄。这是一种"病态"的国家,国家理念必然对此种状况进行自我相关的否定。

(三)君主的主观性

王权的第二个特征,是由君主其人充当国家人格,实行君主主权。

黑格尔为了论证君主主权,提出两个基本命题。第一,主权最初只是一个抽象物,即只是作为主权理想性的普遍思想和自我确信的主观性而存在的。可是,由于"主观性只是作为主体才真正存在,人格只是作为人才存在",由于在现代国家中国家概念的三个环节都具有自为地现实的独特形式,所以只能由君主来充当国家整体的决定性环节。第二,主权只是作为意志所具有的一种抽象的、也就是没有根据的、能左右最后的自我规定而存在。这就是国家中的个人因素本身,而国家正是通过这个人因素才能成为单一的东西。所以,主权就应当是君主主权。在这里,黑格尔采用的手法是把主体和人这事实上的主语当成主观性和人格这事实上的谓语,搞了个完全的颠倒;并且,不是从事实的对象出发,而是从谓语、一般规定出发。这是神秘主义和二元论。针对具体问题来说,在第一个命题中提出主权作为主权者即作为"主体"和人,就是一个人。这是没有道理的。恰恰相反,它应当是多数人,因为,任何单独主体(个人)都不能够填满个性的整个领域,不能够填满主观性的整个领域,如果不代表公民的现实的自我意识和共同灵魂,就没有国家理想性可言,即没有真正的国家的统一性和主权性可言。在第二个命题中,黑格尔力图把君主打扮成神人,说成理念的真正化身。类似论调也出现在他另外一些著作之中,例如在《美学》里就说:"意志和行动的完全自由在君主的形象里才得到实现。"①实际上,他是在把近代欧洲立宪君主的一切属性都变成意志的绝对的自我规定,这种把经验的事实变成"形而上学的公理"的做法,为的是使先进国家的立宪君主制度适应落后的德国的需要。于是,我们看到,他先是讲作为"自我确信的主观性"的主权,而现在又把它变成作为"意志所具有的没有根据的自我规定"、作为个人意志的主权即君主主权。

那么,君主主权是如何表现和行使的呢?黑格尔说,主观性和人格"在绝对的法中,在国家中,在意志的最具体的客观性中,成了国家人格,成了国家的自我确信。它作为至上者扬弃了简单自我的一切特殊性,制止了各执己见相持不下的争论,而以'我要这样'来做结束,使一切行动和现实都从此开始"②。在这里,黑格尔认为君主是"人

---

① 《美学》第 1 卷,商务印书馆 1982 年版,第 244 页。
② 《法哲学原理》,第 279 节附释。

格化的主权"，"脱胎为人的主权"，体现出来的国家的意识，其他一切人均被排斥在主权之外。"但是这个人格化了的理性所具有的唯一的内容就只是一个抽象的'我要这样'，'朕即国家'"。① 马克思把黑格尔关于君主主权的表现的观点概括为"抽象的'我要这样'（'朕即国家'）"，是非常精确和非常深刻的。这个论断说明，一方面，黑格尔极力夸张君主的权力，有君主集权主义倾向；但另一方面，这种君主集权主义倾向又主要采取"抽象的"方式，从而有别于绝对君主制。黑格尔本人正是这样来剖白自己的。他说："比较困难的是把这个'我要这样'作为人来领会。这不等于说君主可以为所欲为，毋宁说他是受咨议的具体内容的束缚的。当国家制度巩固的时候，他除了签署之外，更没有别的事可做。可是这个签署是重要的，这是不可逾越的顶峰。"②其中所谓"把这个'我要这样'作为人来领会"，是同古代国家制度（例如古雅典的民主制）进行比较而言的。意思是，在古代，统治者决定国家重大事务是按照自然现象（神谕，祭神牲畜的内脏、鸟的飞翔）的启示来做决定，缺乏主观性意志；而现代君主则具有或应当具有高度的主观性意志。值得注意的是，黑格尔所描绘的这种君主的形象，十分酷似近代的英国君主（尽管他嫌英国君主的决定权太小），对此，不妨再征引黑格尔在别的著作中的一些说法。例一，《美学》中说："就连现代的君主也不像神话时代的英雄那样是社会整体的具体的尖锋，而是一种多少是抽象的中心，限制在既已形成的由法律规定的一些制度的圈子里。现代君主已没有权力去决断重大的政府事务，他自身不能立法；财政、公共秩序和社会安全也已经不是他的专责，宣战与媾和也是由当前一般外界政治情况决定的，这些情况却与他个人的领导和力量无关。纵使这一切方面的问题待他做最后的最高的决断，这些决断的基本内容也不是按照他个人的意志，而是按照不由他作主的既已确定的情况，所以对于一般公众事务来说，君主的主观意志只是形式上才是最高的。"③例二，《历史哲学》中说："全部官吏就代表着政府，而以君主的亲自决定为最高无上，因为如前所说，一种最后的决定是绝对必要的。然而既然有了确实规定的法律和有条不紊的国家组织，那么，留待君主亲自独裁的事件在实质上也就是无足轻重的了。一个国家民族能够遭遇性格高尚的君主，固然是一件非常幸运的事情，但是对于一个伟大的国家，因为它的实力在于赋有的'理性'，所以国君的贤不肖就成为平淡无奇了。"④我们仅仅从这几处引语中足可清晰地了解到，为什么马克思在评论黑格尔的"我要这样"一语之前要加上"抽象的"字样了。

为了论证君主主权的必要性和优越性，黑格尔又拿"法人"（社会团体、自治团体、家庭）与它相对比。他说，法人不论它本身如何具体，它所具有的人格都只是它本身的一个抽象的环节；人格在法人中达不到自己存在的真理。而国家则不同，其中概念的

---

① 《马克思恩格斯全集》第 1 卷，第 276—277 页。
② 《法哲学原理》，第 279 节补充。
③ 《美学》第 1 卷，第 246—247 页。
④ 《历史哲学》，第 502 页。

各个环节都可按照各自特有的真理性达到现实性。这里所表达的无非是,法人仅仅抽象地包含人格;反之,通过君主,人格就包含国家本身。其实,黑格尔说错了。抽象的人作为法人,把自己提高到了真正存在的水平。法人应理解为现实的经验的人的实现,而不应理解为它只抽象地包含人格因素的现实的人。同样道理,不能从国家引申出现实的人,只能从现实的人引申出国家。国家是人格的最高现实、人的最高社会现实,并非单一的经验的人和人格即君主是国家的最高现实。因为,国家取决于统治阶级的利益和意志,并集中地代表着统治阶级的利益和意志;由于君主个人充其量不过是国家的象征而已,他不是国家本质的最高体现。这样说来,黑格尔既没有正确地阐明法人,更没有阐明国家,只是徒费心机了。

在拼命鼓吹国家的主观性、君主主权的理想性的同时,黑格尔猛烈抨击人民主权论。第一,黑格尔认为仅仅在两种严格限定的条件下,才能容忍人民主权这个概念,"只有人民对外完全独立并组成自己的国家,才谈得上人民的主权";"如果只是一般地谈整体,那也可以说国内的主权是属于人民的"①。在第一个命题中,讲的是人尽皆知的道理,即国家的对外主权就是民族独立性。但恰恰在这一点上,暴露了黑格尔主权论的不可缝合的破绽。如果承认君主是"国家的真正的主权",那么即使丢开人民,他对外也是"独立的国家"。如果说君主拥有主权仅因他表达了人民的统一性,那么他其实不过是人民主权的代表和象征;说明君主主权是以人民主权为基础并由它派生的,不是什么"绝对地来源于自身的",更不是相反的情况。在第二个命题中,其前提就是荒谬的。因为,它假定似乎没有人民也可以构成国家。本来,"主权这样活生生的质"是构成国家的人民所赋有的。第二,黑格尔说:"人们近来一谈到人民的主权,通常都认为这种主权和君主的主权是对立的;这样把君主的主权和人民的主权对立起来是一种混乱思想,这种思想的基础是关于人民的荒唐观念。"②马克思针锋相对地批驳说,有"混乱思想"和"荒唐观念"的正是黑格尔其人。问题很清楚,主权这个概念本身就表示唯一的最高的权力,不可能有双重的存在,更不可能有与自己对立的存在。要么君主主权,要么人民主权,二者必居其一。承认有人民主权的存在,那君主主权就是虚构的东西。黑格尔追求的正是这种虚构的东西。第三,黑格尔断言,如果没有自己的君主以及同君主必然而直接相联系的国家权力的区分,人民就是"一群无定形的东西",那时就没有了国家组织,没有了主权。这一堆充满吹捧君主、贬低人民的同义反复的话,用意无非是让人民组成一个君主国,承认君主的主权罢了。

接着,黑格尔便把他反对人民主权的矛头,引向反对人民主权的国家形式。他说:"如果人民的主权是指共和制的形式,或者说得更确切些,是指民主制的形式……这一种观念也就没有谈论的必要,因为我们说的是已经发展了的理念。"③黑格尔用草草从

---

① 《法哲学原理》,第 279 节附释。
② 《法哲学原理》,第 279 节附释。
③ 《法哲学原理》,第 279 节附释。

事的办法来谈民主制,蓄意表示对民主制的轻蔑。可是,这个涉及民主制与君主制的关系的问题,却是国家哲学或一般国家理论的一个非常重要的问题。因此,马克思抓住这个问题进行了系统的论述。这个论述,毫不夸张地说,是《黑格尔法哲学批判》一书中的最精辟的部分之一,也是马克思主义国家学说极其辉煌的组成部分之一。第一,根据马克思主义观点,任何国家都是统治阶级整体的国家。因此,对于组成统治阶级的全体成员来说,任何国家在本质上都是民主制国家。民主制作为国家制度,首先是个国体,其次又是政体或国家形式,是两者的统一。从政体角度来看,唯有民主制才是名副其实的国家形式;而其他像贵族制、君主制、专制制,则或者是变相的、或者是完全歪曲的国家形式。为此,马克思说:"民主制是君主制的真理,君主制却不是民主制的真理","君主制必然是本身不彻底的民主制","在民主制中任何一个环节都不具有本身意义以外的意义"。他又说:"民主制是作为类概念的国家制度。君主制则只是国家制度的一种,并且是不好的一种。民主制是内容和形式,君主制似乎只是形式,而实际上它在伪造内容。"①第二,在作为统治阶级整体的人民同国家制度的关系方面:民主制表示国家制度是人民的自我规定;国家制度从属于人民,作为人民存在的方式;国家制度本身不能组成国家。而君主制则表示,人民从属于他们的存在方式即国家制度,国家制度是人民的异己力量。总之,"在君主制中是国家制度的人民;在民主制中则是人民的国家制度"②。第三,同样道理,民主制从人(统治阶级的整体)出发,把国家变成客体化的人;而不是像黑格尔那样,从国家出发,把人变成主体化的国家。人民创造国家,而不是国家创造人民。人和法律的关系也是如此,"在民主制中,不是人为法律而存在,而是法律为人而存在;在这里人的存在就是法律,而在国家制度的其他形式中,人却是法律规定的存在"③。第四,正像黑格尔本人正确地分析的,在文明的社会中,人是分为政治的人和非政治的人两个侧面,国家是分为政治国家和物质国家两个侧面的。前者是形式,后者是内容。但是,黑格尔不了解或者说不赞成这样的观点,即"在民主制中,形式的原则同时也是物质的原则。因此,只有民主制才是普遍和特殊的统一"④。这是由于在民主制中,对人民来说,非政治的人和物质国家是人民的特殊内容,政治的人和政治国家是人民的特殊存在方式;这是由于在民主制中作为特殊环节的国家(物质国家)仅仅是特殊环节,作为普遍物的国家(政治国家)就真的是普遍物。与此相反,在其他政治制度(尤其君主制)中,政治的人与非政治的人(私人)各有其特殊的存在,政治的人管辖或统治非政治的人;政治国家凌驾非政治国家之上,控制一切特殊物,从而表明这种普遍物其实并非真的普遍物,表明它的统治"并没有真正在统治,就是说,并没有从物质上贯穿在其他非政治的领域中"。说到这儿,特别需要注意

①《马克思恩格斯全集》第 1 卷,第 280 页。
②《马克思恩格斯全集》第 1 卷,第 281 页。
③《马克思恩格斯全集》第 1 卷,第 281 页。
④《马克思恩格斯全集》第 1 卷,第 281—282 页。

的是马克思专门指出，"现代的法国人对这一点是这样了解的:在真正的民主制中政治国家就消失了。这可以说是正确的，因为在民主制中，政治国家本身，作为一个国家制度，已经不是一个整体了"①。在这里，马克思所肯定并加以发挥的法国空想社会主义者的天才论断，就是国家消亡的学说。如同列宁所说，民主制一旦冲破资产阶级狭隘的框架而发展成为真正的或完全的民主制，那时国家便同社会融为一体，管理职能变成社会自身的职能，于是国家就消亡了，民主制也消亡了。这就是共产主义的到来。②

第五，为了彻底弄清民主制的发展规律，马克思还进行了历史考察。黑格尔说:"在前面所指出的，国家制度的形式分为民主制、贵族制和君主制的阶段上，从那种还没有达到自己的无限划分和深入到自身的、处于潜在状态的实体性统一的观点看来，意志的自我规定的最后决断这一环节，在自己特有的现实性中，并不表现为国家本身的内在的有机环节。"③他是说，历史上存在过的各种国家形式(包括专制君主制在内)都缺少合理性，只有立宪君主制才应当肯定。黑格尔的分析完全是建立唯心史观的基础上，因而不可能得出科学的结论。与此相反，马克思的分析则是严格的唯物史观的分析。他首先指出，任何一种国家形式，归根到底都由现实的物质国家或人民生活的其他内容所决定。但在表现上，在迄今为止的国家中，政治国家都不是物质国家的形式，反倒是政治国家主宰着物质国家。在古代，或者像希腊那样，国家事务是市民(自由人)的真正私人事务，但它却成为他们生活的唯一内容，每个私人都形同政治国家的奴隶，私人自身的特殊生活被排斥在一边;或者像亚洲专制制度那样，一切由君主独断专行，使整个物质国家和政治国家都成为他的奴隶。总之，"在古代国家中，政治国家就是国家的内容，其他的领域都不包括在内"。在中世纪，商品货币关系依然是落后的，商业和地产依然是不自由、不独立的，所以那里也不会有同物质国家分离开来的、单独的政治制度。就是说，国家的物质内容是由国家的形式决定的，一切私人领域(财产、商业、社会团体乃至于人本身)都具有政治性质，都属于政治领域，即政治也是私人领域的特性。政治制度就是私有财产制度，原因是私有财产制度就是政治制度。人民的生活和国家的生活是同一的。马克思说:"在这里，人是国家的真正原则，但这是不自由的人。所以这是不自由的民主制，是完成了的异化。"④从表面上看，这种封建制度下的个人，既是私人(非政治的人)又是政治的人，既是物质国家的构成者又是政治国家的构成者，那他们就真的成了国家的原则。但是，这个由人民所构成的国家本来应当是个民主制的国家，但偏偏在它之上又凌驾有大大小小的封建君主，使人民没有自由。因而，人民的这种自我异化，比古代国家(不论是希腊式的国家还是亚洲式的专制国家)更为彻底。在现代，情况有所不同。随着资本主义经济关系的发展，私人领域达到了独立

① 《马克思恩格斯全集》第 1 卷，第 282 页。
② 见《国家与革命》一书，第五章。
③ 《法哲学原理》，第 279 节附释。
④ 《马克思恩格斯全集》第 1 卷，第 284 页。

的存在,因而政治制度本身才获得了独立的存在。这里,国家的内容即物质国家,到处都处在国家的各种形式(政治国家)的界限以外。现代国家是政治国家和物质国家两个分离东西的相互适应。但政治国家组织仍然表现为超然于社会之上和指挥社会的存在物;对社会其他各领域说来,政治国家仍然是"彼岸之物",政治国家仍然要确定这些领域的异化。不论共和制还是君主制,都不例外。共和制是"民主制的抽象的国家形式"。它同社会其他领域之间还不是完全的脱离,还没有完全确定这些特殊领域的异化。而君主制则是这种异化的完整的表现。马克思对于政治制度经过系统考察之后,作出如下的归结:"政治制度到现在为止一直是宗教的领域,是人民生活的宗教,是同人民生活现实性的人间存在相对立的人民生活普遍性的上天。政治领域是国家中的唯一国家领域,是这样一种唯一的领域,它的内容同它的形式一样,是类的内容,是真正的普遍物,但因为这个领域同别的领域相对立,所以它的内容也成了形式的和特殊的。就现代的意思讲来,政治生活就是人民生活的经验哲学。"①有鉴于此,马克思指出:"历史任务就是要使政治国家返回实在世界。"②但这个"实在世界"不言而喻地不是资本主义世界,因为那里不可能实现"真正的民主制";它只能是社会主义和共产主义的世界。由此可见,马克思提出的历史任务,就是革命无产阶级的任务。

（四）君主的自然性

王权的第三个特征,是作为国家理想性或主权者、国家主观性的君主的自然性。这表现为君主的肉体出生和君主的世袭制。

1. 君主的肉体出生。

黑格尔说,君主这个国家意志的最后的自我和直接的单一性,其概念本身就包含着自然性的规定。他是"从其他一切内容中抽象出来的个人,天生就注定是君主尊严的化身,而这个个人被注定为君主,是通过直接的自然的方式,是由于肉体的出生"③。按照这个说法,在国家最高峰上作出决断的便不是理性,而是肉体出生的生理性了。黑格尔证明了君主一定是通过自然方式出生的,但没有证明他的出生使他成为君主。其实,国王之所以为国王,根本不在于他是不同于自己的整个类即不同于其他一切人的特殊人,更不在于他的肉体出生。秘密在于,国王仅仅是表示剥削阶级国家本身的抽象的人即私人,他是体现私人对国家的关系的唯一的私人。

随后,黑格尔又讲道,从君主的纯自我化规定的概念所存在的直接性或自然性的推移,就是从主观性即想象中的目的转化为定在的过程;不过,这里"没有特殊内容(行动中的目的)为中介"。就是说,这个推移是没有主体的。有的只是想象中的目的这个幽灵,是它转化为君主的肉体出生。既然如此,那么当然也就不会有由主体的行动目

---

① 《马克思恩格斯全集》第 1 卷,第 283 页。
② 《马克思恩格斯全集》第 1 卷,第 283 页。
③ 《法哲学原理》,第 280 节。

的这个中介了。更荒谬的是,黑格尔还责难人们不理解"国家的最后决断"与"直接的自然性"相关。这无异于说,"最后决断"可以出生,君主是出生的"最后决断"。一听便知,黑格尔的这套说教,实在称得上最庸俗的、粗劣的哲学赝品。

很有趣味的是,黑格尔对于反对"出生的"君主制意见的反驳。常人认为,这样的君主制意味着国家的一切事态都依存偶然性;因为,君主可能受到恶劣的教养,也可能不够资格占居国家最高职位。黑格尔的回答,依然是他反复唱过的老调子。无非是说,在良好组织的、法制的国家中,君主的个人品质无足轻重,云云。应当说,这不是回答问题,反而是提出了更大的问题。因为,按他的这种说法,不仅"出生的"君主需要否定,而且任何君主通通需要否定。

2. 君主的世袭。

黑格尔装模作样地说,唯有哲学即思辨方法才能考察君主的"伟大之处",而一切其他的探讨方式都会自在自为地取消君主的"伟大之处的本性"。根据哲学的即黑格尔其人的考察,君主的伟大之处在于,它是君主的没有根据的意志和同样没有根据的自然存在相统一的、不为任何外力所推动的"理念";它包含着国家的真正统一。但黑格尔忽略了,这两个"没有根据"的环节都是偶然性,即意志的偶然性(任性)和自然的偶然性(出生)。所以,国王就是偶然性,而偶然性就是国家的真正统一。接着,黑格尔强调说,要把握君主的理念,也需避免:其一,不能满足于说君主是上帝所任命的,因为上帝创造万物,那里面也包括最坏的东西;其二,不能从"有用"的观点出发,因为总归可以指出君主的这样那样缺点来;其三,不能借助实定法来说明君主,因为抽象地看,实定法规定的权利属于任何人都有偶然性。一言以蔽之,君主理念只能当作君主理念来把握。

君主世袭制,从而正统性,正是以君主理念为根据的。可不是嘛,"没有根据"的意思本身已经包含了"没有根据"的连续性;就是说,它永远是"没有根据"的。至于要问,君主世袭制有什么好处?黑格尔提到了诸如可以预防王位出缺时发生派系倾轧,国家或人民的福利之类。但他立刻回过头来说,这些都是君主世袭制的"后果",而不是"根据"。假如把这些好处当作"根据",就会导致:其一,把君主伟大之处降到抽象推论的领域,而忽视它的真实性格即两个"没有根据"性;其二,混淆了君主理念本身与它之外的并且不同的东西;其三,所说的这样那样的好处属于"中名词",它们也可以用来说明别的东西。例如,"人民福利"一词就是这样。说来谈去,君主世袭制的好处,其哲学的、思辨的说明,也同样地就在君主理念之中。

在鼓吹君主世袭制的同时,黑格尔坚决反对君主选举制。说这种制度看来是最自然的想法,却是最接近肤浅的观点。持有君主选举制想法的人认为,君主是照料人民的事务和利益的,所以谁能承担这个责任必须听由人民选举委任,这样他才拥有统治权。黑格尔说,这种观点同契约论一类东西是一致的。它们都是从多数人的任性出发,把各人的东西或市民社会的东西当作首要的,因而跟伦理理念相悖。在黑格尔看来,毋宁说君主选举制是各种国家形式中最坏的一种。它本质上固有的及其产生的后果,仅仅是某种可能或盖然的东西,而非必然的东西。这种国家制度就等于当选者的誓约,因而等于国家权力仰仗私人意志的恩赐,各种特殊国家权力变成私有财产,引起国家主权的削弱和丧失,使国家瓦解。选举君主制曾经是某些资产阶级启蒙思想家所设想过的国家形式,确实同契约论是一脉相承的,或者说就是"契约"的产物之一。它虽然缺乏足够的历史实践的考验,但是它被自觉地当作对抗封建君主制的传统这一点却不容抹杀。至于黑格尔所指责的君主选举制的罪状,显然是强词夺理的。这些"论据"同他攻击民主制时使用过的,颇多雷同。

最后,黑格尔不遗余力地散布对君主盲目服从的奴隶主义。他不否认君主在体力或智慧上并不见得有什么超人之处;也不否认人们不会愚蠢到愿意接受那种违背他们利益、目的和意图的君主统治。但是他却宣布,即令如此,也必须服从君主。理由是,人们所看到的君主的弱点,只不过是"表面意识";而"理念的内部力量"则反对"表面意识",强迫他们保持着对君主的服从。随后,黑格尔解释说,一个有良好组织的国家内部的叛乱,同被征服者的起义,是截然不同的两回事。后者不是反对他们的国君,不犯内乱罪;因为他们同征服者之间是从属与主人的"契约关系",而非政治结合或理念的联系。至于前者呢,黑格尔要了一个不言自明的手法。

(五) 王权的范围和客观保障

1. 王权的范围。

按照黑格尔的说法,王权是政治国家区分的三种实体性权力之一,但同时又包含着国家整体的所有三个环节。因此,他必然沿着这样的思路来阐述王权的客观表现或范围。

王权的第一个环节,是表现和实现单一性的环节。换言之,就是君主的绝对的自我规定的环节,亦即君主主权的环节。在黑格尔看来,王权在这个环节中的最典型的现实表现,就是赦免权。它是对精神尊严的一种"最崇高的承认",是主宰一切的君主主权的一种适用。赦免权就是能够化有罪为无罪,从而免除刑罚,并且以既往不咎的办法消除犯罪的精神力量。但赦免权不取消法,法依然存在。同样,赦免不宣称被赦免者未曾犯过罪,只是说他是一个免除了罪名和刑罚的罪犯。赦免权是尘世中的权力,因而不同于宗教的赦免;它是君主陛下专有的、没有根据的决断权力。赦免权相反方面的表现就是,对妨害君主主权、君主陛下和君主人身等行为当作最严重的罪行,并对这种罪行的处置定有特别的程序,等等。原来,黑格尔如此重视赦免权,就是由于它最容易利用来论证君主的任性。

王权的第二个环节,是表现和实现特殊性的环节。换言之,就是作为行政权的特定内容,以及使之从属于普遍性的环节。它的特殊定在是政府(最高咨议机关)和政府官吏,官吏们把当前国务及需要制定的行政法令呈报君主裁决。这个环节即君主对行政的关系,对行政权的领导。其中,王权的权力主要体现在:首先,君主有任免直接同他本人接触的大臣的无限任性的特殊性。其次,君主对政府和大臣的行动不负责任,这是因为基于对事务内容和情况的了解以及法律根据和其他根据而作出执行君主决定的这些"客观方面",通通由政府和大臣来负责;因为这些"客观方面"可以不同于君主意志本身的咨议的对象。黑格尔这种说法意味着,君主的决定是纯粹主观性和任性,它不是客观的、也无须见诸于具体的客观性,因而他才不负责,实际上也负不了责任。经验地看,他所论证的大体上就是英国式的责任内阁制度,君主所捞到的是个高悬着的荣誉。所以,马克思说:"大臣是主宰一切的意志的合乎理性的客观方面,……而君主所分得的只是自己'伟大'的特殊空想。"①"从立宪的前提出发,黑格尔的证明还是可信的。"②不过,煞费心机地使用大堆很重的词语,表达一个到头来却是很轻的权力,就不能不显得混乱,不能不暴露"黑格尔法哲学的全部非批判性"。

王权的第三个环节,是表现和实现普遍性的环节。换言之,就是相当于立法权的环节。不过,黑格尔不完全这样认为。按照他的表述,这种自在自为的普遍物,从主观方面说就是君主的良心,从客观方面说就是整个国家制度和法律。归根到底,他把君主良心置于第一位,排斥人民的意志。

2. 王权的客观保障。

黑格尔说,王权和君主世袭制,也如正义、自由等等,都需要有保障。这有主观保障和客观保障之分。人民的爱、品质、誓词等等是主观的保障。但重要是客观的保障,即国家制度的保障。这样的国家制度就是既统一又区分的、合乎理性的有机体。在那里,王权这个领域具有不同于理性所规定其他环节的现实性,其他环节也各自具有其实质规定的特殊的权利和义务。每一部分保存自己的同时,也把其他部分按其特点保存下来。这也就是"有机交错和相互制约"。稍许具体一些,如果把君主世袭视为王权概念的环节,把公共自由视为合乎理性的国家制度,那么,这两者也同样处于彼此互相保障和绝对联系之中。于是,王权又同"出生的"君主制、同君主世袭制扯到一起了。黑格尔的论述是和通常的理智相悖的。王权果真同其他权力环节或公共自由之间存在着这种制约性,那它就不应当受出生的制约,因而就不应当是世袭的,而应当是流动的。就是说,王权要同其他环节的素质一样,由国家公民轮流担任;否认世袭的君主天赋有特殊的素质,否认他是由与众不同的材料做成的。更何况,按照黑格尔本人倡导的辩证法,各个部分之所以能互相保存,只是因为整个机体都处于流动状态,每一部分都在这流动中被扬弃。而黑格尔在国家元首问题上宣扬的"不动性""不变性",恰恰违背了辩证法而陷入形而上学的泥潭。

如同我们在《历史哲学》中已经领教过的那样,黑格尔每每论述王权问题时,最后总要说一番近代王权和古代王权的区别③。当然,侧重点各有不同。现在,他告诉我们

---

① 《马克思恩格斯全集》第1卷,第289页。
② 《马克思恩格斯全集》第1卷,第290页。
③ 《历史哲学》,第86页。

的是：君主制发展到把长子继承的王位世袭制固定下来，是一种较近代的历史产物。随着这种发展，君主制返回到它的历史起源即家长制；但"君主现在是有机发展了的国家中的绝对顶峰"，所以是较高级的规定。远的不说，单以纯粹封建君主制和专制君主制为例。在这样的国家制度之下，存在的是交替不绝的叛乱、暴政、内战、君主和朝代的没落，以及由此产生的内部和外部的普遍破坏和毁灭。原因就在于把国家的不同部门交给藩臣和高级武官等，即对国家权力进行的是"机械式"的、"较大权力和较小权力"的划分。因此，"每一部门在保存自己的时候，只保存和创造自己，而不同时保存和创造其他部门；每一部门在自身中完全具有达到独立自主的地位的一切环节"①。就是说，它与现代君主制之下的国家有机体及其区分是完全不同的情景。从现象上说，黑格尔的历史的对比分析是有道理的。但是，他没有揭示出近代君主制优越于封建君主制的最深层的东西。他不知道，近代君主制（例如英国君主制）是建立在资本主义经济关系的基础上的。所谓国家的理想性或统一性、国家权力的区分及其相互制约性或相互保存、公共的自由等等，都来源于资本自身的属性及其发展的要求，而同什么君主的理念和君主的理想性、主观性、自然性丝毫无关。相反，在同样经济条件下的非君主制国家里，国家制度还要更发达。须知，同是资产阶级专政的国家，它们究竟采取君主制还是非君主制，以及何种君主制、何种非君主制，说到底只是个国家形式的问题。

五、行政权

（一）行政权的概念

在黑格尔的法哲学体系中，行政权是表述得最粗糙、最含糊不清的问题之一。看来，黑格尔对于这个问题，是颇感困难的。

遍查黑格尔的著作，他给行政权所下的唯一的哲学定义，就是使单一物和特殊物"从属"于普遍物这么一句反复唠叨的话。剩下的，仅仅是对于行政权的肤浅的、一般性的经验说明。在这方面，如果说他有什么独到之处的话，那就是没有采取大多数资产阶级思想家们把行政权和审判权（司法权）视为对立的观点，而是使行政、警察、审判三权协调一致，或者说把警察权，特别是审判权包括在行政权之中。于是，作为国家执行权的行政权，其承担的任务就有两个方面：首先，执行和实施国王的决定，即贯彻和维护现行的法律、制度和公益设施等事先已经决定了的东西；其次，借助警察权和审判权来直接管理市民社会中的特殊事务，以便实现普遍利益。但是，既然黑格尔已经把警察权和审判权说成同市民社会的特殊物有直接关系，并把它归于低级的市民社会的领域，那么行政权自然而然地就是被当成官僚机构来考察的行政机关了。

黑格尔自以为，他指出特殊物的"从属"这一范畴，并且从普鲁士或者另外一个什

---

① 《法哲学原理》，第 286 节附释。

么现代国家的经验事实中随便举几个零星的例子加以印证,便可使人心满意足了。但岂不知,"从属"这一范畴根本不足以揭示行政权的本质。因为,从属只不过是事物的一种联系形式而已。更何况,黑格尔连这种从属是否合理和适宜的问题也没有提出来。很容易看到,黑格尔的行政权定义很大程度上是单纯附会其普遍——特殊——单一的逻辑体系的。它虽然可以充当这种逻辑的政治形体,但却没有提供这种政治形体的逻辑,即没有阐发其本质性。

言及国家行政权或政府时,不能不注意到黑格尔观点的倒退。在他撰写《精神现象学》的时候,对于官僚机构的政府持有批判的态度,强调它同普遍性相对立的一面。他指出:"政府本身不是什么别的,只不过是一个自己确立自己的点,或普遍意志的个体性。政府,作为从一个点出发的一种愿望和实现[活动],它同时也愿意并实现着一种特定的旨意和行为。它于是一方面排除其余的个体,使之不得参与它自己的行动,另一方面,把自己构成为这样一种政府:其本身是一特定意志,从而与普遍意志相对立;因此,它完全没有别的选择,而只能把自己呈现为一种派别。我们称之为政府的,只是那胜利了的派别,而正是由于它是一个派别,这就直接孕育着它的倾覆的必然性;而且反过来说,它既是一个政府,这就使它成为一个派别,使它有罪过。"①如今,黑格尔把这些深刻揭露资产阶级行政权本质的观点抛到九霄之外,而代之以浅陋地和丑恶地美化普鲁士式君主立宪国家中的行政官僚机构的观点。

(二)行政机关的体系

行政权必须借助一整套行政机关来实现。因而,黑格尔便设计和论述了足以"维护国家的普遍利益和法制"的行政机关体系。其中,包括三个层次。

1. 最高行政机关。

它是由国王所任命的行政权的全权代表(如国务总理等)和采取委员会形式的最高咨议机关构成的,是直接同国王接触的最上层。根据黑格尔的说法,这个最上层是行政权本身的代表,是"照料"国家的。那么,它就不属于市民社会,而是对抗市民社会的。或者说,它是凌驾于市民社会之上的一种"彼岸之物"。

2. 按照行政事务的性质划分的各主管部门,每个部门都有部长负责。

这是一个承上启下的中间层次。黑格尔强调,这个层次的存在,集中体现出行政权的分工和集中相结合的原则。就是说,一方面,这些部门的划分"与普遍向特殊和单一的推移有关";另一方面,又"在于使这些部门在上级和下级重新汇合起来。"在上级的汇合,是汇合于国务总理那里,在下级的汇合,是汇合于地方的"自治团体"那里;只有这样的集权,才能达到"最高度的简省、速度和效力"。黑格尔指出,讲究集权的统治制度,不等于说仅仅在上级方面组织起来就行了,而且也要有下级方面和群众的组织。从一定意义上说,行政权的真正力量,恰恰是有赖于"自治团体"的。

---

① 《精神现象学(下)》,第119—120页。

3. 自治团体、同业公会。

这一层次，与其说是一级行政机关，毋宁说是行政权干预和控制的对象。黑格尔讲道，在市民社会之内和在国家之外的"特殊公共利益"，是由自治团体、职业或等级的同业公会及其负责人来管理的。它们的性质表现在：第一，其经管的事物关系到这些特殊领域的私有财产和利益，并且其威信部分地建立在本等级和全体市民的信赖之上。第二，这些社会集团必须服从国家的最高利益。正由于它们涉及普遍利益，所以在分配这些团体的负责职务时，要采取"混合的方式"，即他们必须由市民选举，然后经行政权或最高行政当局的批准任命。从黑格尔的论述中，可以认为，这是行政权与市民社会相同一的基本表现。不过，我们看得很清楚，这种同一是非常表面的，是个大杂烩或混合。在这样的行政权对同业公会的管理之中，包括深刻的对立。它不仅表现在特殊领域的私有财产和利益反对国家的最高利益；而且首先表现在这一领域内部的对立，即占有私有财产的个别资本家同"集体资本家"国家的对立，个别资本家相互间的对立。更无须说，每个资本家和国家同劳动人民的对立了。"混合的选拔方式"充其量是妥协和调和，而不可能根本解决对立。所以，黑格尔的方案是二元论的。

（三）同业公会和官僚政治

为了全面地说明行政权干预市民社会的必要，黑格尔对市民社会进行了解剖。按照他的观点：第一，市民社会是"个人私利的战场，是一切人反对一切人的战场"，因而必然是"跟国家的最高观点和制度冲突的舞台"。① 第二，但是，"公会精神"又会潜在地转变为国家精神，所以市民社会又是"市民爱国心的秘密之所在"。第三，同业公会的负责人，由于注重于团体的特殊利益、忽略普遍利益，由于同下属之间的紧密的私人联系等等，往往不免管理得"不得法"。为此，他所谓的"自治团体"实际上不能自治，而必须由国家来插手。这就是行政干预市民社会事务的根据。从黑格尔的这些分析中知道，作为"国家的质"的市民社会的一分子，同国家的一分子，是相互分离开来的；因而，市民社会的组织同国家本身也是分离开来的。这就意味着，国家是一种孤立的存在。但他又说，作为经验存在的各社会团体是国家的体现，即把有限物当作理念的表现。于是，他就陷入不能自拔的自相矛盾之中。可以说，正是这种自相矛盾，包含了黑格尔关于资产阶级官僚政治的观点的全部非批判性。

针对黑格尔的错误观点，马克思淋漓尽致地戳破资产阶级官僚政治的奥秘。马克思指出：黑格尔从国家和市民社会之间、特殊利益和普遍利益之间的"分离"出发谈论官僚政治，但他不知道就是这种"分离"构成官僚政治的基础；黑格尔也从同业公会出发谈论官僚政治，但他不知道就是这种同业公会或"公会精神"构成官僚政治的前提。接着，马克思从以下几个方面作了阐发。第一，官僚机构对同业公会的态度。马克思说："同业工会是官僚机构的唯物主义，而官僚机构则是同业公会的唯灵论，同业公会

---

① 《法哲学原理》，第 289 节附释。

构成市民社会的官僚机构,官僚机构则是国家的同业公会。"①这里所谈的官僚机构、国家、同业公会、市民社会四者,是资产阶级的不同领域和不同层次的组织形式。它们之间各具有自己的特殊利益,因而是相互对立的;但归根到底又具有共同的阶级属性,因而又是一致的。鉴于这种情况,当官僚机构成为"新原则"即新要求,而受同业公会控制的市民社会却不愿意满足这种要求时,官僚机构就会反对同业公会。而当市民趋于摆脱同业公会的统制,希望按照自己的理性行动时,官僚机构则必定复兴同业公会。因为,"公会精神"也是官僚机构的精神,所以对公会精神的威胁也是对官僚精神的威胁。第二,官僚机构对于同业公会的控制。官僚机构作为一个维护自身狭隘利益的集团,不可能是市民社会的真实国家,而是它的"国家形式主义"。由于这个原因,官僚机构不允许同业公会成为国家,而必须由它这个"国家的同业公会"来充当国家,以国家的意识、意志和威力的姿态出现。官僚机构的野心之所以能够得逞,主要是因为各个单独同业公会之间相互倾轧,亦即每个同业公会都想保存官僚机构来反对其他的同业公会,其结果它们统统沦于官僚机构的控制之下,使其保持存在的假象。如果说同业公会是市民社会企图成为国家的尝试,那么,官僚机构则是确实使自己变成了市民社会的国家。第三,官僚机构的目的。官僚机构是"国家形式主义"或"形式主义的国家",那么官僚精神就是"形式的国家精神"。这就意味着实际的国家无精神。官僚机构把"形式的国家"变成了支配一切的绝对命令,把自身当作国家的最终目的。于是,它必然反对国家的目的。对于官僚机构说来,跟着这一颠倒而来的是另一个颠倒;本来只是"形式的"东西的官僚机构目的,被当成官僚机构自己的内容;而"实在的"国家目的,被当成形式。在官僚机构那里,国家的任务不过是例行公事,装装样子。官僚政治就是这样一个狭隘的越来越强化的,而且任谁也不能跳出去的小圈子。黑格尔强调官僚政治是建立在知识基础上的等级,岂不知这不过表示:它的上层在各种细小问题的知识方面依靠下层,下层则在有关普遍物的理解方面仰赖上层而已。总的说来,他们都围绕官僚机构的同一目的而旋转。第四,官僚机构的意识形态。官僚机构是和实在国家并列的虚假国家,是以自己的精神冒充国家精神的"国家唯灵论"。官僚机构正是凭借这个唯灵论控制国家和同业公会(社会唯灵论)的。这种唯灵论作为官僚机构的普遍精神,对于其外界就是见不得人的秘密;它依靠森严的官僚等级制度和同业公会的闭塞性,得以保守。"因此,权威是它的知识原则,而崇拜权威则是它的思想方式。"②在官僚机构内部,唯灵论变成粗劣的、盲目服从的、对权威信赖的,以及机构的例行公事、成规、成见和传统的"唯物主义"。至于官僚个人,国家的目的变成了他升官发财和飞黄腾达的手段,对于物质生活的无限追求。与这样的官僚机构的"唯物主义"相结合的唯灵论,便表现为野心和自大狂。它想创造一切,认为世界仅仅是自己的活动

① 《马克思恩格斯全集》第 1 卷,第 300 页。
② 《马克思恩格斯全集》第 1 卷,第 302 页。

对象;它不要科学,不要真理的知识。最后,马克思指出:"只有普遍利益在实际上而不只是(像黑格尔所想象的那样)在思想上、在抽象概念中成为特殊利益,才能铲除官僚政治;而这又只有在特殊利益在实际上成为普遍利益时才有可能。"①就是说,只有当国家领导集团不再是社会的主人,而是社会公仆时,才可以避免使自己成为官僚机构。而这一点,只有在社会主义国家里才能够办到。马克思对于资产阶级官僚机构的精辟分析,同他后来提出的无产阶级革命必须打碎旧官僚机器的伟大学说,显然是直接相关的。

（四）行政官吏

既然黑格尔用官僚主义政治观点来理解行政权,那么,他就必然把行政官吏的问题摆在他的行政权理论的核心位置上。

1. 行政官吏的选拔。

行政事务带有客观的性质,因为它要实现的是事先已经由国王决定了的事情,而且它只能通过各个人来执行。适于担行政公职的这些个人,和国王的确定不同。因为行政事务和个人之间没有任何直接的天然联系,所以公职不由个人的自然人格和出生来决定。

黑格尔主张,每个市民都有可能成为国家的行政官吏。这可以说是市民社会和国家的又一种同一。无疑,他正确地描写了资产阶级国家的实际情况。但是,这种状况却具有非常表面的和二元论的性质。每一个市民社会领域中的个人都有可能获得国家这另一个领域的权利,恰好证明他本来的领域即市民社会的领域不是这种权利的现实。如同马克思所指出的,在真正的市民社会和国家相同一的情况下,问题不在于每个市民是否可能成为国家官吏这一"特殊的普遍等级",而在于这个等级能否真正成为普遍的等级,即同一切市民融成一体。现实的通例总是,国家官吏虽然来自于市民社会,但又是同市民社会相对立的。

其次,每个想要成为官吏的人,必须取得对于他的知识和才能的证明,即履行考试程序。这不过意味着,凡不具备必需的"国家知识"的人们,虽身在国家之中,但犹在国家之外,是受祖国所排斥的。考试,就是从法律上确认政治知识为一种特权。马克思指出:"'官职'和'个人'之间的'联系',是市民社会的知识和国家的知识之间的客观联系,这种通过考试来确立的联系,无非是官僚政治对知识的洗礼,是官方对世俗知识变体为神圣知识的确认。"②"国家的知识"是"仕途经济"的知识,升官发财的阶梯。

充当官吏的最后一个条件,是国王的恩赐或国王的任性,即批准。按照黑格尔的说法,尽管考试是个人和官职之间的客观联系,但并不是决定性的因素。因为,许许多多具有天才和适合于担任官职的人,很难说哪个比哪个高明,哪个同官职有必然的联

---

① 《马克思恩格斯全集》第 1 卷,第 303 页。
② 《马克思恩格斯全集》第 1 卷,第 307 页。

系。使一个人获得官职的尊荣的决定因素,乃是国王的主观因素。黑格尔的言论使我们看到,国王在任何场合下都总是偶然性的代表,"官僚政治的信仰声明"即考试这一客观因素,必须有国王的恩赐或任性这一主观因素,官僚政治的信仰才能发生效力。这就是黑格尔关于行政官吏选拔条件的基本主张。

2.行政官吏的薪给。

担任行政官职的条件还表现在,奉国王之诏担任一定官职的人,以恪尽职守为本人收入来源。这不仅保证他特殊生活的需要,而且使他的处境和公职活动不受其他人的影响和摆布。所以,这种薪给便成了官吏"地位中的实体性因素",即官吏获得薪给的权利是从国家理念中引申出来的,或为国家理念所要求的。在黑格尔的心目中,官职表示国家的存在,薪给表示市民社会的存在(官吏本人在市民社会生活中的经验存在),二者的结合恰好表示国家和市民社会的真正同一。但黑格尔忽略了,"国家事务变成官职是以国家脱离社会为前提的"。通过官吏获得薪给所表示的"同一",不能不是虚假的。

在官吏的薪给问题上,黑格尔反对如下的几种情形。第一,国家采取让不领受薪给的个人进行任性的、随意的服务。例如,中世纪的德国游荡骑士行使审判权就是这样。因为,这种服务不免完全依照个人的主观见解履行其职责,怠忽公职而达到个人的主观目的,国家不能严格地支配他们。第二,担任国家职务的官吏仅仅为了生计才工作。这样,他就不会有真实的责任感,也没有权利。国家之所以赋予官吏以权利,是由于要求他尽职履行公务并为此而作牺牲。一个官吏应当在这种前提下追求主观目的。国家的概念和国家内部的巩固,正是仰赖这种普遍利益和特殊利益之间的正常关系构成的。黑格尔这样要求一个资产阶级国家官吏,完全是一种不切实际的悬想。第三,把担任公职当成官吏个人同国家之间的一种契约关系。虽然其中包含双方的同意和彼此的给付,但这和契约关系完全不同。理由是,首先,任命公职人员不似订立委托契约那样,为了让他完成个别的、临时的职务,而是要求"把他精神和特殊的实在的主要兴趣放在这种关系中";再者,他(公职人员)所应履行的,按其直接形式来说,是"自在自为的价值"。这种价值与民事法律关系中的标的物不同,它同它的外在性有区别;这种价值是国家理念所特有的,它不会因为所规定的事项的不履行而受到损害。但是,由于对于公务的不履行或积极违反也是对普遍内容本身的侵害,在这点上又与破坏契约的侵权行为有共同之处,严重者甚至可以作为犯罪行为论处。黑格尔否定担任公职是契约关系,其主要动机是为保持资产阶级官职的圣洁的形象。实际上,在契约关系支配的资本主义制度下,做官为宦不可能不是同国家之间的交易关系,而且还必然以贪污受贿作为补充。这是彰明昭著的事实,谁也无法为之辩解。

3.对行政官吏的监督和教育。

黑格尔说,官吏的态度和教养,是法律和政府决定接触单一事物和现实地发生效力的一个"点"。公民是否满意,对政府是否信任,以及政府计划是否能得到实施,都依存这个"点"。这样看来,官吏的感情和情绪所产生的实施的方式和方法,往往直接决定实施内容的成就与否,即或像课税这样的具体事情也不例外。行政主管机关及其官吏的滥用职权,既可以危害其上级即国家,也可以危害其下级即自治团体或同业公会。这种危害可以来自单独的某个行政事务部门和官吏,也可以来自感到自身共同利益受妨碍的官吏全体。有鉴于此,就必须对于行政主管机关及其官吏实行监督。

黑格尔认为,这种监督首要的是官僚机构的"等级制",即自上的监督。尤其在制度方面不完善的国家中,更需要最高主权的干涉。但是,由于行政官吏实施的行为是直接的和亲自的,而且往往很细小,自上的监督难以完善地达到目的。为此,就需要补充以自下的监督,即自治团体或同业公会的监督。这些下级机构,由于切身利害所系,自然而然地会遏制官吏在履行职务中夹杂的任性。

从表面上看,这套监督行政官吏的办法似乎很周全,很可行。其实大谬不然。首先以"等级制"而言,它本身就是滥用职权的祸根,它所必然犯下的罪过同官吏个人的罪过是并行不悖,甚至是相互促进的。官吏只是在犯下等级制所不需要的罪过时,才会受到等级制的惩罚。否则,等级制总是千方百计地对官吏的罪过加以包庇。其次,说到自治团体或同业公会的监督,无非是要适当地保卫这些市民社会官僚机构的特权而已。简言之,监督即束缚对方的手足,表示对下为刀俎,对上为鱼肉。维护"等级制",说穿了就是大害除小害;这无非是由于小害同大害相比是微不足道的。

与"监督"并行提出的,是对官吏要进行"直接的伦理教育和思想教育",培养他们的"人道精神",为的是"使大公无私、奉公守法及温和敦厚成为一种习惯"。这一教育的批判对象,是官吏因所受到的行政业务"科学"知识与技能的训练和实际工作等而养成的"机械性"。在这里,黑格尔掩盖了或者颠倒了基本的事实,即不是"道德和理智的教育"在"抵消"官场"知识"和"实际工作"的"机械性",而是这种"机械性"在"抵消"其"道德和理智的教育"。官僚的实际精神和工作,正是作为实体而压倒他的其余才能的偶性。因为,黑格尔早已直言不讳地说过,官僚的实体性就是他的"饭碗"(薪给)。

考虑到德国是个"大国"的现实,黑格尔特别强调国家的大小是抑扬官吏主观方面的"主要的因素"。据说,对于一个大国的官吏,"这个因素可以减轻家庭联系和其他私人联系所占的比重,也可以削弱和麻痹报复心、仇恨心和其他类似的激情"①。当年有些革命启蒙思想家说大国有利于专制主义,现在黑格尔则说大国有利于抑制官僚的任性,但又讲不出什么道理。实践证明,国家的大小同官僚政治的本质是没有什么相干的。

4.行政官吏与中间等级。

按照黑格尔的一贯提法,行政官吏和政府成员是"中间等级"的主体。他们之所以被称作"中间等级",是因为介于处在独特地位的贵族等级和一般的市民等级之间的缘

---

① 《法哲学原理》,第296节。

故。这个等级被说成是集中了全体民众的高度智慧和法律意识,或者说集中了国家的意识和最高度的教养,因而也是"国家在法律和知识方面的主要支柱"。一听便知,这些都是盲目吹嘘官僚政治的老调子,并无一点新意。不同的仅仅在于现在突出地用超阶级的"中间等级"作为官僚阶层的美称罢了。

黑格尔认为,"中间等级"是现代的即资产阶级的国家的产品。在封建制国家(例如当时的俄国),人是被划分为统治者和农奴两个极端部分,不存在"中间等级"。只有当社会中出现了资产阶级性质的同业公会之类团体对官吏实行自下而上的监督,使之不敢胡作非为的情况下,"中间等级"才有可能形成和存在。应当肯定这种观点在基本方面即在历史的社会背景方面,有其真理性。资产阶级的官僚,当然只能是资本主义社会的和国家中的官僚。但也正因为如此,他们所构成的不可能是什么"中间"的等级,而是替资产阶级效劳的特殊等级、特殊阶层。这样说来,黑格尔把他的行政权学说变成官僚政治的学说,并绞尽脑汁地加以论证(美化),原是有道理的。因为,他同这个官僚阶层具有共同的立场。

六、立法权

(一)立法权的概念

在黑格尔关于普鲁士式君主立宪制的国家学说中,立法权的地位问题是暧昧不清的。正因为如此,资产阶级思想家们便能够各取所需地进行五花八门的解释。鉴于这种情况,为了揭示黑格尔立法权观点的真实面貌,像马克思那样顺着它的本来体系逐点地加以剖析便显得更为必要了。

1. 立法权的界说。

立法权体现着国家观念的普遍性环节,黑格尔的这个一贯提法已为人们熟悉了。现在,他对这一命题的稍许具体一些的阐述是:"立法权所涉及的是法律本身(因为法律需要进一步规定),以及那些按内容来说完全具有普遍性的国内事务。立法权本身是国家制度的一部分,国家制度是立法权的前提,因此,它本身是不由立法权直接规定的,但是它通过法律的不断完善、通过普遍行政事务所固有的前进运动的性质,得到进一步的发展。"①这个立法权界说的深刻之处,在于它渗透着黑格尔的辩证法,把立法权同法律、国家制度等不同规定的对立作为出发点。单纯就立法权自身来说,它是一种对具有普遍性的国内事务进一步规定法律的权力。但对于国家制度的整体来说,它又是局部性的权力。耐人寻味的,恰恰是后面这一点。

自近代以来,尤其法国资产阶级革命以来,对于立法权和国家制度二者的关系的争论,几乎陷入"先有鸡还是先有蛋"的境地。例如,"制宪会议"和"宪制会改"的区

---

① 《法哲学原理》,第 298 节。

分,便是解决冲突的一种企图,但却不是一种成功的尝试。黑格尔的思辨方法也未能奏效。他向人们提出的,不过是一组二律背反而已。其一,立法权是组织普遍物的权力,也就是确立国家制度的权力,因此它高于国家制度。其二,立法权是按照国家制度确立起来的权力(国家制度是立法权赖以建立的基础),国家制度事先给了立法权以各种法律,因此立法权必须从属于国家制度。倘若从法律的角度上说,那就是,立法权只有在国家之内才是立法权;而国家制度要是处于立法权之外,它就处于法律之外。情况没有更好一些。为摆脱这种二律背反,黑格尔追加了若干说明,即国家制度通过法律的不断完善等"得到进一步的发展","国家制度存在着,同时也本质地生成着"。这意思是,立法权不能径直地改变国家制度,但能够通过迂回的途径改变它。岂不知,这一下又在立法权的合法行动(为现在国家制度服务的作用)和实际行动(发展国家制度的使命)之间,制造了新的二律背反;在国家制度的"存在"和它的"生成"之间,制造了新的二律背反。造成这种恶性循环悲剧的症结何在呢? 就在于黑格尔不是用革命的观点来探讨国家制度的变化,而是用改良主义的观点来希求国家制度的"逐渐变化"或"不可察觉的无形变化"。

严格地说,所谓立法权是近代资产阶级反对封建国家制度斗争的产物,它首先寓于市民社会之中。假如像黑格尔不无道理地认为国家是政治国家和市民社会(非政治国家)的统一,那么,国家制度和立法权之间的矛盾,只是国家内部的矛盾,即政治国家同市民社会的矛盾。这种矛盾通常也表现为,以资产阶级为首的争取立法权的进步势力同以封建君主为首的行政权的反动势力之间的斗争。在这种形势下,资产阶级队伍中也会分裂为两个态度对立的派别。其一,资产阶级的妥协派,它仰赖或乞求封建君主从上面降赐自己以立法权,向反动的行政权献媚,企图通过这种立法权一点一滴地改变国家制度。德国资产阶级是取这种态度的一个典型。黑格尔正是这样一个阶级的代表人物。其二,资产阶级的革命派,它敢于借助人民的力量来为自己确立立法权,进而以此为手段发动革命。在这方面,法国 1789 年革命的发展过程是一个典型。马克思指出:"凡是立法权真正成为统治基础的地方,它就完成了伟大的根本的普遍的革命。正因为立法权当时代表着人民,代表着类意志,所以它所反对的不是一般的国家制度,而是特殊的老朽的国家制度。""要建立新的国家制度,总要经过真正的革命。"① 但是,资产阶级代表"人民"或"类意志"是暂时的。一旦它确立了自己的统治,不可避免地要使国家制度的进步渐渐地凝滞下来,而加强对人民的统治。所以,真正像黑格尔所讲的使"前进运动"成为国家制度的原则,就"必须使国家制度的实际体现者——人民成为国家制度的原则"②。"人民是否有权来为自己建立新的国家制度呢? 对这个问题的回答应该是绝对肯定的,因为国家制度如果不再真正表现人民的意志,那它就

---

① 《马克思恩格斯全集》第 1 卷,第 315 页。
② 《马克思恩格斯全集》第 1 卷,第 315 页。

变成有名无实的东西了"①。这就是一个共产主义创始人批判黑格尔立法权观点所作出的最高结论。

2. 立法权的对象。

黑格尔关于立法权的对象的思考,是相对于行政权的。他说,在国家权力的有机统一中,同一个精神既建立了普遍物,又使这个普遍物具有一定的现实性并加以实施。在内容上,立法权是完全普遍的,即法律的规定;行政权是特殊的东西和执行的方法。但是,既然可以如此机械地赋予每种权力以特定的原则和稳固的现实性,那么所强调的是立法权和行政权之间的对立,而有机同一性则留在想象之中。前者黑格尔提出没有解决的国家制度和立法权的对立,于今又提出没有解决的立法权和行政权的对立,应当说两种情况是一致的。

根据黑格尔的看法,所谓立法权的对象也就是国家制度对于公民个人的权利和义务两个方面的规定。第一,公民权利,即他从国家那里可以得到什么或享受什么。这方面包括一般的私法关系、自治团体和同业公会的权利以及一般的组织设施,也间接地包括整个国家制度(国家具有的福利属性)。第二,公民义务,即他应该给国家什么。黑格尔反复强调,国家中虽有无数的才干、产业、活动、才能,以及这些东西所包含的无限多样的、同时与政治情绪相联系的活的财富,但国家不要求公民献纳它们,而仅要求唯一的、表现为金钱的财富。这是为什么呢? 首先,金钱是实物和劳务的现行普遍价值。有了金钱,国家就可以"向我们购买它所需要的东西"。其次,义务只有折合为金钱才能表现量的规定性,因而才能"公平和合理"。如果抛开金钱,比如以人的具体才能为标准,那就会是才能越大纳税越多了。最后,以金钱履行义务,可以保证每个人按照自己的自由意志选择其应承担的特殊工作和劳务。黑格尔指出,在柏拉图的理想国里,首脑把人划分为不同的等级,并按等级委以职责;在封建君主国里,藩臣既必须担负不固定的劳务,又必须根据自己的特点担负固定的劳务(如审判等);在古东方国家里,为进行各种巨大工程,也把人当作各个"特殊的质"来令其尽义务。所有这一切方式都缺乏"主观自由的原则"或"特殊意志"原则。现代国家要求公民履行义务时,则奉行主观自由原则,允许特殊意志的选择。据说,这是公民的一种"权利",而"这种权利只有以普遍价值的形式来履行义务时才能实现"。② 用金钱来应付国家的各种要求,不会使国家"堕落下去",而会使国家"从每个人可以接受的那一方面来对待每个人""尊重"每个人的主观自由。黑格尔所阐述的义务制度的原则和形式的历史演变过程,是符合实际的;但更引人注目的,却是对现代国家中公民履行义务的原则和形式的无条件的赞美,即"有钱能买鬼推磨"。在这一点上,黑格尔与任何一个资产阶级自由主义者相比都毫不逊色。

---

① 《马克思恩格斯全集》第 1 卷,第 316 页。
② 《法哲学原理》,第 299 节附释。

3.立法权的环节。

如同王权和行政权一样,单独地看,立法权也是一个整体。它也包括三个环节,即王权、行政权和"等级要素"。从相互制约的角度上说,在立法权中发挥作用的首先是王权和行政权。这完全符合黑格尔的反思哲学,立法权的第一个环节是作为最高决断的王权,说的是立法权要通过王权来获得最高表现。立法权的第二个环节是作为咨议性的行政权,说的是离开了它立法权的普遍性便不能获得和实现;因为只有行政权才最具体地知道和概括地了解国家整体的各方面和整体中的现实的基本原则,熟悉国家权力的需要。立法权的第三个环节是"等级要素",说的是立法权自身,或者说仅仅是不同于王权和行政权的立法权。

极度强调国家统一的黑格尔,讲到立法权问题时,专门论述了立法机关(议会)和政府成员(大臣)的关系。他反对传统的三权分立论关于权力独立(尤其立法权独立)及其互相限制的主张,认为这会取消国家的统一。基于这一点,他排斥1789年法国制宪会议的做法,而拥护英国的内阁大臣必须是国会议员的做法。他说英国做法之所以正确,是因为参加政府的人员应该同立法权相联系,而不应相对立。当然,黑格尔对于英国议会制度的肯定,主要的是这一点,至于说到其他方面,就像人们已经熟悉的那样,更多的则是批判。

(二)等级要素

如果说构成王权的主体是国王(君主),构成行政权的主体是大臣(政府成员),那么,构成立法权的主体则是社会各等级(等级要素)。因此,对于等级要素的分析,便成为黑格尔立法权学说的重要组成部分。

1.等级要素的作用。

等级要素是指市民社会向国家派出的代表团。它所代表的是市民社会中"多数人"的、而非"一切人"(因为要除去妇女、儿童等)的知识和意志。

等级要素的作用,在于使已经自在地存在于国家那里的普遍事务,通过这个等级要素而获得自为的存在;换言之,也就是使自在的普遍事务化为"多数人的观点和思想的经验普遍性的公众意识"所承担的对象。

在黑格尔对于等级要素作用的解释中,最惹人注意的是有关国家意识或国家精神的彻头彻尾的神秘主义。他认为,国家精神完美无缺地包含在官僚政治(知识等级制)的形式之中;而现实的或经验的国家精神即"公众意识",不过是"多数人的观点和思想"的简单混合。他把官僚政治视为理想的东西,把公众意识视为经验的东西;把真正的公众意识视为特殊的意识,把一小撮官僚的特殊意识视为真正的公众意识。这样一来,黑格尔就必然要在"普遍事务"问题上制造一系列的颠倒。首先是主体和实体的颠倒。本来,"普遍事务"只是表现主体的实体。由于主体需要"普遍事务"作为自己的真正的事务,从而把自己客体化为"普遍事务"。但在黑格尔发明的所谓"普遍事务"发展阶段论中,情况是完全相反的:"普遍事务"自己形成主体,形成独立的东西,而真正的主体却成了"普遍事务"所要求的存在。其次是自在的存在和自为的存在的颠倒。名副其实的"普遍事务",不言而喻地应当是自在于人民之中的事务即人民自己的事务;而代表人民的国家,仅仅是自为地实现"普遍事务"。从官僚政治立场出发的黑格尔则认为,"普遍事务"作为行政事务等等已经自在地存在了;第二步才使"普遍事务"作为"公众意识""多数人的观点和思想的经验普遍性"得到自为的存在。他所说的自在存在的"普遍事务",实际上并不是普遍事务,至少不能算作普遍事务,因为它根本不是来自市民社会之中的事务。它充其量只是对市民社会的一种强加。最后是内容和形式的颠倒。真正的"普遍事务"的内容是来自市民社会的"等级要素""公众意识"或"多数人的观点和思想的经验普遍性"。可是,在黑格尔看来,它们不过是"普遍事务"的自为存在的一些形式的环节。这种"普遍事务"的形式的存在或经验的存在,由于脱离了自身的内容,只能是象征性地得到现实性。黑格尔关于"普遍事务"的观点,归结起来就是:"普遍事务是一种现成的东西,它不是人民的真正的事务。真正的人民的事务没有人民的协助已经实现了。等级要素是国家事务以人民事务的形式出现的一种虚幻的存在。普遍事务就是普遍事务或公共事务这种说法是一种幻想,或者人民事务就是普遍事务这种说法是一种幻想。"①所谓"等级要素"的作用,无非就是扮演这种"幻想"的角色罢了。

接着,再看一看黑格尔关于"等级要素"作用的更具体的说明。这些说明是围绕两个问题展开的。第一,"等级要素"的知识和意志是没有意义的、多余的。黑格尔认为通过"等级要素"表现的人民是"国家成员的特殊部分",他们的意识是"平庸的意识"。他说:"人民就是不知道自己需要什么的那一部分人。知道别人需要什么,尤其是知道自在自为的意志即理性需要什么,则是深刻的认识和判断的结果,这恰巧不是人民的事情。"又说:"国家的高级官吏必然对国家的各种设施和需要的性质具有比较深刻和比较广泛的了解,而且对处理国家事务也比较精明干练;所以,他们有等级会议,固然要经常把事情办得很好,就是不要各等级,他们同样能把事情办得很好。"②这些话不外表示,有关国家事务的知识是由官吏独占的,各等级、更无须说人民在这方面永远达不到官吏那样的水平。所以,各等级在管理国家事务这方面,说到底只是一种形式的存在,一种纯粹的奢侈品。第二,"等级要素"的知识和意志是可疑的。黑格尔断然否认各等级有实现普遍利益的"超群出众的善良的意志",理由是"它们都是由单一性、私人观点和特殊利益产生的,所以它们总想利用自己的活动来达到牺牲普遍利益以维护特殊利益的目的","相反的,国家权利的其他环节从来就为国家着想,并献身于普遍的目的"③。这里要证明的是,普遍事务并不是各等级的私人利益,而他们的私人利益却是他们的普遍事务。既然如此,黑格尔何以硬要画蛇添足地把同普遍事务相对立的利益

---

① 《马克思恩格斯全集》第 1 卷,第 321 页。
② 《法哲学原理》,第 301 节附释。
③ 《法哲学原理》,第 301 节附释。

作为普遍事务的形式呢？确实，黑格尔之所以需要"等级要素"这个奢侈品，直接地是为了迎合其逻辑。但是也不能不看到，在这方面，他也道出了现代资产阶级立宪国家的代议制和立法权的实情。对于那些"等级要素"的代表们即议员们说来，普遍利益、国家利益之类的东西，仅仅是一种"装潢""客套"和人民生活的"调味品"；最首要的事情，是为他们自己捞取好处。马克思一针见血地指出："等级要素是立宪国家批准的法定的谎言，即国家是人民的利益，或者人民是国家的利益。"①这种"等级要素"之所以能作为立法权而稳固地确立起来，其原因就在于：其一，它以普遍利益作掩护；其二，它包含着不容易识破的知识问题。但这样的"形而上学的国家权力"、盗用"民意"的权力，终究是要被揭穿的。

稍后，黑格尔对于"等级要素"的作用，又进行了一点追加的说明。他认为，在保障普遍利益和公众自由方面，各等级的作用不在于他们有独创的见解，而是部分地在于代表们用他们在琐细问题上的见解"补充了高级官吏的见解"，部分地在于他们"预期"的多数人监督促使官吏们自我约束。即令这样的作用，也不能独立地发挥，而是同"国家的其他的任何一种制度"（如君主主权、王位世袭制、审判制度等等）一起来发挥。可见，这种追加的说明，并没有使"等级要素"的作用增大一点，同样也没有使黑格尔本人的官僚迷信症减轻一点。

2. 等级要素的地位和使命。

等级要素在国家中的基本地位，就在于它是一个"中介机关"。一方面，它充当政府和特殊利益的人民（人民表现为特殊集团和个人）之间的桥梁；另一方面，它又同政府结合一起，充当王权和人民之间的桥梁。等级要素的这种中介地位便决定了其使命：既要忠实于政府的意愿和主张，又要忠实于特殊利益。

断定等级要素是个中介环节，其前提就是断定在整个国家内部已经存在着国家和市民社会的矛盾。这两个对立面的同一性，在等级要素中获得了象征性的表现。等级要素把矛盾的方面集合在自身中，回过头来又充当解决这个矛盾的工具。但遗憾的是，黑格尔并没有交代矛盾的各方面是怎样集合于等级要素中来的。而这一点刚好是现代国家中的代议制、议会和立法权具有的阶级属性的"奥秘"。另外一个重要的问题是，为什么"中介"的角色不能由等级要素单独地扮演，而必须由它和政府共同扮演呢？其中也是大有文章的。

等级要素和政府共同的"中介"的作用之一，是使"王权不至于成为孤立的极端，因而不至于成为独断独行的赤裸裸的暴政"。按照黑格尔先前所说，王权本来就是一个单一性的"极端"，王权的原则就是任性（独断独行）。现在，因为有了等级要素，使王权原则受到限制，至少受到了约束。但岂不知，这样一来，虽然避免了王权成为"孤立的极端"，却使限制者发生了变化，即等级要素本身参与王权，成为王权的同谋，并且使行

---

① 《马克思恩格斯全集》第 1 卷，第 326 页。

政权获得向极端发展的机会。其次,王权经过限制后不再成为"赤裸裸的暴政",也可以有两种情况:或者因此便真的不再成为王权的极端,而沦为虚幻的权力,只起着象征性作用;或者仅仅表面上不是"赤裸裸"的暴政,但依然是暴政。

"中介"作用之二,是使特殊利益"不致孤立起来,个人也不致结合起来成为群众和群氓(如果这样就更糟),从而提出无机的见解和希求并成为一种反对有机国家的赤裸裸的群众力量。"在这个说法中包含着一个明确的观点,即"群众"和"群氓"是同"有机国家"相对立的力量。由于他们处于理性之外,因而也必定处于国家之外。"中介"机关的意义就是把这些"群众"和"群氓"纳入"有机国家"之中,以便摆脱"孤立"状态,又不致用他们的"无机"的意志危害国家,即不致形成"赤裸裸的群众力量"。但是黑格尔忘记了,这种逻辑恰好也适合于说明:"群众"和"群氓"的意志没有成为"有机国家"的意志,也没有在国家中得到实现。为此,就需要对"有机国家"加以变革,使之适合他们的意志,变成他们自己的国家。请问,究竟是什么使"中介"机关起着防止发生人民的"极端"或"孤立"的作用? 那只是,等级要素使人民群众幻想自己可以通过它来同国家算总账,幻想自己的意志在它那里找到表现或活动的基地,幻想它已经达到自己的客观表现;从而使人民群众不至于直接组织起来,更不至于直接地对国家采取行动。

基于以上的分析,对于黑格尔所说的等级要素的两种地位问题,便可以得到更清晰的了解。等级要素的第一种地位,即处于政府与人民之间的地位,是政府反对派的地位。说明它是同政府对立的人民,当然是缩小了的人民。等级要素的第二种地位,即同政府一起发挥中介作用的地位,是维护政府并与之合流的保守派地位。说明它是同人民对立的政府,当然是扩大的政府,或者是行政权的一部分。这样看来,等级要素的两种地位,实际上就是它与政府狼狈为奸,把人民群众当作一种想象或幻觉而加以要弄和出卖。在这种情况下,它与政府的关系当然"就不再是对立面,而是一种有机的环节"①了。只是,在这样的"有机国家"中,人民群众是没有地位的。

黑格尔在自认为已完满地论述了君主立宪国家的等级要素的地位和使命之后,又把它当作优越于专制国家的重要根据。按照他的观点,专制国家之所以为专制国家,就在于它没有这种中介机关,只有君主和人民。对于国家组织而言,人民只是作为"破坏性的群众"起作用:如果给他们提供进入国家的手段时,他们就采用合法而有秩序的方法,来贯彻其特殊利益;如果不提供这种手段时,他们的呼声"总是粗暴的"。因此,"暴君总是姑息人民而只拿他周围的人来出气"。在这方面,黑格尔是从对于人民群众的偏见出发,得出了片面的结论。说代议制的君主国比专制国优越,这无疑是正确的。但是,说暴君之所以实行专制和暴虐是由于人民群众在国家中起了作用造成的,则完全是失实和悖理的。与黑格尔之说相反,从古到今的一切暴君制的基本对象都是人民群众;一切暴君制之所以能够得逞,归根到底都是人民群众不能形成独立的力量、开展

---

① 《法哲学原理》,第 302 节附释。

充分斗争的结果。

　　3.普遍等级和私人等级。

　　黑格尔先是从市民社会的物质生活领域,尤其是分享普遍财富的方式和方法出发,把人分为普遍等级、实体性或直接的等级(自然等级)和反思的或形式的等级(建立在特殊需要和以这些需要为中介的劳动上的等级)。① 普遍等级,它"以社会状态的普遍利益为其职业,因此,必须使它免予参加直接劳动来满足需要,它或者应拥有私产,或者应由国家给予待遇,以补偿国家所要求于它的活动,这样,私人利益就可在它那有利于普遍物的劳动中得到满足"。其余两个等级:实体性等级即农业等级;反思等级包括手工业、工业和商业三个等级,亦叫产业等级。现在,黑格尔又对等级进行政治上的概括和分析。普遍等级被明确为"在政府中供职的等级",也就是官僚等级或中间等级。按照黑格尔的逻辑,立法权是由等级要素和官僚结合行使的,因而普遍等级就是立法权中的行政权的代表。农业等级和产业等级,统称为私人等级。私人等级是在立法权的等级要素中"获得政治意义和政治效能"的。私人等级作为国家内部的特殊物,只有这样才与作为普遍物的国家取得了真正的联系。

　　关于私人等级,黑格尔强调它要获得政治意义,"只能是它现在这个样子",即只能符合市民社会中的等级差别。其意思是说,私人等级本来没有政治意义。它的"政治意义和政治效能",是它的特殊意义和效能。仅仅当它向立法权中派出代表团,变成等级要素时,才和政治挂了钩。但即令如此,它仍然没有转化为政治等级;因为获得政治意义并不是它本来所具有的那种意义。私人等级永远从属于它所存在于其中的那个国家的本质,从属于那个国家的政治。由此可知,黑格尔让私人等级同政治发生关系,目的不是让它管理政治,而是更好地服从政治的管理,更好地实现政治国家对于市民社会的、由上而下的统治。

　　私人等级在立法权中获得政治意义,指的仅仅是这个"等级",而不是个人。有人说,私人等级参与普遍事务的活动必须通过单个人的形式表现出来。黑格尔再次把这种看法称作"原子式的抽象观点",断然地加以驳斥。在他看来,这种观点就是人民(作为单个人的多数人)参与政治的观点。而人民虽然也是一种"总体","但只是一种群体,只是一群无定形的东西。因此,他们的行动完全是自发的、无理性的、野蛮的、恐怖的"②。黑格尔对人民的仇视,和他对于官僚政治的美化和崇拜,是非常吻合的。黑格尔又说,还在家庭和市民社会之中,单个人就已作为某种普遍物的成员才能表现自己。因此,当这些共同体进入了更高级的政治领域时,还坚持"原子式"的观点,就于理不通了。这就是"想把这些共同体重新分解为个人组成的群体","把市民生活和政治生活彼此分割开来"。最后,黑格尔表示,尽管有人觉得市民社会的一般等级和政治意义上

　　① 《法哲学原理》,第201节—208节。
　　② 《法哲学原理》,第303节附释。

的等级是绝对不相同的东西,但"语言仍然保持了以前就存在的二者之间的结合"①。

无疑,黑格尔所驳斥的论敌的观点,是纯粹的资产阶级个人主义政治观点。但黑格尔的论证所表现的思想进程,却把"全部矛盾都集合在一起了"②。在这里,他至少有几点很重要的混淆。第一,混淆了中世纪(封建主义)和现代(资本主义)两种不同的社会。当黑格尔责备有人把市民社会的一般等级和政治意义上的等级对立起来的时候,忘记了他自己正是把"市民社会"和"政治国家"的分离作为论述现代社会的出发点。而现代国家实际上存在的这种分离,又是根源于市民等级和政治等级的分离。另外,当黑格尔认为可以保持"以前就存在"的市民等级和政治等级之间的"结合"的时候,忘记了那是同现代社会截然不同的中世纪社会的情况。他本人曾承认,中世纪是市民等级与政治等级同一的顶峰,因为在那里市民社会就是政治社会、市民社会的结构原则就是国家原则。相反,只有市民等级和政治等级的分离,才表现出现代的市民社会和政治社会的真正的相互关系。第二,混淆了中世纪和现代的两种不同的政治等级。中世纪的各等级都是政治等级。公国中的诸侯(主宰者)是特殊的等级即特权等级,但这种特权也被其余各等级的各种特权所限制。市民社会各等级事实上都是一个独立王国,它们各自的自治团体或同业公会都拥有相当于主权和行政(执行)权的权力。它们都是立法等级或具有立法效能,但这决不表示私人等级初次获得的政治意义和效能,相反,立法效能不过是已经具有的政治意义和效能的一种表现;同样,它们的立法权资格,也只是对他们的主权和行政权的一种补充。总之,中世纪的等级不是由于它们参与立法而成为政治等级,反倒是由于它们是政治等级才参与立法。现代的市民社会或私人等级则恰好相反。它们本质上不是政治等级,也不以参与政治为自己的使命。它们之所以具有政治意义,仅仅是由于参与立法权而刚刚获得的。所以,从私人等级自身的市民社会的性质上说,是同政治意义和效能相对立的,是没有政治意义和效能的。黑格尔说私人等级"保持它现在这个·样子了",只能是同国家和政治相分离的样子。反之,私人等级果真要上升为政治等级,就不能应当是这样子,不应该再成为私人等级,而应当彻底破除资本主义的等级制。第三,混淆了作为人民存在形式(多数人总和的整体)的国家和政治国家。市民社会就是人民整体的国家。这个被黑格尔称为特殊物的东西,实际上是人民的普遍物。即令说它是特殊物,那它也不是"国家内部的特殊物";相反,它倒是国家外部的特殊物,是政治国家之"非现实性"。黑格尔为了把作为人民国家(市民社会)中的各等级说成是政治国家中的等级即政治等级,不仅把它们说成是政治国家内部的各等级,而且说成是"政治国家的孤立化"。但这一套偷偷摸摸地更换概念的手法,也不能跳过人民整体国家同政治国家之间的鸿沟。最后,黑格尔对"原子式的抽象观点"本身的否定,也是站不住脚的。在现代资本主义条件下,市民社

---

① 《法哲学原理》,第 303 节附释。

② 《马克思恩格斯全集》第 1 卷,第 336 页。

会和国家相分离,私人等级和政治等级相分离,市民身份和公民身份相分离。在那里,个人不能不使自己在本质上二重化,不能不处于官僚组织(国家)和社会组织(市民社会)这双重组织中。但在社会组织中,他是作为一个私人处于国家之外的。因此,他要真正成为国家的成员即公民或获得政治意义和效能,就应走出自己的市民现实性的范围,离开社会组织,而进入自己的个体性。只有这样他才能替自己的公民身份找到唯一的存在形式。换言之,本来,各种单独存在的共同体,不论是市民社会和国家,都不依赖于他。但由于二者的对立性,一个人要成为名副其实的公民就必须背离市民社会和私人等级。这样看来,在资本主义社会中和国家中,单个人只能是"原子式"的,他不能代表它们当中的任何一种共同体。另外,对于单个人而言,社会和国家又都是抽象的。正由于观点的对象是抽象的,所以观点本身就不可能不是抽象的。

马克思指出:"黑格尔把等级要素变成了分离的表现,但同时,这一要素又应当是并不存在的同一的代表者。黑格尔知道市民社会和政治国家之间存在着分离,但他却希望国家的统一能表现在国家内部,而且要实现这一点,市民社会各等级本身就必须同时构成立法社会的等级要素。"①黑格尔之所以在论述市民社会和国家、私人等级和政治等级、市民和公民之间的"结合"的思想进程中充满一系列混淆,正是源于他本人的这种自相矛盾的想法。

4.私人等级在政治上的抽象性和基本规定。

私人等级被提升为等级要素之后,它还包含着过去领域即原先在市民社会中存在的等级差别。这个事实自然地带来了新的问题:等级差别和等级要素之间有什么关系,相互有什么影响?在黑格尔看来,等级差别在等级要素中已经丧失它在市民社会中的意义。这是由于等级要素改变了包含在自身中的等级差别的本质,从而使等级要素不再具有其原来的独立意义,只具有从属于等级要素的意义即政治意义。黑格尔的这种说法,既没有讲出什么根据,也不符合事实。在前资本主义条件下,市民社会和国家是一致的,各等级在市民领域怎样,在政治领域也就怎样,不存在相互分离的双重意义。在资本主义条件下,情况则不同了。市民社会内部的等级差别,在政治领域中获得了不同于它们在市民社会领域中的意义。在市民领域中各等级是彼此对立的阶级集团,在政治领域中却一起构成立法权中的"第三等级"。但政治上的这种一致,实际是一种暂时性的假象。黑格尔在这个问题上所要弄的手法,就是力图弄假成真。他用"复古"办法来消除市民社会和政治国家的二元论,断定私人等级和等级要素二者是同一个主体。但是,岂不知它们具有根本不同的规定,实际上是双重的主体。这种虚幻的同一之所以能够欺骗人们,是由于:有时市民社会中的等级差别所获得的规定,只能由政治领域向市民社会提供;有时则相反,政治领域中的等级差别所获得的规定,来源于市民领域的主体。这种现象不过是反映了二者的外部关系。假如把虚幻的双重主

---

① 《马克思恩格斯全集》第 1 卷,第 336—337 页。

体的同一当成就是一个主体,无异于把前资本主义旧世界制度奉为理想。这犯了非批判的神秘主义的错误。马克思指出:"这种非批判性,这种神秘主义,既构成了现代国家制度形式[(主要是)它的等级形式]的一个谜,也构成了黑格尔哲学,主要是他的法哲学和宗教哲学的秘密。"①现代国家的代议制度,正是利用"同一主体"假象,使老百姓相信,那里的议员老爷们是民意的化身。而黑格尔的反思哲学也在论证,等级要素包含着等级差别而又熔化了等级差别;于是阶级差别、阶级斗争便统统不成为其问题了。

那么,等级要素的政治倾向如何?黑格尔回答说:"它的地位最初是抽象的,就是说,对整个王权原则或君主制原则说来,是经验普遍性的极端,这种经验普遍性的地位对这一原则说来包含着一种适应的可能性,因而也包含着一种敌对的可能性。"②显而易见,这里谈的是资产阶级国家政体问题。最初等级要素的地位是"抽象的",表明它既可以是君主立宪制国家中的等级要素,也可以是共和制(尤其是民主制)国家中的等级要素。17—18 世纪资产阶级革命过程中早已作了历史的说明。黑格尔承认等级要素的这种抽象性,但却硬要使它隶属于君主制,硬要它充当王权和市民社会、政府和市民社会之间的"中介"角色;并说,唯有如此,才能成为"合乎理性的关系"。这当然是他的保守主义的又一次表露。

总之,黑格尔写道:"从王权方面看,行政权已经具有这种(中介作用的)规定;同样,从各等级方面看,它们的某个环节必须使作为中间环节而存在这一点成为它的基本规定。"③黑格尔赋予等级要素以中间环节这一"基本规定",其目的是要把君主立宪制国家权力搞成一个协调的整体结构。但是,果真按照他的主张办理,只能是适得其反。第一,它突出了国王和市民社会(人民)的对立。行政权从国王那里获得自己的意义,成为国王的政治国家抽象,摆脱了君主经验单一性的褊狭;等级要素从人民那里获得自己的意义,成为市民社会的国家抽象,摆脱了人民经验普遍性的褊狭。这样看来,由行政权和等级要素构成的立法权便是已经实现了的中介,似乎不必再努力实现中介作用。然而,行政权不等于君主原则,等级要素也不等于市民社会。行政权和等级要素协调到一块了,那么,剩下来的就是国王和人民两个对立面。第二,行政权和等级要素的对立。如果说国王通过行政权而具有了经验普遍性,市民社会通过等级要素而具有了经验单一性,二者均变成特殊性的东西;那么,在国家权力结构中唯一可能存在的对立就在原先的两个经验极端(国王和人民)的两种"流出体"之间、立法权的政府要素和等级要素之间的对立,即立法权自身中的对立。如同人们经常看到的那样,这两个"中介人"的对立经常是很尖锐的,有时发生火并。在这种矛盾中,行政权总是不断地扩大,并形成一套复杂的机构,而愈益对人民专横;等级要素则日益被压成一幅缩

---

① 《马克思恩格斯全集》第 1 卷,第 348 页。
② 《法哲学原理》,第 304 节。
③ 《法哲学原理》,第 304 节。

图，而处于软弱无力的地位。第三，在行政权和等级要素的矛盾趋于不可调和的情况下，本来是被中介的国王，不得不反过来充当两个中介人的中介人。而国王这样做，又随时可能遭到二者之中的一个或二者联合的反对。可见，黑格尔吹嘘的逻辑的思辨奥秘、合乎理性关系和推论的一套中介理论，到头来，是一团厮杀。是的，"真正的极端之所以不能被中介所调和，就因为它们是真正的极端。同时它们也不需要任何中介，因为它们在本质上是互相对立的。它们彼此之间没有任何共同之点，它们既不相互吸引，也不相互补充。一个极端并不怀有对另一极端的渴望、需要或预期"①。这段话深刻揭示了以国王为首的资产阶级国家政权同人民群众之间的对抗性质，也深刻批判了黑格尔"中介"论的形而上学性。

黑格尔所注重的是等级要素的现代意义，即使它成为市民要素的化身、成为资产阶级。在这个基础之上，他进而主张政治国家决定市民社会，而不是相反。但是，一个真正有组织的整个政治国家必须以立法权为模特儿，在立法权里面包括着君主制原则、行政权、市民社会的各种因素，因而它又是国家各种原则和力量相互矛盾的集合处。于是，黑格尔又不得不为寻找协调立法权的内部关系的中介而奔忙。这实是令人不尽烦恼的恶性循环。问题在于，既然现代国家在立法权中获得最高的发展，那么政治本身固有的矛盾也就要在这里获得最充分的表现。这一点是无法遏制的，更不是黑格尔自欺欺人的幻觉所能解决的。马克思的"立法权在给叛乱奠定基础"一语，就是针对这种情况而发的。

5. 农业等级。

黑格尔说，在市民社会的各等级中的农业等级是土地占有者等级，它又分为"有教养者的部分"即贵族领主等级和农民等级。农业等级是自然伦理性等级。这自然伦理性的原则本身，就能使农业等级构成"中介"的政治关系。关于农业等级的这种政治上的原则能力之所在，更具体的表述是："它以家庭生活为基础，而在生活资料方面则以地产为基础。所以，这个等级在它的特殊性方面具有以自身为基础的意志（这一点和君主要素相同）和君主要素所包含的自然规定。"②意思是，同其他诸私人等级相比，农业等级不仅具有共同的经验普遍性，而且还具有与君主要素相一致的经验单一性。在这里，黑格尔对于作为农业等级原则能力的自然伦理性的论述，是不能成立的。其一，"家庭生活"不是农业等级独有的伦理，而是一切市民等级的伦理。更何况，市民的社会伦理，比"自然伦理"更为高级。现代资产阶级国家的政治要求把人从家庭生活、从宗法关系中解放出来。但是，农业等级的家庭生活是这个等级的整个社会存在的基础，紧紧地束缚在宗法关系之中，因此反而使它不能完成现代政治的任务。其二，至于说到君主要素的自然规定，那不过是同现代立宪君主制不相适应的封建宗法君主的特

① 《马克思恩格斯全集》第 1 卷，第 355 页。
② 《法哲学原理》，第 305 节。

征。它和农业等级的宗法的家庭生活一样，是落后保守的东西。所以，用它来说明农业等级，恰恰印证了这个等级是缺乏现代政治上的原则能力的。退一步假定，农业等级真的是调和君主原则和私人等级的中介环节和独立的部分，那么，黑格尔又何必煞费苦心地虚构等级要素是中介环节呢？再者，正像前面已经说过的那样，等级要素本身已废弃和撇开了市民社会的阶级差别。所以，在等级要素中的农业等级已非私人等级的农业等级，而是不能独立的等级要素的一部分，于是也就不可能单独地起中介作用。最后，如果农业等级或者贵族领主等级成为立法权本身（完整的政治国家）的中介环节，那实际上就取消了等级要素的中介作用，而被降低为原先的私人等级地位，从而现代的完整政治国家也就消除了。黑格尔之所以赋予私人等级中的农业等级以如此特殊的作用，表明了他希望有中世纪的等级制度，但又要具有现代立法权的意义；或者说，他希望有现代的立法权，但是要披上中世纪等级制度的外衣。这是一种最坏的混合主义。①

接着，黑格尔又说，农业等级是"为了政治地位和政治意义"，而按照"比较确定的方式"即"财产独立"方式构成的。他对于农业等级的这种财产独立性作了三点说明：第一，它"不依赖于国家的财产"即国库。这是相对"仰仗于行政权的恩宠"的普遍等级而言的。第二，它"和职业没有保障无关，和利润的追逐及财产的任何可变性无关"。这是相对"仰仗于群众的青睐"的产业等级而言的。第三，它甚至不为这个等级自己的任性所左右。这是相对其他市民而言的。其结果是"他们的财产就成为不可转让的长子继承的世袭领地"②。在这里，黑格尔所指出的对立，是"私有制和财产之间的对立"。私有制的原则是私有者支配自己财产的绝对自由；而地产却是独立自主的私有财产，它的占有者是它的奴隶。这种地产是硬化了的私有财产，是最独立和最发展的私有财产；但它却是落后的私有制形式，即它还没有具备财产的形式、没有成为社会意志所确立的财产形式。长子继承制正是这种落后的地产制内在本性的外在表现。土地占有等级不仅同一般的私有制相对立，而且冷酷无情地反对家庭生活。先前黑格尔说过，除了人的实体性规定不可转让以外，所有财产均可转让；于今他却赞美地产的不可转让。实际上，地产不可转让即意味着普遍意志自由和伦理的可以转让。在这里，更重要的问题是通过长子继承制所表现出来的抽象的私有财产同政治国家的关系。黑格尔坚持认为长子继承制反映政治国家对私有财产的支配权，完全把决定因素与被决定因素弄颠倒了。"在长子继承制中政治国家对私有财产的支配权表现在哪里呢？表现在政治国家使私有财产脱离家庭和社会而孤立，把它奉为抽象的独立物。政治国家对私有财产的支配权究竟是什么呢？是私有财产本身的权力，是私有财产的已经得到实现的本质。和这种本质相对立的政治国家还留下了些什么呢？留下一种错觉：似

① 见《马克思恩格斯全集》第 1 卷，第 364 页。
② 《法哲学原理》，第 306 节。

乎政治国家是规定者,其实它却是被规定者。自然,国家破坏了家庭和社会的意志,但它这样做,只是为了使不受家庭和社会所支配的私有财产的意志能够存在,并承认这种存在是政治国家的最高存在,是最高的伦理性的存在"①。"伦理理念的现实在这里成了私有财产的宗教"②。一句话,维护长子继承制的国家,就是地产意志统治的国家。

所谓地产意志统治着国家,并不意味着农业等级的抽象意志的统治,更不是小土地所有者的真正农民等级的统治,而只是少数贵族领主等级意志的统治。这一点黑格尔内心是有数的。因此,他对农业等级的描写,主要是对贵族领主等级的描写。按照黑格尔的观点,这个贵族等级的权利是以家庭的自然原则为基础的。与其他农业等级(农民等级)不同的是,这一家庭自然原则"同时又通过沉重的牺牲转向政治目的方面"。为此,贵族等级就负有从事政治活动的"主要使命"。他们的这种权利"只是由于他们的出生,并非取决于选举的偶然性"③。如此论证贵族等级的政治特权,是十分荒谬的。在贵族等级中奉行的自然家庭原则即长子继承制,只能证明家庭的长子生来就有地产权,而不能证明这一等级生来就享有政治特权。从根本上说,贵族等级的所谓"沉重的牺牲"就是对家庭自然原则(即黑格尔曾经指出的"爱")的破坏。而这一点,决不是为了政治目的。因为,家庭自然原则的破坏,恰恰是政治目的的破坏。它仅仅是表达了私有财产(地产)的意志和权利。另外,借助肉体出生来说明贵族是天生的国家官吏、天生的立法者、天生的政治国家的中介,是弄巧反拙的。出生只是使他成为一个自然人,这同社会承认无关;而出生使他成为一个贵族,却必须有社会的承认。那么,这个贵族等级与生俱来的特权的奥秘何在呢?应当从私有财产和国家之间的相互关系方面来探求。一切剥削类型的国家都是建立在私有制的基础上,都是私有财产的统治。不过,在这方面,有古典型和现代型的区别。古典型的私有财产统治,又有罗马型和德国型的不同。通过罗马法反映出来的私有财产权利,属于绝对的私人权利,而从来不属于国家的权利,所谓公共财产是奴隶主阶级的整体的私有财产。财产的继承采取立遗嘱的自由方式。官职也不根据占有财产的形式实行世袭。因此,政治权力的兴衰同私有财产权利的发展没有直接联系。德国型的私有财产权利,则大相径庭。在这里,私有财产获得独立地位,体现为国家的最高客观性,体现为国家的最高存在权利。独立的私有财产的人格抽象就是君主,而它的政治抽象就是国家。所以,它不仅是"国家制度的支柱",而且就是"国家制度本身"。正是这种"国家制度",决定着和要求着贵族等级中的长子继承权。因为,长子继承制无非是私有财产和国家之间的普遍关系的特殊形式。固定不变的世袭领地或地产,在世代相传中拟人化了。名义上地产是长子们的继承对象,实则他们是地产的继承对象、不可转让的地产的财产。他们的政治特质就是地产所固有的政治特质。既然国家在本质上是私有财产的国家制度,那

---

① 《马克思恩格斯全集》第 1 卷,第 369—370 页。
② 《马克思恩格斯全集》第 1 卷,第 373 页。
③ 《法哲学原理》,第 307 节。

么,最适合在其中担任官职的人,理所当然地应该是那些私有财产(地产)意志活动的命定客体、赋有私有财产(地产)的政治特质的人们了。诚然,断定黑格尔向往的就是这种中世纪的地产统治和贵族专权的封建君主制国家,是不公平的。但是,说他向往的现代君主立宪制国家中含有浓厚的中世纪色彩,却并不是不公平的。

6.产业等级。

黑格尔说,等级要素的另一构成部分,是产业等级。它作为农业等级(尤其贵族等级)的对立面,其特征在于:在市民社会中,农业等级是个稳定的部分,而产业等级是个不稳定的部分;农业等级是天生的议员,而产业等级则需要"选举议员",通过议员来参与立法权。造成产业等级不同于农业等级的原因有两点。第一,从"表面"上看,是它的成员数量众多;第二,更主要的,取决于"它的使命和职业的性质"。就是说,它纯粹以生产、交换和享受为己任,行业杂多而经常变化,所以不适于参加政治活动和担任政治职务。这里,除了偏见之外,根本没有提出什么能够立得住脚的理由。恰恰与黑格尔的说法相反,产业等级所从事的开放型的经济和所具有的先进文化水平,使它比农业等级更适合于现代国家代议制政治的要求。

按照黑格尔的看法,产业等级在选派议员的时候,以"它的本来面目出现的"。意思是,它并非是作为一群"原子式"的分散的单个的人,仅仅为完成某项临时活动才一时凑合起来而事后则没有任何联系的。相反,他们是作为各种有组织的协会、自治团体、同业公会等的整体的资格出现的,并且为此他们才获得"政治联系"。黑格尔完全弄错了。市民社会本身是一个经济社会、非政治性的社会,在那里人们正是作为分散的"原子式"的个人活动的。他们进行选举议员之类的政治活动是脱离市民社会生活的另一个领域的事情,因而必然具有单一的、临时的性质。这正好不是以他们的本来面目出现的。同样,同业公会等是市民社会组织,而不是政治组织。从事政治活动(选举议员等)也不是它们自身的意义,而属于外来的和附加的意义。如果它们本身就具有政治性质,便不需要再去"获得"这种性质了。黑格尔重弹这些老调是无补于事的。

还有一点,黑格尔强调,由于同业公会等有权派出议员,便使等级会议(等级要素)的存在"获得了合法的特殊的保障",承认同业公会是等级会议的保障,无异于承认了同业公会拥有对于等级会议的特权。这样一来,黑格尔关于国家是自在自为的普遍物的最高前提也就被抛到九霄云外了。尤其是,允许地方或行业团体享有对国家的政治特权的观点,完全是封建主义的中世纪观点。在现代意义上,等级要素或等级会议的存在,就是市民社会的政治存在,是市民社会的政治存在的保障。因此,等级要素不论在什么地方都不能成为市民社会中某一特殊的市民组织形式(同业公会等)的特权。同样,等级要素作为完整的政治国家,它自己应当成为普遍的保障;假如它要以同业公会等作保障,那么政治国家的存在就不是真实的,而是虚假的。

其次,非常令人注目的是,黑格尔在谈及产业等级参与政治的权利问题时,对于民主因素所表示的极度反感。有人说,一切人都应当单独参与一般国家事务的讨论和决定,因为一切人都是国家的成员,国家的事务就是一切人的事务,一切人都有权以自己的知识和意志去影响这些事务。黑格尔批判道:"这一看法是想给国家机体灌输没有任何合理形式(可是只有这种形式才能使国家成为机体)的民主因素,它之所以这样引诱人,是因为它死抱住每一个人都是国家成员这种抽象的规定,而肤浅的思维就正是抓住抽象概念不放的。"①

把"每一个人都是国家成员"的提法叫做"抽象的规定",是说不通的。因为,这一规定表现着法律人格,即表现着国家成员的最高的和最具体的社会规定。对此,黑格尔在说到国家理念与公民的关系问题时早已论述过了。于今,他是在出尔反尔。真正把"每个人都是国家成员"这个具体规定搞成抽象规定的,倒是黑格尔法哲学体系以及资产阶级国家的现存的实际状况。因为这种哲学体系和实际状况本身是以市民的现实生活脱离国家生活为前提,把政治特质变成了国家真正成员的抽象规定。

如同我们已经熟悉的那样,在黑格尔的理解中,国家机体仅具有国家的形式主义的意义,民主因素只有作为形式上的因素才能灌输到国家机体之中去。即令这样,一切人直接参与国家事务的讨论和决定,也属于"没有任何合理形式的民主因素"。这种观点表明,黑格尔根本否认民主因素应当成为在整个国家机体中创立自己的合理形式的现实因素。他认为能够列入国家机体的合理形式的民主要素,无非就是驯顺和迁就他所设计的国家模式,亦即反民主的政治制度。

至于说,对于"一切人都应当单独参与一般国家事务的讨论和决定"的命题应作什么样的理解,的确需要加以全面的分析。国家的全体成员同国家的关系,就是他们自己同自己的现实事务的关系。国家成员这一概念的含义就说明是国家的组成部分,国家把他们当作自己的部分包括在自身中。既然这样,那么他们的这种社会存在,自然就是他们实际参加了国家。他们有意识地参与国家大事,国家也参与他们的大事,这是同一问题的两方面。如果所说的国家事务指单一的国家活动或一定的事务,那么,当然不是"一切人都单独"去进行。否则,每个人成了一个独立的社会,而社会则不成其为社会了。在同整体的关系的意义上,单个人不能同时去做一切事情或者说作为一切人去做事情;但是,社会使他为别人工作,也使别人为他工作。这涉及的是"真正合理的国家"的实质性问题。假如要问,市民社会究竟应该借助何种方式参与立法权,是通过议员来参与,还是"一切人"都直接"单独"参与,这个问题仍然没有超出抽象的政治国家的范围。明确说,这是间接民主制或代表制与直接民主制的差别,亦即国家政体方面的问题。在一个真正合理的国家或民主的国家里,这两种情况都应当体现黑格尔所说的"经验普遍性"的政治意义。不过,他们都不能离开单一性构成的"数字",也就是都不能抛却个人的单一地位的规定。

穷根究底地探讨起来,是否一切人都应当单独参与国家事务的讨论和决定,这个

---

① 《法哲学原理》,第 308 节附释。

问题只有在把政治国家和市民社会相互割裂开来的基础上才会产生。正由于存在这种分裂,"一切人都应当单独参与国家事务的讨论和决定",无非是表示:第一,一切人作为市民都希望成为真正的国家成员即积极的公民,使自己获得政治存在。第二,市民社会作为非政治国家希望变成政治国家,或者希望政治国家变成现实社会,这就要尽可能地让所有群众普遍参与立法权。在这个问题上,"数字"的意义在于:如果等级要素的增加(议员数目的增多),使"敌对阵营"(主要是立法权中的行政要素)实力的增强,那么就说明代议制或代表制的原则已成了问题。这时,就应当抛开代议制而求助于直接的民主。即令在最好的情况下,资产阶级的代议制即市民社会通过议员来参与政治这一事实本身,就是市民社会和政治国家相互分离的表现。要说统一,它们也是二元论的统一。

值得深思的是,为什么在资本主义国家中成为人们热衷追求的对象往往是立法权,而不是实际执行国家职能的行政权呢? 须知,那里的立法权具有双重意义,它是现实的立法职能,又是代表的、抽象政治的职能。前者是立法权内容,后者是它的形式。人们所追求的对象常常不是立法权的内容,而是其形式上的意义。纵然是立法的职能,也主要表现为"理论力量的意志",而不表现为实践力量。这种立法意志同样带有浓厚的抽象性和形式主义色彩。资产阶级国家的政治形式越发达,重视立法权的形式超过其内容的现象越突出。只有当立法权受到外来的、主要是行政权力的冲击的时候,它的内容才受到重视。造成这种情况的原因就在于,立法权兼有市民社会的政治存在的代表机关的性质,是表现各种权力的整体政治国家,是社会政治意识的代表;而这一切,恰好就是国家政治形式主义的主要标志。由此可见,问题的根源还是市民社会与政治国家的分离。还有一个不容忽略之点是,在立法权或等级要素内部也有政治问题的存在,即有不同派别的分歧。无疑,这是同市民社会中的等级差别(实际是阶级差别)密切相关的。各等级为了使自己的意志能够在立法权中占据优势,不可避免地要争取扩大本等级的选举权。对于受着压迫的广大劳动人民,争取普选权的斗争则是测量其政治觉悟的重要标尺。马克思说:"选举构成了真正市民社会的最重要的政治利益。由于有了无限制的选举权和被选举权,市民社会第一次真正上升到脱离自我的抽象,上升到作为自己的真正的、普遍的、本质的存在的政治存在。但是,这种抽象的完成同时也就是它的消灭。"①普选权不会消除阶级斗争,而是把阶级斗争更公开化、明朗化,使之充分的展开。资产阶级的政治国家凌驾于市民社会之上,根本的是凌驾于作为社会主体的广大劳动人民之上。因此,他们争取普选权表现了摆脱政治国家压迫的愿望。不过,彻底普选权的实现,就意味着政治国家即资产阶级国家与市民社会即资本主义社会的消灭。这一点则不是以普选权本身为手段所能实现的,而必须仰赖无产阶级革命。相形之下,黑格尔对于参与立法权问题的谈论,是极其狭隘而浅近的。

① 《马克思恩格斯全集》第 1 卷,第 396 页。

他把这个问题仅仅限于从主权和行政权的关系中去考察,仅仅当作代表制度(即通过议员参与政治)去考察,连扩大选举权和被选举权都不敢涉及,回避选举制度改革,更说不上革命了。

(三)议员

黑格尔所称的议员,就是构成等级要素的分子。明确些,就是市民社会向国家派出的代表团的成员。在黑格尔的著作中关于议员问题,作为正面的论述并不是很多的,一般是在谈论立法权,尤其等级要素问题时才夹杂着谈到它。

1. 议员和选民。

从正面说,议员与选民的关系是代表与被代表、被选派者与选派者的关系。不过,黑格尔所感兴趣的,与其说是议员与选民之间的关系是什么,毋宁说这种关系不是什么。按照他的主张,议员们"不会为某一个自治团体或同业公会的特殊利益而反对普遍利益,而会在实质上维护这种普遍利益。因此,他们对选举人的关系不是受一定指令约束的代理人的关系"①。在这里,黑格尔玩弄了一场骗局:一边允许选民即同业公会按照自身特殊利益的考虑来选派议员或代表,一边却又让议员去着力于维护普遍利益;一边承认同业公会是特殊事务,一边又让它们的代表来体现普遍事务。这就意味着,他蓄意制造作为同业公会代表的议员与作为同业公会存在的议员之间的对立,制造同业公会与同业公会自身的实际内容之间的对立,以及制造同业公会的形式规定(政治性质)与同业公会的物质规定(经济性质)之间的对立。就是说,同业公会也像市民社会一样,分裂为现实性和抽象性两个方面。但是,既然肯定了这一点,那么同业公会就不应该根据自己的观点、而应该根据国家的观点来选举代表,亦即这时它不应该作为同业公会的存在、而应该作为国家的存在。

黑格尔认为,选民与议员之间相互关系的实体,就是"信任"。即,选民认为这个议员"会高度理智地、心地纯洁地把我们的事务看成他自己的事务"。这种以信任作基础而被推选出来的议员,就是"能比选派者更好地理解普遍事务的个人"。这个结论,也是黑格尔借助诡辩手法推论出来的。如果像他所设计的那样,把代表制或选派议员当作立法权的本质环节,那么,议员就理应是能"更好地理解普遍事务的个人"。但不幸的是,他又说议员由同业公会来选派。问题十分清楚:既然同业公会是特殊事务的团体,那么它所选派的议员就不会、也不应当是什么能"更好地理解普遍事务"的个人,而应当是能"更好地理解"同业公会事务的个人。否则,这个人就不可能取得同业公会的信任,也不可能被选派出来。

通过黑格尔的说教,我们看到了:政治国家和市民社会的分离,现在又表现为议员和选民的分离。本来应当是选民特殊利益代表者的议员,却被委任为普遍利益的代表;在形式上是受选民全权委托的议员,他们一旦大权在握就不再是选民的全权代表,

---

① 《法哲学原理》,第309节。

而是立于选民之上的议会大员老爷了。可见，无论黑格尔的理论如何委婉，终究还是回到了现实的资产阶级代议制的常规。

2. 议员的条件。

这里所说的议员的条件，主要不是指被选派的议员应当具有的资格，而指议员得以完成其任务所需要的保障。假若说农业等级的议员的条件，直接源于独立私有财产的属性的话，产业等级的议员的条件，则不是那么简单、那么容易获得的。

在黑格尔看来，在产业等级中，信任是选派者对议员提供的保障，而进一步的问题则是议员要用自己的诚意对于这种选派者的诚意作出保障。他说，议员要完成自己担负的任务，就需要"保障代表们具有符合这一目的的品质和情绪的，主要是他们在官府和国家的职位上实际管理事务时所获得的和受过实践检验的情绪、技能和关于国家和市民社会的设施和利益的知识，以及因此而发展起来并经过锻炼的官府和国家的智能"[1]。这里所描绘的具有"官府和国家"的情绪、技能、知识或智能的人，显然不是一个议员的形象，而是一个官吏、并且是老官吏的形象。黑格尔所希望的产业等级的代表团，能够成为退职官吏的机构。事实上，他积极主张把立法权实际变成管理权。这就不得不将代表机构变成行政机构，亦即变成官僚机构。具体地说，此前他要求着代表国王的官僚机构，现在他要求着代表人民的官僚机构。如果说黑格尔曾经赞同官吏充任议员的英国制度的话，那么，于今他则觉得这个制度已经不够了。这种种迹象表明，黑格尔忘记了代表制是从同业公会引出来的，忘记了立法权和行政权的对立性。

议员从什么地方获得这种情绪和智能的"保障"呢？首先要肯定，他们不能向人民方面要求保障，"这种要求是多余的，甚至也许是侮辱性的"。他们只能从国家身上获得"那种能够客观地加以认识和考验的东西"[2]。而这些东西恰好是同产业等级身上的存在物相反的，因为产业等级的根源是在以特殊物为目的的利益和职业方面，是在偶然性、变化性和任性的表现场所之中的。黑格尔对于人民意见的轻蔑和对于官府智能的讴歌，都达到了无以复加的程度。根据他的说法，人民选举出来的代表应当同官府勾结一起来反对人民。黑格尔先是说，等级要素应当获得和反映"经验普遍性"和"公众意识"；现在则说，等级要素中的代表们应当向政府证明自己的观点就是政府观点。在这里，黑格尔把国家当作现代的存在物，它是一种不考虑任何"主观的意见及其自信"的具体主体；而议员个人，则必须经过国家这个主体的"认识和考验"的客体。所差的只是还没有要求议员像行政官员那样通过政府的考试。马克思说得好："黑格尔在这点上几乎达到奴颜婢膝的地步。显然，黑格尔周身都染上了普鲁士官场的那种可怜的妄自尊大的恶习，像官僚一样心胸狭隘，在对待'人民的主观意见'的'自信'时摆出一副趾高气扬的臭架子。他以为在任何地方'国家'和'政府'都是一个东西。"[3]黑

---

① 《法哲学原理》，第310节。

② 《法哲学原理》，第310节附释。

③ 《马克思恩格斯全集》第1卷，第401页。

格尔之所以把市民社会的政治情绪轻率地看作仅仅是对议员的"简单的信任"和"主观的意见",就是由于市民社会的政治存在是脱离它自己的实际存在的抽象,就是由于整个国家不是这种政治情绪的客体化。他的这些观点,都是和现在立宪国家的原则格格不入的。它甚至比17—18世纪君主立宪制鼓吹者洛克和孟德斯鸠的观点还要落后得多。

在议员的条件和保障中,还包含财产的因素。黑格尔把议员拥有的一定数量的财产,称为外界的条件。他说,这财产如同"选民赤裸裸的主观信任和意见"一样,都是一种"片面性的极端"和"抽象的概念"。它们不是发挥等级要素的中介作用所必要的特质。不过,财产的这种地位,仅仅是"单独地看来",才是如此的。那么,如果把它同议员联系一起看来将是怎样,这一点他回避了。黑格尔只是说到,在选举自治团体等首脑人物或职员时,财产有作用;如果这些职务是无报酬的,财产的作用就更大。实际上,这种情况在议员那里也是一样的,差的是黑格尔不肯说出来罢了。

3. 议员的选派。

议员需要"选派"而非基于自然(出生)条件,当然是指产业等级而言的。

黑格尔关于选派议员的独到的主张是:第一,反对地区选举制,鼓吹产业等级的同业公会的选举制。这样办,大约更便于拼凑"等级要素"吧。第二,强调作为代表制基础的信任不等于要本人亲自投票,强调按多数票表决也和只有本人亲自参加表决通过的决议才必须执行的原则相矛盾。因此,即使在产业等级内部,他也不赞成扩大选举权,而仅仅主张在同业公会等内部的推举。黑格尔相信,这种办法可以保证被选出的议员"熟悉并亲身体验到市民社会的特殊的需要、困难和利益",所以是最简便易行的。相反,普遍投票方法则是"无定形的不确的选举"。它受到"抽象和原子式观念"或偶然性的支配。所以,"选派者的选举不是多余的,就是拿意见和任性当儿戏"。

虽然这些话是用以反对普遍选举制的,但却集中了黑格尔关于议员理论方面的各种矛盾。第一,过去说,议员不会因为同业公会的特殊利益而反对普通利益;现在则说,议员的出发点是各同业公会,他们代表这些特殊利益,并且不致为"抽象"所困惑。第二,过去要求议员具有"官府和国家的智能";现在则要求他们"熟悉并亲身体验到市民社会的特殊需要、困难和利益",就是说要具有市民社会的"智能"。第三,过去说,代表制的基础是信任;现在,临到以选举的实践来表现与实现这种信任时,却说是"多余的"或"儿戏"。第四,过去断言,议员所代表的对象就是人及其政治特质即普遍利益;现在承认了,特殊利益是议员所代表的特质,特殊利益的精神是他们所代表的精神。这一系列的首尾不一贯的矛盾,预示出黑格尔对于发达的代议制国家的各种(包括正确的或退步的)保留态度。

最后,黑格尔关于大国中的普遍选举制的看法,也很值得注意。在这方面,他效法孟德斯鸠、更效法卢梭的某些观点,即选民越众,一票的作用就越小,越容易使人们对投票漠不关心,即使一些对于普选权推崇备至的人也往往不去投票。这么一来,普选制恰恰容易走向反面,造成由少数人,尤其某个党派所操纵,也就是被应当加以消除的特殊的偶然的利益所操纵。黑格尔反对发达国家里政党操纵选举的弊端是完全正当的。但是,他把这种丑恶现象同普选制不可分割地联系到一块,应当说是牵强附会的。因为,在普选制不发达的国家,党派照样的、甚至采用更粗暴的办法假借民意,操纵选举。(卢梭在反对政党政治问题上,与黑格尔的想法不同:他主张,如果政党不可避免,那就索性使政党越多越好,这样就使每个政党都难于冒充民意,操纵选举。卢梭的说法,显然比黑格尔的说法更有说服力。)

(四)议会

议会即等级会议,是等级要素的组织形式。

1.两院制。

黑格尔认为,等级要素所包含的农业等级和产业等级两环节,或自然要素和不稳定要素两方面,应该获得"分立的存在";也就是说,等级会议必须实行两院制。其基本理由在于,第一,立法权中的等级要素与行政权要素是紧密相关的,不论农业等级还是产业等级,它们都分别地影响着行政权(咨议)发生特殊变化;第二,等级要素在国王与人民之间起着中介作用,而农业等级又在立法权内部充当行政权与产业等级之间的中介环节。这两点理由,我们前面已经领教过了。

两院制的好处是什么? 其一,议案能因多次的审议,可以保证它的周密完善。其二,能消除一时的情况的偶然性,以及按多数票决定造成的偶然性。其三,更主要的,在两院制的情况下,等级要素就难于采取直接反对政府的立场。其四,如果第二等级(产业等级)的意见能够获得第一等级或中介环节(农业等级)的支持,那就会使这个意见显得更有分量、更为公正,从而很容易抵消相反的意见。显然,黑格尔关于两院制(上院和下院,或者贵族院和平民院)的论述,富有经验的性质。但是,与当时英、法两国的两院制比较,它并没有提供什么新颖的东西。

2.议会的公开。

我们已经知道,黑格尔一贯认为没有等级要素,政府同样可以把国家事务处理好;因而等级要素在这方面的作用,顶多是"有所补充而已"。它的特殊使命不在于处理国家事务,而在于通过它参加对普遍事务的了解、讨论和决定,使那些不当官的普通的市民社会成员的"形式上的自由"转变为权利。就是说,等级要素不但使市民社会分裂出政治社会,而且又进一步使市民社会成员(通过代表团的活动)实际地参加国家的活动。既然议会的活动有这样的意义,那么它就适于奉行公开原则,包括公开开会、公布议事记录等。

议会公开的好处,被概括为:首先,它使人民的意见或公共舆论,初次达到伦理的水平(真实的思想)并获得关于普遍事务(国家)的情况和概念这方面的知识,从而,使人民初次具有能力对普遍事务作出更合乎理性的判断。其次,它使人民了解国家当局和官吏的业务、才能、操行和技能,从而使官员在整个社会中获得极高的荣誉。与此同时,又使人民群众感到相形见绌,自愧莫如,以利于他们自恃自负毛病的"治疗"。总之,"等级会议的公开是一个巨大的场面,对公民说来具有卓越的教育意义"①。顺便一提,黑格尔也说到议会同政府之间的矛盾和冲突。他说:"部长们当然是厌恶这种会议的,他们必须运用机智和辩才来应付在这里对他们所进行的攻击。"②黑格尔认为,让人民知道双方的争斗,这也是一种教育。最后,黑格尔指出,议会的公开与否,直接影响到人民同国家的关系,影响到政治的生动活泼。

（五）公共舆论

在资产阶级国家,公共舆论经常充当集中和表达"民意"的客观手段。黑格尔作为一个近代的思想家,而且是在论述"民意机构"即议会的时候,必然要对公共舆论问题表示自己的意见。

1. 公共舆论的界说。

公共舆论,是集中地表现主观自由的形式。对于普遍事务具有特有的判断、意见和建议,并加以表达,这是个人所享有的形式的主观自由即权利。

如果说,在国家中它的各种制度现实地肯定国家自身的时候,是采用有机的方式表现出来的话,那么,公共舆论却是人民表达其意志和意见的"无机方式"。就是说,公共舆论不会系统地表达伦理观念。在那里,普遍的、实体性的、真实的东西,同多数人的独特的、特殊的意见联系一起,混淆不清,因此经常存在着自相矛盾。

黑格尔认为,在任何时代,公共舆论总是一支巨大力量,在我们的时代更是如此。原因是,唯有到了资本主义时代,主观自由原则才获得应有的重要性和意义。他写道:"现时应使有效的东西,不再是通过权力,也很少是通过习惯和风尚,而却是通过判断和理由,才成为有效的。"③公共舆论的价值,正在于它可以帮助人们思考和判断,这一点胜过国家权力和规范力量的强制性的效能。

2. 对公共舆论的解析。

既然公共舆论属于中性的东西,即真理和错误的混杂体,那么对于它就必须采取解析的基本态度。

黑格尔肯定,公共舆论包含着现实界的真正需要,也包含着永恒的实体性的正义原则,以及整个国家制度、立法和国家普遍情况的真实内容和结果。不过,对此需要进一步地作两点补充:第一,公共舆论中的正确成分都是采取"常识的形式"。而这种常识被说成是"以成见形态而贯穿在一切人思想中的伦理基础",即主要是自发地而非自觉地形成的。第二,在这些正确性的东西进入人们的意识并变为观念的同时,为了不同的目的和借助不同的方式,一切偶然性的意见、无知和曲解、错误的认识和判断也必

---

① 《法哲学原理》,第315节补充。
② 《法哲学原理》,第315节补充。
③ 《法哲学原理》,第316节补充。

然随之出现,特别是在辩论的时候,这些"独特"的思想观点会表现得更为突出。黑格尔说,凡其内容完全是独特的那些东西都是恶劣的东西,所以意见越独特就越恶劣。相反,真理或理性的东西是绝对普遍的东西,因而不需要像鼓吹独特东西那样去自吹自擂。

对于公共舆论中所包含的各种东西,黑格尔主张决不能把它们任何一个看作"的确认真"的东西,而且也很难区别什么是"认真"的东西。黑格尔的逻辑是:的确认真的东西,是内在于公共舆论的实体性东西;但实体性东西只有从它本身中来识别,所以不是直接能从公共舆论中找到的。他正确地指出,是否找到实体性东西的标准,完全不在于表示意见时多么激昂慷慨,不在于攻击和答辩双方如何严肃认真。那么人民自己呢? 黑格尔说,人民在有关自己的精神本质方面是不受欺骗的。但是,人民在有关自己如何获得这种知识,以及如何判断自己的行动和事件,却受自己的欺骗。就是说,人民无力彻底揭示出关于自身的真理。

3. 伟大人物和公共舆论。

公共舆论之中,有一切种类的真理,也有一切种类的错误;有隐隐约约地映现着的本质性东西,也有其低水平的具体意识和表达。更需要指出的是,公共舆论本身不含有区别这不同方面的标准,也没有能力将其自身中的实体性东西提升为确定的知识。

为此,一个伟大的人物对于公共舆论的态度就在于:他重视公共舆论,知道其中含有真理,并且有能力把真理找出来;但同时,他又懂得藐视公共舆论,能够脱离公共舆论的束缚,独立地去发掘和获取现实生活或科学方面的伟大成就。而这种成就将为日后的公共舆论所嘉纳和承认,并变成了公共舆论本身的一种"成见"。它实际上就是"时代的意志"。黑格尔说:"谁道出了他那个时代的意志,把它告诉他那个时代并使之实现,他就是那个时代的伟大人物。他所做的是时代的内心东西和本质,他使时代现实化。"①

黑格尔在公共舆论问题上对于伟大人物的赞扬,反映了他对于伟大人物的一贯观点。他笔下的伟大人物,总是富于现实的时代感、富于独立创造精神的。这体现黑格尔思想的正确之处。但另一方面,黑格尔的英雄却又总是脱离人民群众及其实践的,甚至是藐视或反对人民的。这当然是他的唯心史观的必然产物。

4. 言论自由。

公共舆论和言论(包括文字形式的表达)自由是密切相关的。

黑格尔认为,言论自由是现代世界的原则。所谓言论自由指的是,每个公民对于自己所承担的法律义务有加以讨论和审议的权利。从一定意义上说,这也是他的职责:因为通过理解,可以使他更好地履行义务。

允许公开发表言论(包括报刊等),那就不可避免地会有一些以发表刺激性的、冲

---

① 《法哲学原理》,第 318 节补充。

动的言论为满足的人。但对于国家说来,这种言论是不足为患的。其一,警察法规和国家制度能够防止和处罚可能发生的越轨行动。其二,宪法的合理和政府的巩固,是防患的间接的、但却是最重要的保证。其三,等级会议的公开。这可使一切有关国家利益的纯洁的、成熟的见解,在会议上尽情倾吐。这样,另外的人就不会有更大意义的言论可发,也不会造成什么惊人的影响。其四,人们对于肤浅而可憎的言论,可以很快地表示漠不关心或予以藐视,使之没有市场。其五,有意见者本人,由于其意见得以发表,往往会感到一种主观的满足,从而就能尽量的容忍。黑格尔用法国作例子,说明言论自由要比默不做声对国家的危险性少得多。他说,怕的是人们把反对意见扼在心头,而论争则是一个出口,有利于国家事务沿着本身的道路前进。

黑格尔像多数的资产阶级启蒙思想家一样,坚决反对把言论自由绝对化。他指出:"有人说出版自由是要说就说,要写就写的自由,这样一个定义相当于把一般自由看成要做什么就做什么的自由。"①他认为这是一种完全未经教化的、粗鲁的和肤浅的观念。

在黑格尔看来,最值得重视、而且最难办的,是在言论自由这个论题上的"形式主义"立场。它的对象是最轻浮的、最特殊的、最偶然的意见,其内容和语调是各色各样、无穷无尽的。这样的言论,可以有两种表达方式:一是可直接诱致盗窃、杀害、叛乱等罪行的赤裸裸的方式;一是诡谲的,有修养的方式。后者,黑格尔描述说:"这种表达方式本身是十分笼统而不确定的,但同时隐藏着完全确定的意义,或者引起未经切实明示的种种后果,而这些后果既无从确定是由它所引起的,也无从确定是包含在它那个表达方式中的。"②这种情况,从法律的角度上说,就会造成识别和处理方面的困难。第一,由发表的言论所提供出来的素材和形式的这种不确性,使法律也无从达到其必要的确定性。因而,犯过、不法、侵害,乃至判决,都采取"最特殊的和最主观的形态"。第二,由这种言论构成的侵害行为,是指向他人的思想、意见和意志,即他人的自由的范围;所以这种行为是不是交际的损害行为,则需要由他人来确定。总之,这种侵害行为是很容易规避法律的。

那么,黑格尔对于同言论自由问题密切相关的侵权行为,持什么态度呢?首先,要尽可能地实行宽容政策。他说:"我们还可以反对把表达作为侵害行为来处理,因为它不是一种行为,而只是一种意见和思维或者是清谈罢了。""我们一方面要求单纯的意见和清谈不受处罚,因为它们是不重要的和无意义的,另一方面则要求对这种意见(由于它是个人的,特别是精神财产)和对这种清谈(由于它是这种个人财产的表达和使用)予以高度尊敬和重视。"③显然,这种宽容的目的,是防止对公民言论自由权利造成不良的影响。其次,黑格尔又主张,宽容不等于不存在罪过,也不等于永远不加惩罚。

① 《法哲学原理》,第 319 节附释。
② 《法哲学原理》,第 319 节附释。
③ 《法哲学原理》,第 319 节附释。

他说:"可是,损害个人名誉,诽谤、诟骂、侮辱政府及其首长和官吏,特别是君主本人,嘲弄法律,唆使叛乱等等,都是各种不同程度的犯罪和犯过,这点乃是而且始终是实体性的东西。"①这些罪行的后果,不仅表现在这些行为的主观基础和主观偶然性,而且它们也在被侵犯的客体中得到了相应的反应,因此成为客观的、必然的东西。这样,行为者就要受到警察法的或者刑法的惩罚。否则就是放纵犯罪,而使他人自由失去保障。

至于各种科学(真正的科学),它们不具有意见和观点的主观属性,而且明晰、确定、公开地说出其意义和涵义,因此不在公共舆论范围之内,更谈不到对他人自由的侵害。

5. 国家主观性的理想化。

根据黑格尔的见解,意志有主观性和实体性之分。主观性的存在形式,可以是纯外部表现,也可以是同实体性意志结合一起,获得真正现实性的表现。

公共舆论是主观性的最外部的表现。它是一种任意的表达,缺乏真正的现实性。其中热衷于闹意见和争辩的主观性,则是更坏的主观性。它所追求的是肯定自己的偶然性,这样它实际上是毁灭自己,同时也是在腐蚀和瓦解国家生活。因为,这是一种盲目的各自为政的主张,使每个人都成为一个独立王国。

真正现实的主观性,是那种与自己对立物即实体性意志相同一的主观性。黑格尔关于王权的概念就是由这种主观性构成的。换言之,他是把这种主观性作为君主这一国家元首进行考察的。但是,王权的概念必须达到国家整体的理想性的定在。为此,就要把自在地是抽象的君主主观性变成具体的东西,即使之"弥漫"于国家整体之中。这样,国家的各个权力部门以及市民生活的各个部门,都在王权的标志下协调一致。国家理念,必然要通过这种整体理想性而显现出来。

从黑格尔的国家学说体系看,他极力贬低人民群中的主观性(包括公共舆论),把它说成是纯粹的偶然性东西。相反,极力抬高君主的主观性,把它说成"国家的主观性",并使之趋向理想化。这两个方面,都是为论证其君主立宪国家制度的主张服务的。在那里,作为自在自为的法的国家及其统一和区分(王权、行政权、立法权),都反映着资产阶级的意志,都是保证资产阶级的自由即资产阶级专政的。

---

① 《法哲学原理》,第319节附释。

第九章　国际法

在黑格尔的法哲学体系中,国际法占有独特的地位。其原因在于,黑格尔认为国际法同国内法(包括所有的部门法)相比,有独具的属性。

黑格尔总结和汲取了国际法理论的先驱者们,特别是荷兰格劳秀斯等人的理论,但他是以批判的、创造的方式进行的。黑格尔赋予国际法以前所未有的深刻的哲理性。

一、国际法的概念

黑格尔说:"国际法是从独立国家间的关系中产生出来的,因此国际法中自在自为的东西保存着应然的形式,因为它的现实性是以享有主权的各个不同意志为依据的。"[①]按照最一般的定义,国际法是调整国家之间相互关系的行为规范的总和。对于这一点,黑格尔丝毫没有提出疑义,或者说他是赞同的。重要的是,黑格尔不满足于这样一个众所周知的说法。他力图揭示国际法不同于国内法的主要特征。

1.国际法赖以产生的基础是独立的国家之间的关系。反之,国内法则是各个国家内部的社会关系的产物。以私法而言,虽然作为这种法律关系主体的个人(法人也是通过自然人即个人来代表的),其特殊意志是独立的和自由的,但他们的人身和行为却受着国家的隶属和管治。这表明,国内法直接以普遍意志为依据,并表现普遍意志。与此不同的是,作为国际法主体的国家,它的意志和行为的独立性是绝对的。国际法就是完全以各该国家的特殊意志为依据,并表现这种特殊意志的。黑格尔指出,国家不是私人,相反地,国家是自在的、完全独立的整体自身,所以它们之间的关系与单纯道德和私法的关系有别。道德和私法都是调整公民个人之间关系的,因此用道德和私法的观点来看待国家之间的关系是不适宜的。由此知道,从法的角度说,国家的地位与个人的地位截然不同。国际法与国内法(甚至道德也一样)二者的差别,正是取决于这种地位的不同。

2.国际法是应然形式的法。反之,国内法则是必然形式的法。通俗地说,应然就是应当如此,必然就是必须如此或一定如此。任何一个私人,作为一个公民都要"处于

---

① 《法哲学原理》,第330节。

法院管辖之下,而法院使自在的法成为实在"。这意味着,国内法均以公共权力即国家作后盾,强制公民遵守它,所以法表现为必然形式。至于国家与国家之间则全然是另一番情景,黑格尔承认它们之间存在着法,而且它们的关系也应当自在地合乎法。但是,在"尘世"中,一切自在存在的东西,必须有权力作保证才能实现出来。问题恰在于,国家与国家之间并不存在保证遵守法的权力。没有任何一种权力能够对国家作出裁判,决定什么是它们必须遵行的法,并且执行这种裁判。于是我们便看到这样的情况,国家与国家互相订约、建立国际法,但同时又都凌驾于这种法律之上。简言之,对于国家说来,国际法顶多是应当予以遵守的东西,即"一直停留在应然上"的东西。

黑格尔提出的国际法概念,包含了他的国际法理论的基本观点。他的有关国际法问题的一系列论述,大体上都是从这里引申出来的。

二、国家的对外主权

国家的主权性,不仅表现在对内方面,也表现在对外方面。如果国家的对内主权是表现国家理想性即国家的统一和绝对的统治权力的话,那么,国家的对外主权却不能作出这样的理解和解释。

国家是具有个体性的。这表现在:第一,国家在本质上是"自为的存在"。对内,它把一切差别都纳入自身中而成为一整体;对外,就是排他性的。第二,国家精神,如同任何精神一样,在自由中是"无限否定的自我相关"。它是不断地把外在的东西作为否定的东西并与之斗争,而获得存在与发展的。

国家作为排他性的自为的存在,表现为它对任何别的国家的关系都是"独立自主"的。假若说自为的存在是国家的一种现实的精神,那么,它只有在独立自主之中才能达到自己的存在。由此可知,独立自主是一个民族最基本的自由和最高的荣誉。黑格尔断言,已经获得一定程度独立自主的国家的民族,是不会愿意丧失这种独立性而同别的国家组成一个整体的。这是集体的本性和独立民族的自尊感所使焉。从历史上说,最原始的即完全抽象的、尚未得到进一步的内部发展的群体,例如家长、酋长等统治之下的群体,只要它的权力具有这种独立自主性,就是一个国家。

国家作为无限否定的自我相关的自由精神,表现为它同别个国家的否定关系。黑格尔的寓意不是说国家都应当孤立而不能同他国联合,而是说当外在的东西即他国对本国实行强加、威胁自己的独立性的时候,要坚决予以否定。因此黑格尔指出,这种否定关系的实存就具有事故的形态,以及同外来的偶然事变错综交织的形态。就是说,否定关系是通过国家与国家之间的这样那样的摩擦而表现出来的。问题的另一方面在于,这种否定关系作为国家"最特有的环节",还具有重大的对内意义。其一,在这个环节所表达的国家现实无限性之中,使生命、财产及其权利和各社会集团等一切单一的、特殊的亦即有限的东西,都被溶成一体而达到了极限、达到了理想性。其二,也是在这个环节中,国家的实体或国家的绝对权力使得上述一切有限东西,在定在上和人们的意识上反映出其虚无性。

按照黑格尔的观点,国家的对外主权自然而然地要求每个个人要能为国家作出牺牲。因而,主题就从国家内部的一切有限东西收缩到个人方面来了。在国家面前,正像一切有限东西具有虚无性和理想性这双重属性那样,个人也具有双重属性:一则个人的利益权利被设定为瞬即消逝的环节,是一种偶然的、易变的个体性,相对的个体性;二则个人又是肯定的、绝对的个体性,就是说他与国家的关系是确实的而且是永远不变的。这种被说成客观存在的个人与国家的关系,赋予个人以义务。也就是,个人有义务接受危险和牺牲,其中包括生命、财产方面的,思想意见方面的,一切天然属于日常生活方面的,以便保卫国家这个"实体性的个体性,即国家的独立和主权"。说到这里,黑格尔强调不可以把国家同市民社会混为一谈。市民社会的最终目的,只是维护个人生命财产的安全。而在国家的场合,却不能这样讲。国家固然要维护个人生命财产的安全,但当它要求个人作出牺牲的时候,明显地就是为了实现国家的对外主权和维护国家自身。在这里,不能说通过牺牲个人生命财产的安全而达到维护生命财产的安全,而只能说通过牺牲个人生命财产的安全来实现国家的安全。

把国家的对外主权的核心归结为独立自主性,以及与此紧密相关的对别国所表现出来的排他性和否定性,一般地说是正确的。所谓"一般地说",指的是暂时抛开国家之间的阶级性质的差异这个条件而言的。如果把这个条件考虑在内,情况自然就要复杂得多了。但不管怎样,独立自主总是国家对外主权的根本属性。其次,黑格尔在谈论国家的对外主权的时候,始终是同其对内主权连在一起的。这表明,他一直坚持认为国家的对内主权与对外主权相比,对内主权是第一位的、决定性的。这一点也非常正确。但恰恰在这方面再一次暴露了黑格尔的国家主义或集权主义政治学说的面目。当他论述个人的权益甚至生命是虚无的、转瞬即逝的、偶然的和易变的个体性的时候,这种片面性是显而易见的、赤裸裸的。

三、国家关系的原则

(一)国家的独立和主权原则

如同上面论述所表明的,按照黑格尔的法哲学,国家是最合理的精神实体和最直接的精神现实,是地上或人间的绝对权力。因此,每个国家都拥有主权,都是独立的。一个国家之所以成其为国家,根本标志就在于此。虽然这一结论是从唯心主义的前提推导出来的,但在基本点上仍不失为真理。因为,国家的独立和主权,确实是国际法、尤其黑格尔之后的现代国际法的基本原则。

黑格尔认为,国家的独立性、主权性在国际关系方面所带来的直接后果,是国家的"承认"问题。换言之,作为一个国家,"它有权首先和绝对地对其他国家成为一种主权国家,即获得其他国家的承认"。① 否则,独立性、主权性便没有意义了。不过,这种权利仅仅是形式上的、抽象的,或者说仅仅是可能性。因为,国家承认不是一厢情愿的事情,而是相互的事情。这里存在着国家间的"反思"。黑格尔说:"事实上,它究竟是不是这样一种自在自为地存在的东西,这一点要决定于它的内容,即国家制度和一般状况;而承认既包含着形式与内容这两者的同一,所以它是以其他国家的观点和意志为依据的。"②无可否认,国家承认中,确实存在着这样对立统一的辩证法。但同样无可否认的是,在黑格尔的这些关于国家承认的论述中,也潜藏着对国家的独立和主权原则的某种威胁。无数事实证明,近代以来,那些实力强大的资本主义国家,往往就是用贬低弱小落后国家的"国家制度和一般状况",而否认它具有国家的内容,拒绝承认它的独立性、主权性,并以此为自己侵略这些国家制造口实。

(二)不干涉他国内政原则

黑格尔比拟说,正像不与他人发生关系的人不能算作一个现实的人一样,不同其他国家发生关系的国家也不能算作一个现实的个体、一个完善的国家。国家间的相互承认的必要性,正是与此密切相关的事情。但是,国家承认主要表现着国家和国家之间彼此的外在关系,是以承认各该国家权力的正统性为前提的。只有这种正统权力才能反映一个国家的完全内部的关系。黑格尔指出,国家之间的承认自然而然地要求一项保证,即别国既应承认它,它也应同时承认别国,也就是相互尊重对方的独立自主。正是从这种关联中可以理解,一国内部发生的事,对别国来说不会是无所谓的。但这话丝毫不意味着,当一国内部发生变故时,别国便可以趁火打劫,横加干涉。相反,黑格尔用最明确的语言表示了自己的观点,说:"一个国家不应干涉其他国家的内政。"③

遗憾的是,在不干涉他国内政问题上,黑格尔的观点同样不是始终如一的。他说:"关于游牧民,或一般说来,关于任何一个具有低级文化的民族,可以发生这样一个问题:在哪种程度上它可以被看成一个国家。"④迄今为止,资本帝国主义国家实行侵略的无数事实,不能不使人们对于黑格尔这类说法发生极大的敏感。而且,实际上他的观点之中仍带有"大民族"国家对于所谓"低级文化的民族"国家的内部状况的偏见,带有对这些国家的独立性和主权性的怀疑。这样一来,黑格尔的观点就很容易被用作干涉弱小国家的内政的借口。这方面的教训实在是太多了。

(三)遵守条约原则

条约是国家之间的协定,是表现国家在相互对待中的直接现实的形式之一。在黑格尔看来,既然国家都具有独立性和主权性,那么,它们究竟怎样来相互对待,只能决

---

① 《法哲学原理》,第 331 节。
② 《法哲学原理》,第 331 节。
③ 《法哲学原理》,第 331 节附释。
④ 《法哲学原理》,第 331 节附释。

定于各方的任性。所以,条约就具有一般契约形式的性质。换言之,条约就是国家同国家之间签订的契约。当然,真的具体讲到条约和市民社会中个人之间订立的契约,二者还是有很大的区别的。黑格尔援用西方古代思想家的传统观点,认定每个独立的国家都是自给自足或自我满足的整体,对于他国的要求是有限的,因此国家之间的契约即条约的"素材"种类不会很多。相比之下,市民社会中的个人则是相互依赖的,从而他们之间所订立的契约,其数量和种类必然会多得不胜其计。

接着,黑格尔分析了条约与国际法的关系。他断言:"国际法与实定条约的特殊内容有别,它是国家间应该绝对有效的普遍的法。"①既然国际法是所有国家都应遵守的普遍的法,而条约只是订约国家间的特殊的法,那么,条约当然就要服从国际法。从这里可以引申出,在当事国签订的条约符合国际法原则的前提下,它们遵守这个条约就是遵守国际法。因而,一般地说,遵守条约的要求本身就是一项国际法的原则,甚至是"基本原则"。黑格尔说:"国际法的基本原则在于,条约作为国家彼此间义务的根据,应予遵守。"②但这只是问题的一个方面。另一个方面在于,每个国家都是主权者。所以,它们之间的关系是处于"自然状态"之中的,即它们之上不存在保证实现条约的权力。黑格尔说,国家之间没有裁判官,充其量只有仲裁员和调停人;而且,这种仲裁员和调停人也仅仅是偶然的,即以争议双方的特殊意志为依据的。诚然,偶然性也好,应然性也好,并不等同于虚无性。条约义务的履行,是由于当事国觉得这样做对自己是适宜的。借用黑格尔的话说,这是以道德的、宗教的,或者其他理由和考虑为根据的。实际上,情况极为复杂。

(四)福利原则

一个国家为什么要同别的国家发生关系,一个国家为什么有必要同别的国家订立条约并保证条约的有效性(如同上面讲到的)?黑格尔的回答是十分简单明确的:这一切都完全是以国家自身的福利为转移的。为此,他宣布"福利是国家在对别国关系中的最高法律","福利是国家在对别国关系中的最高原则"。③

这里所谓国家的福利,黑格尔赋予它以广泛的内容。概括起来,有两类。一类是"实体性的福利"。它是指作为特殊存在物的国家,在其特定的利益和状况中,以及在同样特殊的对外情况(包括特殊条约关系在内)中的福利。就是说,它是某一个国家所获得的、具体的(看得见和摸得着的)福利。为了给自己的国家谋取这种实体性福利,要依赖政府的努力;因而黑格尔感叹地说,政府是属于一种"特殊智慧的事",而不是"普遍天意的摄理"即不能期望于上天来恩赐福利。另一类可以叫作"抽象的福利"。例如,有关对其他国家关系中的目的,以及有关战争与和平条约的正义性之类原则性

① 《法哲学原理》,第 333 节。
② 《法哲学原理》,第 333 节。
③ 《法哲学原理》,第 336 节。

问题的辩解。这些东西虽然是抽象的并具有不同程度的普遍性,但对于某一个国家来说,则是涉及到它自身是否实际受到侵害或威胁的福利。所以,对于国家的抽象福利也不能漠然视之,认为它无关紧要。

在谈到国家的福利问题时,黑格尔断然反对那种把政治(国家)与道德对立起来,并用道德来制约国家的观点。基本原因就在于,国家福利具有与个人福利完全不同的合法性。道德是调整个人之间关系的法,而且主要是调整人们内心活动的法。国家却是比道德更高的法,即伦理的最高实体。所以,不是道德制约国家,相反地倒是国家要求道德为自己服务。再者,道德是抽象的东西,国家是实存的东西,二者不成比较,更不能把国家活动原则看作任何一种道德戒律。一言以蔽之,国家福利高于个人福利,是个人福利所不能比拟的。黑格尔这些说教,显然是承袭了马基雅弗利关于政治(国家)与道德相互关系的理论。就是说,一个国家在同他国打交道的过程中,最主要的是要问什么是对自己有利的,而不是问什么是善良的或符合道德的。这一事实,再次使人们想到,黑格尔的法哲学虽然其理论前提十分抽象,但其内容却又十分具体,丝毫不乏功利的色彩。在国际法思想方面,也没有例外。

(五)依循国际惯例原则

黑格尔十分重视长期形成的国际惯例,并认为这是国际法的基本渊源之一。对于各个国家说来,国家惯例是普遍的规范,必须加以信守。黑格尔说:"在战争中国家彼此之间的关系(例如,关于战俘问题),以及在和平时期一国对从事私人交易的他国人民所特许的权利等等,主要以国际惯例为依据,国际惯例是在一切情况下被保存着的、行为的内在普遍性。"①无疑,这些观点是正确的。

不过,必须指出,在黑格尔对于国际惯例的看法中,也存在严重的错误。最突出的,是欧洲中心主义。他倡导,要根据国际惯例或"立法、习惯和文化的普遍原则",建立所谓"欧洲的国际法"。稍微了解一下当时的世界形势便可清楚地看出,所谓"欧洲的国际法",无非是让西方资本主义列强共同主宰世界的法律的同义语而已。这样的法律,从根本上违背国际法的基本原则和国际惯例,因而不可能也不应该成为国际法。

(六)国际法与世界精神

在黑格尔看来,尽管国家是伦理的最高体现,但它又是一个主权的和独立的特殊存在物。因此,在国际关系中亦即在国家间的相互关系中,"激情、利益、目的、才德、暴力、不法和罪恶等内在特殊性和外在偶然性就以最大规模和极度动荡的嬉戏而出现"。② 国家之间的这种任性或者简直是"恶作剧",就使普遍精神或世界精神的形成成为不可能。这意味着,建立一套行之有效的国际法是非常困难的。黑格尔对于近代国际法所作的这种分析,是完全错误的。因为,按照他的说法,国际关系中的混乱和罪

① 《法哲学原理》,第 339 节。
② 《法哲学原理》,第 340 节。

蘖似乎应归咎于国家的主权性和独立性本身。实际情况完全相反,它正是由于少数几个资本主义强国无视近代国际法中的国家独立和主权的原则,恣肆蛮横地侵略和压迫广大弱小国家,以及这几个强国之间的强盗式的争夺和厮拼造成的。这才是使近代国际法受到遏制,而不能发挥其应有效能的最本质的原因。

黑格尔对国家关系所作的阴郁和可怖的描绘,目的在于衬托所谓"民族精神"的重要性。在其笔下,民族精神实际上是国际法的决定性的原则。黑格尔说:"由于各民族作为实存着的个体只有在它们的特殊性中才具有其客观现实性和自我意识,所以民族精神的原则因为这种特殊性就完全受到了限制。"①可是,民族精神终归要冲破这种限制而转化为普遍精神。据说这是事物发展的必然的辩证法。"从这种辩证法产生出普遍精神,即世界精神,它既不受限制,同时又创造着自己;正是这种精神,在作为世界法庭的世界历史中,对这些有限精神行使着它的权利,它高于一切权利。"②这驾驭各有限的民族精神的普遍精神或世界精神,也就是所谓"世界历史民族"的精神。国际法,只有当它能真正体现着世界历史民族精神的时候,才会趋于完善和理想化。这样一来,在黑格尔的国际法思想中,国家主义便同大民族主义紧密结合在一起了。

四、战争

(一)战争的伦理性

黑格尔的战争理论是颇有影响的。但是这种影响,由于人们对于它的理解上的分歧,而有很大的差异。要公正地评价黑格尔的战争理论,就应当准确地、实事求是地以它的本来面目为依据。

那么,黑格尔有关战争问题的基本观点和态度是怎样的呢? 对此,他本人有极精练的概括:"战争不应被看成一种绝对罪恶和纯粹外在的偶然性。"这是一个极其谨慎而灵活的命题。这个命题是从否定方面提出的,因而不是战争的定义。尽管如此,黑格尔的倾向还是清楚的:战争不是纯粹外在的偶然性,就是说它包含着必然性;战争不是绝对罪恶,就是说它包含着益处。这两点,正是黑格尔强调的所谓战争的伦理性环节,亦即战争的伦理性。

1.战争的必然性。

各种偶然的因素,例如当权者或民族的激情,不公正的事由,以及其他不应有的情况,都可能触发战争,但却不能因此而说战争的根据是偶然性。相反,黑格尔强调,战争具有必然的根据,是一种必然的运动。何以见得? 他指出,纯粹偶然性这种观点是完全不能成立的,偶然性是必然性的表现。所以,在概念和哲学上要善于透过表现为

① 《法哲学原理》,第340节。
② 《法哲学原理》,第340节附释。

假象的偶然性,以便识别事物的本质即必然性。具体说,战争的必然性来自于国家的必然性,战争的本质来自于国家的本质。国家是伦理的实体和无限的东西,因而它同生命、财产等这些有限的东西是严格区别着的。国家的必然性表现在,它是把这些有限东西设定为偶然东西的力量。其次,国家的必然性还表现在,它具有自然力的形态。就是说,一切有限东西迟早都要在自然作用之下归于消灭;但是这种自然力对国家本身却不存在。国家的必然性就是作为伦理性实体的国家本身的自由作品。而战争,恰恰是表现和实现国家的必然性的。这种观点,黑格尔早在《精神现象学》一书中已经说得十分清楚了。"战争是这样一种精神和形式:伦理实体的本质环节,亦即伦理主体,其不受一切特定存在约束的绝对自由,只在战争之中才是一个现实,才显示出它的价值。因为,一方面,由于战争使个别的财产体制和个人的独立自由以及个别的人格本身都亲切体会到否定力量,另一方面,正是这个否定本质,在战争中,一跃而成为了整体的捍卫者;勇敢的、年轻力壮的、为女性所喜爱的人,即是说,一向受压制的那个破坏原则,此时扬眉吐气,耀武扬威起来。"①

　　一般地讲,认为战争是必然的,认为战争的必然性根源于国家,并没有什么错误。错误主要在于,黑格尔所进行的这种分析和论述,完全是站在非阶级或超阶级立场之上的。这正是黑格尔战争理论与一般资产阶级战争理论的共同点。战争的必然性,只是存在于一定的历史阶段中。它是由阶级之间的对抗这个根本原因造成的。其中包括作为各国统治阶级的剥削阶级之间的利益上的对抗,这一点对于国际战争说来是更直接的原因。有朝一日,阶级对抗的因素消失了,战争也就不再是必然的了。这些道理是黑格尔不懂得的。他对于战争必然性的说明,即认为战争根源于抽象的国家自身的属性(排他性和否定性),则显然是一种唯心主义的牵强附会,因而完全不足以回答他提出的战争必然性这个重要的问题。

　　2. 战争的益处。

　　按照黑格尔的观点,战争不仅是必然的,也是必要的,即它能够给国家带来益处。

　　战争可以最大限度地调动社会整体力量。本来,对于国家,尘世的财产和事物等有限东西是虚无性的。但在和平时期,它经常是虔诚传道的题目;并且,即令是国家,也只好对其采取让步态度。战争则不同,它本身就是国家严肃对待这些有限物的虚无性的一种状态。黑格尔认为:"一国之健全,一般说来与其说是表现在和平的静止状态,还不如说是表现在战争的运动状态。和平静止是种享受的状态,是种孤立活动的状态,政府形同一个精明的家长,对被统治者只提出普普通通的要求。但在战争中却显示出所有的人同整体联合在一起的力量,能以向大家要求多少,这种联合就准备要求多少,大家也就发自自己内心冲动愿意有效地为之做多少。"②就是说,一个政府要想

---

① 《精神现象学(下)》,商务印书馆 1983 年版,第 32 页。
② 《德国法制》,载《黑格尔政治著作选》,商务印书馆 1981 年版,第 19—20 页。

把潜在国家之中的能量充分发掘出来,唯有通过战争一途。

其次,战争可以振兴和整治社会制度。国家为了把自己变成一个有机体或获得生命力,就有必要在自己内部建立起有关个人所有权和个人独立性的制度,有关人身法权和物权的制度,以及把基于个人目的(获得和享受)的各种形式的劳动划分为各行业自己的组合即同业公会,使之各自独立。但是,这些孤立的制度和组织,久而久之就会陷于僵化、腐朽,成为国家机体生存的障碍。因而,在另一方面,国家还需要对它们经常地加以整治。黑格尔说:"为了不让这些制度根深蒂固地这样孤立下去,不让它们因孤立而瓦解整体,涣散精神,政府不得不每隔一定时期利用战争从内部来震动它们,打乱它们已经建立起来的秩序,剥夺它们的独立的权利;对于个人也是这样,个人因深深陷于孤立而脱离了整体,追求他们神圣不可侵犯的自为存在和个人安全,政府就必须让他们在交付给他们的战争任务中体会到他们的主人、死亡。"①如果说那前一方面是相当的个人主义和自由主义的,那么,这后一方面则是突出的国家主义和集权主义的。缺少前者,国家就不会有生命力;缺少后者,国家的生命力就会因内部的离析而灭亡。由此可知,它们都是国家所需要的。同样道理,国家需要和平,也需要战争;在一定的情况下,甚至更需要战争。

最后,战争可以保障国家内部的安全。黑格尔说,战争虽然是国家的一种偶然的对外关系,但它所包含和显露出来的理想性,与国家内部各种权力成为整体的有机环节这一理想性是相同的。因为,这两种情况下的理想性都是国家的理想性;差别仅在于表现方面的不同而已。当然,通过战争而表现出来的国家理想性会采取各种不同的形态,"其中一种就是幸运的战争防止了内部的骚动,并巩固了国家内部的权力"。② 与此相反的情形是,一国人民由于不愿忍受或者害怕对内主权,结果被另一国征服。这被说成是人民由于怕死而其自由遭到死亡的一个例子。又如,那些借助武力以外的办法来保障自主的弱小国家,它们虽有可能获得一定程度的对内制度的巩固,但其自身却无法保证对内、对外的和平。

黑格尔论证的国家进行对外战争的这种种益处,简直就是献给战争的一曲曲颂歌。乞灵于对外战争来转移和缓和国内的矛盾,这是剥削阶级统治者们一贯的伎俩,早已为人们所熟知。在这方面,黑格尔的贡献主要是发挥,而非创造。这有力地证明,黑格尔的战争理论的确是属于剥削阶级(主要是资产阶级)的战争理论。尽管如此,仍有必要指出,对于黑格尔的战争理论亦不宜采取一笔抹杀的态度,当黑格尔说战争积极地推动国家或历史不断前进的时候,他的错误主要在于不去区分正义战争和非正义战争。如果仅就正义战争而言,即令它是由剥削阶级统治者进行的,对于社会历史也确有巨大的促进力。把这一种情况同黑格尔的战争理论决然地对立起来,是不对的。

---

① 《精神现象学(下)》,第13页。
② 《法哲学原理》,第324节附释。

另外,也有许多人将黑格尔战争理论视同穷兵黩武主义。这显然是没有根据的,甚至可以认为是一种曲解。正像前面已经说过的,黑格尔鼓吹战争的前提是社会的进步,完全不是为战争而战争。他的这种历史感,一直是强烈的。

（二）对康德"永久和平"论的批判

在许多人的心目中,如果说黑格尔所留下的是一幅极端好战主义者的形象的话,那么正好相反,康德却是一副极端和平主义者的形象。其实,这两种印象都有片面性。在战争与和平问题上,康德和黑格尔之间的确存在着很大的对立,但同时也有不少一致之处。

康德是近代史上著名的和平主义者。"永久和平"论,是他的国际法思想的核心。康德在《道德形而上学》中宣布:"建立一个普遍和持久的和平,不只是纯粹理性范围内的法理论的一部分,而且是理性的整个最高目标。"还在这以前即1795年,他就撰写了《永久和平论》专著,全面而且具体地宣传国际和平的观点。其中,最引人注意的是,他呼吁在自愿的、不损害独立和主权的前提之下结成国家联盟,以便协调国家之间的关系,确立世界的普遍和平。康德无情地戳穿各国统治者一心要侵略和颠覆他国、从而破坏世界和平的种种阴谋诡计。但是,康德并不认为战争是绝对的灾祸。他在《对人类历史起源的推测》中就说道,"在人类文明的现阶段,战争是促进文化发展的必不可少的手段"。原来,这是自然界用"恶"的手段推动历史的一种表现。在康德看来,战争之所以能够推动社会前进,仅仅是在特定的历史时期即社会发展水平还不高的"现阶段"才如此。显而易见,康德的这一观点,正是后来被黑格尔加以承继和吸收的东西。可是,这一点往往被人们所忽视,他们两人的战争理论被说成是南辕北辙、毫不相干的。诚然,指出这种事实并不影响康德、黑格尔二者战争理论之间的重大对立,也不会改变康德本人的和平主义大师的形象。

黑格尔在阐发自己战争理论的过程中,总是自觉地把康德的"永久和平"论作为对立面加以批判。不过,这些批判除了上边我们已经知道的有关战争的好处、战争必然性之类的说教之外,几乎没有提出什么使人感觉新颖的东西。黑格尔针对康德"永久和平"论说道,在和平时期,市民社会生活的不断发展,从而使其各领域越来越趋向闭关自守,使人们的特异性越来越僵化和堕落腐化。这就意味着统一的国家躯体,将随着其各部分的僵硬而死亡。所以,他认为战争的"更崇高的意义"恰在于,通过战争,"各国民族的伦理健康就由于它们对各种有限规定的凝固表示冷淡而得到保存,这好比风的吹动防止湖水腐臭一样;持续的平静会使湖水发生相反的结果,正如持续的甚或永久的和平会使民族堕落"①。进而,黑格尔又对康德的通过"国家联盟"来解决国际争端的主张,加以非议。他认为康德这个想法的根本错误是没有看到战争的必然性,说:"当然,战争造成财产上的不安全,但是这种实际不安全不外是一种必然的运

———————
① 《法哲学原理》,第324节附释。

动。"因为,国家是个体,而个体性本质上含有否定性即排他性。纵然把一批国家联合到一起组成一个大家庭,那么,它作为个体性也必然会产生一个对立面和创造一个敌人。黑格尔把康德列入说教讲坛上的和平"传道者"队伍之中。他说,尽管这些人如何进行感伤说教,怎样咒骂征服者,但"当事物的本性要求时,战争还是会发生的;种子又一次发芽了,在严肃的历史重演面前,饶舌空谈终于成为哑口无言"①。康德希望在不消灭阶级对抗、不消灭资产阶级国家的情况下取得世界和平甚至永久和平,的确是不切实的幻想。就这一点而言,黑格尔的挖苦是有一定道理的。这是黑格尔比康德高明的地方。但是,从人类社会的终极结果上看,随着无阶级、无国家的共产主义制度的实现,世界永久和平是能够实现的。康德当然不懂得、也不会承认共产主义前景,但是,他反复强调,世界的永久和平必然同先进的社会制度,特别是同各国都变成"共和制"或"共和国",是密切相关的。就这一点说,康德又看得比黑格尔更远些,其中包含着合理的成分。

(三)武装力量及其素质

英勇善战的军队是进行战争的基本手段,是赢得战争胜利的基本保证。所以,黑格尔在谈论战争时,总不免要把它同武装力量问题联系一起。

1.军队。

黑格尔认为,一切人都从属于国家,为国家而存在。因此,为国家的个体性或完整而牺牲自己,对于一切人说来都表现着他同国家之间的实体性关系,也是其普遍的义务。不过,国家同其公民的关系是多方面的。要求对抗巩固地存在着的特殊物,其中包括要求公民牺牲自己,仅仅是国家理想性这唯一的方面的属性。所以,上述实体性关系和普遍义务,同时又是国家同公民关系的一个侧面,即一种特殊的关系。在全体公民中间,一些专门献身于这种特殊关系的人们,自然而然地形成一个军人等级。

在国家与国家的相互关系中,任何一个特殊的方面都可以构成争议的对象。黑格尔说,军人等级的主要使命,就在于应付这种争议。这无非是说,或者把军队作为解决争议的后盾,或者直接动用军队去战斗。但是,不管怎样,既然是为了应付争议,那么这种战争对于双方说来就没有超出"防御战"的范围。只有当国家自身的独立自主性陷于危殆,全体公民都履行义务来捍卫国家,当全国力量都动员起来,放弃国家的内部生活而全力以赴地进行对外作战的情况下,"防御战"才能化为"征服战"。黑格尔用所谓"防御战"和"征服战"这样的对应概念来代替正义战争和非正义战争的对应概念,是非科学的。这样的概念非但不能说明战争的性质,反倒模糊了战争的性质。例如,认为国际争端当事国间的战争对于双方都是"防御战",显然是蓄意抹杀其间可能存在的侵略与被侵略的差别。又如,把那种为了国家的独立主权挽救国家于危殆而进行的全民战争,一律说成"征服战",也是违背常理的。

---

① 《法哲学原理》,第324节补充。

　　黑格尔认为,如同特殊的环节、利益、职业方面的人们组成为各种等级(农业等级、产业等级、普遍等级等)一样,负有保卫国家使命的特殊职业的人们组成为军人等级,从而使国家武装力量成为常备军,也具有必然性。原因很容易理解,不这样,国家就不能支持下去。从这样的观点出发,黑格尔反对任何否定常备军制度的倾向。他说,一些人不厌其烦地抽象推论和考察设立常备军比较有利还是有害的问题,最后竟然认定为有害。何以会得出这样的结论呢? 因为,事物的概念总比事物的个别方面和外在方面难把握;又因为,在一般市民意识中,特殊利益和目的要比"绝对必然的东西"抬举得高,即不肯为国家而支付费用和更沉重的赋税等。这样一来,国家就被他们看作是特殊利益的手段。黑格尔的意思无非要说明,一般市民是自发地倾向于目光短浅的、低级的、庸俗的观点,没有把国家置于神物的地位。

　　2. 英勇。

　　军队离不开英勇这一素质。不过,英勇这个概念本身也需要加以论述和澄清。

　　那么,英勇本身是什么? 黑格尔说,它是"形式的德"。这个简要的命题,包含两重意思:其一,英勇本身是一种"德"。因为,它是从一切特殊目的、财产、享受和生命这样的自由意志中抽象出来的一种最高的东西。其二,英勇本身作为德,仅仅是"形式的"。因为,它对上述那些自由意志东西的排除和舍身取义,所采取的是外在现实方式的否定性即属于单纯否定的东西,不具有真正的或实体性的精神性质。它没有规定性,也没有价值,即从行为人的内心情绪上说,其英勇行为的理由可能是这样的,也可能是那样的;从其实际结果上说,可能是为自己,也可能只是为着别人。简言之,英勇可以是各种各样的。像动物(没有目的)和强盗(犯罪目的)的胆量,当然谈不上什么真实的英勇形式;即令是为了荣誉的英勇(个人目的)、中世纪骑士式的英勇(想象的目的),也不能算是真实的英勇形式。

　　黑格尔明确地认为,肯定的东西即目的和内容才能给英勇以规定性、价值和意义。从而有教养的民族的真实英勇在于准备为国家而牺牲,使个人成为保卫国家的战斗集体的一员。英勇不是某一特殊人的活动,而只是某一整体的一"肢"的活动。同样,英勇不是指向单个人,而是指向一个敌对的整体,从而使个人勇敢成为一般的、无人称的勇敢。在这里,最重要的不是个人胆量,而是自己被编入普遍物中。只有这样,才能使他的英勇具有英勇的效能。举例说,在印度,500 个英国兵战胜了 2 万印度兵,其实这 2 万人不乏英勇者,唯在于他们不能把个人的英勇情绪同别人结合一起,齐心戮力。如此看来,英勇不仅是为着最高的普遍性即国家,也是通过普遍性即集体表现出来。据说这种赋予英勇以更高形态的,是"现代世界的原则"。其理由无非在于,现代的国家是高度的有机化的伦理实体。枪炮这种发火武器的发明,把英勇的个人形态转变为较抽象的形态,使个人的英勇进一步地溶于集体的英勇之中了。所以,枪炮的发明不仅可以视为现代科学技术的产物,也是现代世界原则的产物。

　　主权是国家的最高表现,它是真实的绝对的最终目的。因此,只有国家主权才能包含着英勇这种情绪的固有价值。国家主权的这一最终目的的现实性,要以个人现实性的牺牲为中介,所以它是英勇的作品。在这一最终目的的形态中,必然存在着尖锐的矛盾,即个人为国家主权牺牲自己;然而正因为如此,他的自由获得了最高的实存。具体说,一方面,个人的个体性具有内在的最高独立性;另一方面,个人的个体性又实存于国家的外部秩序和为国家服务的机器(武装组织)之中,并在那里起作用。一方面,他要绝对服从和放弃私见与争辩,即做到没有头脑;另一方面,又要最强烈地、广泛地做到镇定和当机立断。一方面,他对敌人要亲自采取最敌对的行动;另一方面,对敌人却又没有什么个人冤仇,甚至不无好感。如此等等。但不管怎样,一切都以维持国家主权的需要为转移。

(四) 战争与国际法

战争是解决国际争端的极端手段。所以,黑格尔说:"如果特殊意志之间不能达成协议,国际争端只有通过战争来解决。"[1]这话是符合事实的。

伴随资本主义制度的发展,战争日益频繁起来。少数实力雄厚的国家,动辄诉诸战争,以保证本国一小撮资本家攫取利润。黑格尔不懂得也不愿意用阶级观点来分析国际战争,他甚至竭力回避侵略或被侵略之类的字眼。但是他看到了,"国家可以把每一细小事件都看成涉及它的无限性和荣誉;当一个强有力的个体性愈是经过内部长期和平而被驱使向外寻求和制造活动的题材时,它愈会有这种感受"[2]。此外,黑格尔还指出:"国家作为一般精神的东西,不以仅仅注意实际上已发生的损害为限。相反地,它还具有对这种损害的表象,认为别国对它有急迫的危险,同时它还会上下盘算盖然性的大小,推测别国的意图,如此等等,这些都构成战争的原因。"[3]这些都是对侵略成性的剥削者国家恣意寻衅、制造口实以便发动战争的阶级本性的写照。黑格尔不承认战争有正义的和非正义的区别。当他说"哪些损害应看成切实破坏条约或损害国家的主权与荣誉,这一点其本身依然是无法确定的"时候,实际上是在替非正义战争作辩护。

不错,发动对外侵略战争是作为统治阶级的剥削阶级的本性,但战争本身并不是他们的目的,当他们感到和平对自己有利时,也要"呼吁"和平。除此而外,对于世界广大人民的强烈和平愿望,他们也不能完全无所顾忌。这一点,在作为资产阶级思想家的黑格尔那里,也表现出来了。尽管黑格尔一向热衷鼓吹战争,但他也承认国际法中有关和平和人道主义诸原则的合理性。他指出:"在战争中,战争本身被规定为一种应该消逝的东西。所以战争包含着下列国际法规定,即和平的可能性应在战争中予以保存。""现代战争的进行方式是人道的。"[4]他举出的例子是:尊重使节;战争矛头不得

---

① 《法哲学原理》,第 334 节。
② 《法哲学原理》,第 334 节。
③ 《法哲学原理》,第 335 节。
④ 《法哲学原理》,第 338 节及其补充。

指向敌对国家的内部制度、和平的居民,也不得指向私人;在他方遵守义务时,不再予以敌视,等等。黑格尔指出的这些关于国家间战争中的诸规则,实际上也是国际法的和平和人道主义原则,至少是这一原则的体现。毋庸置疑,这是黑格尔对于近代国际法的贡献。它再次表明,把黑格尔描绘成蔑视国际法的战争狂人是不公正的、不符合事实的。

五、处理国家对外关系属于王权的范围

每个国家在同别的国家的关系中都表现为一个个别主体。而按照黑格尔的观点,只有王权最适于表现国家的这种单一性,最适于对外代表国家。因此,国家对别国的关系就属于王权的范围。只有王权才能直接统率武装力量,通过使节等维持同其他国家的关系,宣战、媾和以及缔结条约。

黑格尔对于这个主题的论述,带有浓厚的经验的或现实的色调。他指出,当时几乎所有欧洲国家,王权都属于个人形式的最高当局;国君肩负处理国家对外关系的职责。不过,在议会制国家里,议会对于宣战和媾和问题起着重大的作用,至少它能通过经费事项而对战争与和平的问题产生决定性的影响。比如在英国,情况就是这样。那么,战争与和平问题是否应当由议会来决定呢? 黑格尔没有直截了当地答复。他只是强调两点:第一,议会比国君和内阁的行政当局更容易受到激情的支配,因为整个民族比其国君更容易兴奋激动。据说,在英国,常有人民逼着国家当局要进行战争的事情。第二,国家不仅要同一个特定国家打交道,而且要同许多国家打交道,关系颇为复杂、十分微妙,这只有最高行政当局才处理得了。他所说的这两点,其实就是论证战争媾和的决定权应归于国君、而不应归于议会的两项理由。

但是必须指出的是,黑格尔主张处理国家对外关系属于王权范围,并不是赞同国君在这方面可以为所欲为。他在很大程度上仅仅是为了强调君主对外代表国家的象征意义。而实际在处理和决定国家对外关系,特别是战争与和平问题时,根据他的暗示,应当分别地由政府和议会来干。因为,议会是人民同政府之间的中介,而政府是议会同国王之间的中介。总之,黑格尔谈论的国家对外关系方面的王权,也就是代表国家的国家元首权力。这正是近代国家的一般情况。对于这种主张,既没有特别值得炫耀的,也没有需要特别加以指责的,因为它主要是揭示了客观的事实而已。

第十章　法与世界历史

法的最广阔的领域,是自在的世界精神和作为其定在的世界历史的统一。因此,世界历史的发展,与家庭、市民社会和国家一样,就是法的运动过程。

按照黑格尔的观点,更进一步地说,创造世界历史的"世界精神",总是通过一个民族的精神来体现和代表。而这个民族精神,又是法制、宪法、宗教、艺术、科学、技巧、事业方向等方面的总和所形成的特征。这样一个特定的民族就叫"世界历史民族"。

每个世界历史民族自身,也经历产生、发展和衰亡的辩证过程。这意味着,特定的世界历史民族,只承担一定历史阶段的任务,不能起着"两次划时代"的作用。当它同更高级精神的民族接触时,就退出舞台。

至于其他许多非世界历史民族,如非洲黑人、印第安人、斯拉夫民族等,在历史上只起着从属的作用。

世界历史民族行进的路线,如同一天之内太阳运行的路线那样,从东朝西推移。在这个发展过程中的世界历史民族,一个比一个成熟起来。

第一,世界历史民族的幼年,即东方民族。

东方民族,首先又是从最东边的中国开始,次及印度。但是,这个作为世界历史民族起点的民族,严格说来,其本身却不能算是世界历史民族。因为,他们没有自由意识。例如,在中国,人们都屈从于家庭的父权和专制的君权之下。中国盛行的是"绝对平等"即人人都是皇帝的奴隶,而没有丝毫的自由,没有荣誉感和良心可言。至于在印度,虽然有种姓制度对君主专制的一些牵制,比中国好点,但它却是个僵化的民族。总之,在这个问题上,黑格尔可谓极尽贬低和诽谤之能事。

波斯,由于在种族上接近西方,信仰把黑暗与光明对立起来的宗教,才勉强地成为第一个世界历史民族。而埃及,在黑格尔的笔下,则不过是波斯的一部分。

第二,世界历史民族的童年,即希腊民族。

希腊人以"美的个性"为其精神中心,经济开放,文化发达,政治上有民主制,所以它能够成为名副其实的第二个世界历史民族。希腊的民族精神,在马其顿亚历山大帝国时代到达高峰,但也从此走向衰败。

第三,世界历史民族的成年,即罗马民族。

在罗马共和国时代,虽然自由、文化都没有希腊民族高尚,但它却奠定了人类更坚实的基础。黑格尔指的是:它发展了抽象的人格,也就是提出了法学意义上的权利。

它所创造的罗马法(特别是罗马私法),为后代人作出了重大贡献。但是,由于罗马人把武功和暴力当成自己的原则,从而导致了共和国的毁灭和专制主义的发生。

第四,世界历史民族的老年,即日耳曼民族。

黑格尔承认,日耳曼民族是后起的野蛮民族。但又说,当这个民族与外族的文明接触以后,尤其是接受了基督教以后,一跃而成为"高级精神的承担者"和"基督教原则使命"的代表者。特别是在马丁·路德的改革以后,普鲁士国家便成为世界精神的旗帜,成为人类的国家制度的理想。所以,黑格尔解释说,世界民族的老年不是自然的老年,而是精神的最成熟的时期。

黑格尔关于世界历史的理论,总的说来,是牵强附会,生编硬造出来的。尤其是它所散播的赤裸裸的欧洲中心主义,以及通过大日耳曼主义表现出来的资产阶级民族主义,其影响是非常恶劣的。

世界历史是沿着人类社会生产关系与生产力之间、上层建筑与经济基础之间的矛盾运动的客观规律发展的。归根到底,它是社会生产力不断上升和前进的历史,是人类的劳动创造的。这是科学的唯物史观。相反,黑格尔的法哲学,特别是历史哲学所坚持的精神创造历史的说教,则是反科学的唯心史观,是对于世界历史真实面貌的歪曲。不过,黑格尔在研究世界历史即作为世界范围的法的发展过程中采用的历史的、辩证的方法,却又是极可宝贵的合理内核。在他以前,还不曾有过任何一个人能如此自觉地运用这种方法。黑格尔理论中所包含的错误和正确两个方面,对于研究法哲学和法律学的人们说来,都有重要的意义。

当黑格尔谈到法和世界历史的关系的时候,他实际上已开始从法哲学转入历史哲学。因此,我们的研究也就到此为止。